Kluthe · Quirin

Abwechslungsreiche Diät für Nierenkranke

Prof. Dr. med. Reinhold Kluthe
Dr. med. Herbert Quirin

Abwechslungsreiche Diät für Nierenkranke

Unter Mitarbeit von
G. Metz und S. Schmitting-Ulrich

TRIAS

Die Deutsche Bibliothek -
CIP-Einheitsaufnahme

Ein Titeldatensatz für diese
Publikation ist bei der Deutschen
Bibliothek erhältlich

Leserservice:

Wenn Sie Fragen oder Anregungen zu diesem Buch haben, schreiben Sie uns an:
TRIAS Verlag
Postfach 30 05 04
D-70445 Stuttgart
Oder besuchen Sie uns im Internet unter:
www.trias-gesundheit.de

Covergestaltung:
Cyclus · Visuelle Kommunikation, Stuttgart
Fotos: Lazi Photographie (Cover vorne), Ketchum (Cover hinten), Teubner (1), WZ Media (54)

Redaktion: Ulrike Rathjen
Research: Karolina Stuhec
Foodredaktion: Vanja Antonic
Korrektur: Andrew Leslie

Konzeption und Produktion:
WZ Media, Stuttgart
Reproduktion: Konzept-Verlag

Gedruckt auf chlorfrei gebleichtem Papier

Printed in Germany
Druck: Gulde-Druck GmbH, Tübingen

ISBN 3-89373-424-4

Wichtiger Hinweis:
Wie jede Wissenschaft ist die Medizin ständigen Entwicklungen unterworfen, Forschung und klinische Erfahrung erweitern unsere Erkenntnisse, insbesondere was Behandlung und medikamentöse Therapie anbelangt. Soweit in diesem Werk eine Dosierung oder Applikation erwähnt wird, darf der Leser zwar vertrauen, dass Autoren, Herausgeber und Verlag große Sorgfalt darauf verwandt haben, dass die Angabe dem **Wissensstand bei Fertigstellung des Werkes** entspricht.
Für Angaben, Dosierungsanweisungen und Applikationsformen kann vom Verlag jedoch keine Gewähr übernommen werden.
Jeder Benutzer ist angehalten, durch sorgfältige Prüfung der Beipackzettel der verwendeten Präparate und unter Umständen nach Konsultation eines Spezialisten festzustellen, ob die dort gegebene Empfehlung für Dosierungen oder die Beachtung von Kontraindikationen gegenüber der Angabe in diesem Buch abweicht. Eine solche Prüfung ist besonders wichtig bei selten verwendeten Präparaten oder solchen, die neu auf den Markt gebracht worden sind. **Jede Dosierung oder Anwendung erfolgt auf eigene Gefahr des Benutzers.** Autoren und Verlag appellieren an jeden Benutzer, etwa auffallende Ungenauigkeiten dem Verlag mitzuteilen.

Wann ist eine diätetische Behandlung notwendig? 9

Entzündung der Nierenkörperchen 10

Akute Glomerulonephritis 10
Chronische Glomerulonephritis 10
Nephrotisches Syndrom 12
Diabetische Nephropathie 13
Interstitielle Nephritiden 13
Angeborene Nierenerkrankungen 14
Schwangerschaftsnephropathie 14
Niereninsuffizienz 14

Was Sie bei einer Nierendiät beachten müssen 19

Energiezufuhr 20
Eiweißzufuhr 20
Biologische Wertigkeit der Eiweiße 21
Natrium (Kochsalz) 22
Kalium 23
Phosphor 23
Flüssigkeitszufuhr 23
Nahrungsergänzung durch Vitamine, Eisen und Kalzium 24
Körperliche Aktivität 24

Hinweise zum Gebrauch des Rezeptteils 25

Abwiegen der Diätzutaten 27
Energie-, Eiweißzufuhr 27
Fett, Kohlenhydrate, Natrium 28
Kalium, Vitamine und Mineralstoffe 29

Tageskostbeispiele 30

Rezepte 40

Frühstücke	mit 3 g Eiweiß	42
	mit 5 g Eiweiß	47
	mit 10 g Eiweiß	52
	mit 15 g Eiweiß	58
Zwischenmahlzeiten	mit 1 g Eiweiß	64
	mit 3 g Eiweiß	82
	mit 5 g Eiweiß	89
	mit 10 g Eiweiß	96
Mittagessen	mit 12 g Eiweiß	104
	mit 30 g Eiweiß	139
	mit 40 g Eiweiß	147
	mit 45 g Eiweiß	156
Dessert	mit 1 g Eiweiß	168
Abendessen	mit 7 g Eiweiß	180
	mit 10 g Eiweiß	191
	mit 15 g Eiweiß	212
	mit 20 g Eiweiß	220

Zum Nachschlagen: Tabellen und Fakten 228

Angaben für gebräuchliche Haushaltsmaße 230
Austauschtabelle für Kuchen, Gebäck und Süßigkeiten 230
Austauschtabelle für Obst 232
Eiweißaustauschtabelle 234
Eiweißarme Lebensmittel, ihre Hersteller und die Bezugsquellen 238
Gewürz- und Kräutertabelle 242
Natriumgehalt von Mineralwässern 243
Kaliumgehalt von Getränken 244
Nährwerttabelle 244

Weiterführende Literatur 270

Register 271

Wann ist eine diätetische Behandlung notwendig?

Erkrankungen im Bereich der Niere treten bei etwa 3–5 % der Bevölkerung im arbeitsfähigen Alter auf, wobei viele der Betroffenen anfangs von ihrer nur langsam fortschreitenden (chronischen) Nierenerkrankung kaum etwas merken. Dabei wird ihr Nierengewebe nach und nach zerstört – man spricht dann von Nierenversagen. Die Folge: In vielen Fällen wird früher oder später eine Dauerbehandlung mit einer künstlichen Niere oder sogar eine Nierentransplantation notwendig. Die häufigste Ursache des Leidens bei Patienten mit fortgeschrittenem Nierenversagen ist in einem Drittel der Fälle eine Entzündung der Nierenkörperchen (Glomerulonephritis). An zweiter Stelle steht mit 25 % die Schädigung der Niere durch Zuckererkrankung (diabetische Nephropathie), gefolgt von Nierenbeckenentzündung sowie Entzündung des Nierenzwischengewebes (Pyelonephritis und interstitielle Nephritis) mit etwa 20 %. Der Rest verteilt sich auf Zystennieren, Gefäßerkrankungen der Niere, Nierensteine sowie andere seltene Erkrankungen. Bei Dialysepatienten ist die Schädigung der Niere durch Zuckerkrankheit (diabetische Nephropathie) die häufigste Diagnose.

In den Frühstadien des Nierenversagens nimmt die Diättherapie einen wichtigen Platz ein: Zu ihren kurz- bis mittelfristigen Wirkungen gehören z. B. die Absenkung des Harnstoffspiegels im Blut, die Senkung und Normalisierung des Blutdrucks bei häufig vorhandenem Hochdruck sowie die Ausschwemmung von krankhaften Wassereinlagerungen (Ödemen). Auf längere Sicht kann eine Nierendiät zudem das weitere Fortschreiten der Erkrankung verhindern.

Bislang ist noch ungenügend erforscht, welche Umstände (d. h. Risikofaktoren) Nierenerkrankungen begünstigen. Das bedeutet aber nicht, dass solche Zusammenhänge bei Nierenerkrankungen nicht existieren. So wird diskutiert, dass das Absterben von 20–30 % der Nierenkörperchen (man spricht dabei von Verödung) mit zunehmendem Lebensalter eine Folge unseres übermäßigen Eiweißkonsums sind. Gerade in den letzten Jahren hat die Nierendiätetik einen enormen neuen Auftrieb erfahren, der durch die Arbeiten des amerikanischen Physiologen Brenner ausgelöst wurde. Brenner und seine Arbeitsgruppe konnten neue Beweise dafür liefern, dass sowohl gesunde als auch kranke Nieren durch zu hohe Eiweißzufuhr „belastet“ werden. Ein dem Bedarf des Organismus und der Nierenfunktion angepasster Eiweißkonsum ist daher ein wichtiger Teil der richtigen Ernährung für Gesunde und Nierenkranke.

Entzündung der Nierenkörperchen

Akute Glomerulonephritis

Die akute Glomerulonephritis ist heute eine seltene Erkrankung geworden. Früher wurden bei dieser Entzündung der Nierenkörperchen extreme Hunger- und Durstkuren verordnet, doch diese Therapie ist überholt. Die wesentliche diätetische Maßnahme besteht heute in einer *Kochsalzbeschränkung (Natriumbeschränkung)* auf weniger als 6 g pro Tag. Hierdurch werden *Wassereinlagerungen (Ödeme)* günstig beeinflusst und der hohe Blutdruck gesenkt. Die Flüssigkeitszufuhr sollte sich möglichst nach Bilanzgesichtspunkten ausrichten. Dabei kann man sich an folgende Formel halten: Erlaubte Trinkmenge in ml = 24-Stunden-Harnmenge (ml) + 500 ml.

Die Gestaltung der Eiweißzufuhr war lange umstritten. Verschiedene Behandlungsstudien bei Patienten mit akuter Nierenentzündung unter verschiedenen Eiweißdiäten haben keinen sicheren Einfluss des Nahrungseiweißes auf den Krankheitsausgang nachweisen können. Im Hinblick auf die Gefahr eines sich möglicherweise schnell entwickelnden (akuten) Nierenversagens ist jedoch eine zeitlich begrenzte Eiweißeinschränkung sinnvoll.

Zu empfehlen ist eine streng eiweißarme, natriumarme Kost mit hohem Kaloriengehalt zunächst für zehn Tage bzw. solange sich vermehrt Stoffwechselendprodukte im Blut ansammeln, die mit dem Urin ausgeschieden werden müssen (Harnstoff, Harnsäure und Kreatinin). In der Folge, je nach dem klinischen Verlauf, kann man stufenweise die Diät lockern – zunächst eine mäßig eiweißarme, natriumarme Kost, dann Normalkost essen.

Chronische Glomerulonephritis

Unter dem Begriff „chronische Glomerulonephritis“ verbirgt sich eine Reihe von Krankheitsbildern, die sich klinisch, feingeweblich und auch im Hinblick auf den Krankheitsausgang unterscheiden. Der Entzündungsprozess an den Nierenkörperchen wird nach heutigen Erkenntnissen durch eine fehlgeleitete Abwehrreaktion des Körpers ausgelöst und unterhalten, wobei es ebenfalls eine Rolle spielt, in welcher körperlichen Verfassung sich der Patient befindet. Es wäre für die Diättherapie sehr wichtig zu wissen, ob der Eiweißgehalt der Nahrung die fehlgeleitete Abwehrreaktion in der Niere beeinflusst. Dies ist aber letztlich noch ungeklärt. Immerhin ist gesichert, dass das Fortschreiten der

Glomerulonephritis mit letztendlichem Nierenversagen durch eine eiweißarme Diät deutlich verlangsamt wird, da sie die Anreicherung von Stoffwechselendprodukten im Blut vermindert. Leider ist die medikamentöse Behandlung der Glomerulonephritis auch heute noch unbefriedigend und mit starken Nebenwirkungen belastet. Daher sollten besonders diejenigen Patienten die Chance einer Nierendiät wahrnehmen, denen Einschränkungen in der Ernährung, z. B. in Form einer gegenüber der Normalkost eiweißärmeren vegetarischen, lactovegetabilen oder lacto-ovo-vegetabilen Kost, nicht allzu schwer fallen. Voraussetzung ist allerdings, dass sich der Eiweißverlust mit dem Urin, der in seltenen Fällen sehr groß sein kann *(nephrotisches Syndrom)*, in Grenzen hält. Sonst sind Eiweißzulagen erforderlich (siehe Seite 234ff.).

Einen unbestrittenen Einfluss hat die Diät auf bestimmte Symptome der Glomerulonephritis, wie z. B. hohen Blutdruck, Wassereinlagerungen, Eiweißverlust sowie die übermäßige Ansammlung von Stoffwechselendprodukten im Blut, die mit dem Urin ausgeschieden werden müssen (sog. harnpflichtige Substanzen). Für die Diätbehandlung am besten bewährt hat sich die Einteilung der Glomerulonephritiden in solche, die mit hohem Blutdruck einhergehen (vaskuläre Verlaufsform), und solche, die mit stärkerer Eiweißausscheidung einhergehen (nephrotische Verlaufsform).

Vaskuläre Verlaufsform

Bei dieser Erkrankungsform steht der *hohe Blutdruck (Hypertonie)* im Vordergrund, wohingegen die Urineiweißausscheidung nur gering ist (bis ca. 3 g pro Tag). Hier ist neben der oben angesprochenen leichten Eiweißreduzierung in geeigneten Fällen die Behandlung des Bluthochdrucks durch eine natriumarme Kost zu empfehlen. Eine strenge Natriumbeschränkung auf weniger als 400 mg, also 1 g Kochsalz pro Tag, wie es früher üblich war, sollte nicht mehr erfolgen, da sich dann die Nierenfunktion verschlechtern kann. Zudem ist eine solche Diät praktisch kaum durchführbar. Dagegen stellt ein Kochsalzgesamtgehalt der Nahrung von ca. 6 g (2,4 g Natrium) einen gangbaren Weg dar. Da Übergewicht ebenfalls Bluthochdruck begünstigt, ist in diesen Fällen auch eine Kalorienreduzierung bis zum Erreichen des Normalgewichtes zu empfehlen.

Nephrotische Verlaufsform

Hier liegt die Eiweißausscheidung im Urin über 3 g pro 24 Stunden. Im Unterschied zur vaskulären Verlaufsform ist der Blutdruck normal. Abhängig vom Grad der Eiweißausscheidung können Wassereinlagerungen oder eine Neigung dazu bestehen. Ist die Eiweißausscheidung nur mäßig (ca. 3–5 g pro 24 Stunden) bei normalem Eiweißgehalt des Blutes und bestehen keine Wassereinlagerungen, sind besondere diätetische Maßnahmen nicht erforderlich. Ist jedoch die Urineiweißausscheidung so hoch, dass der Gesamteiweißgehalt im Blutserum vermindert ist (weniger als 6 g/dl = weniger als 60 g/l) und dadurch Wassereinlagerungen bestehen, dann sprechen wir von einem nephrotischen Syndrom, das besonderer diätetischer Bemühungen bedarf.

Nephrotisches Syndrom

Unter dem nephrotischen Syndrom versteht man das Vorliegen einer starken Urineiweißausscheidung (häufig 10–20 g und mehr pro Tag). Außerdem ist bei dieser Erkrankung die Eiweißkonzentration im Blutserum erniedrigt, was zu Wassereinlagerungen und häufig auch Bauchfell- und Bauchhöhlenergüssen führt.

Zugrunde liegt dem nephrotischen Syndrom eine erhöhte Durchlässigkeit der Nierenkörperchen für Eiweiß; diese wiederum kann durch eine chronische Entzündung, aber auch infektiöse oder toxische Schädigungen hervorgerufen worden sein. Im Zentrum der diätetischen Bemühungen steht in diesen Fällen der Ausgleich des Bluteiweißverlustes durch eine Kost, die reich an biologisch hochwertigen Eiweißkörpern ist und etwa 1,3–1,5 g Eiweiß pro kg Körpergewicht enthält. Eine höhere Eiweißzufuhr ist nicht zu empfehlen, da solche Diäten erfahrungsgemäß von den Patienten abgelehnt werden. Gegen eine höhere Eiweißzufuhr spricht auch, dass unter eiweißreicher Kost bei nephrotischem Syndrom die Nierenfunktion um etwa ein Drittel abfällt. Die Diät muss außerdem wegen der in der Regel bestehenden Wassereinlagerungen natriumarm sein – d. h., die täglich aufgenommene Kochsalzmenge sollte 6 g nicht überschreiten. Das bedeutet, dass bei einer solchen Kost nicht extra gesalzen werden darf und auch alle Lebensmittel zu vermeiden sind, die viel Kochsalz enthalten. Die Flüssigkeitszufuhr muss sich nach Bilanzgesichtspunkten richten. Eine beginnende Wassereinlagerung drückt sich in Gewichtszunahmen aus und wird am einfachsten durch tägliches Wiegen erkannt. Kommt es zur Anreicherung von Harnstoff, Harnsäure und Kreatinin (harnpflichtige Substanzen) im Blut, muss die Eiweißzufuhr in Anlehnung an das Diätschema für mäßige Niereninsuffizienz auf Seite 16 eingeschränkt werden. Für den Ausgleich des Eiweißverlustes über die Nieren sind Eiweißzulagen in Höhe der Eiweißausscheidung im Urin angebracht.

Diabetische Nephropathie

Eine lange bestehende Zuckererkrankung mit schlechter Stoffwechseleinstellung führt in der Regel zum Absterben (Verödung) von Nierenkörperchen (diabetische Nephropathie). Zu erkennen sind diese Nierenschäden an einer Urineiweißausscheidung, die bis zum nephrotischen Syndrom gehen kann, sowie an der Entwicklung eines Bluthochdrucks. Im Laufe der Zeit entwickelt sich ein fortschreitendes Nierenversagen. Entscheidend für den Verlauf der Nierenerkrankung ist eine gute diätetische Einstellung des Zuckerstoffwechsels, wenn notwendig mit zusätzlicher Insulinbehandlung, sowie eine bedarfsangepasste Eiweißzufuhr: Es besteht nämlich die Chance, durch eine straffe diätetische Einstellung des Patienten das Absterben von Nierenkörperchen zu verhindern oder zumindest hinauszuzögern. Was die Eiweißzufuhr angeht, gelten die gleichen diätetischen Empfehlungen wie bei chronischem Nierenversagen anderer Ursachen (siehe Tabelle auf Seite 16: Diätschema für verschiedene Stadien der Niereninsuffizienz).

Bei schwerem Diabetes ist die Erstellung eines speziellen Diätplans durch eine qualifizierte Ernährungsberaterin und eine intensive Schulung des Patienten notwendig; außerdem bedarf er einer engmaschigen Stoffwechselkontrolle einschließlich der Überwachung der Nierenfunktion. Diabeteseinstellung sowie spezielle Diabetesdiätetik sind nicht Thema dieses Buches. Lediglich für Fälle mit unkompliziertem Übergewichtigendiabetes (Typ-II-Diabetes) wurden Tagespläne aufgenommen (siehe Seite 34ff.).

Interstitielle Nephritiden

Bei diesem Formenkreis handelt es sich um Entzündungen des Nierenzwischengewebes und des Nierenhohlsystems. Dazu gehören im Wesentlichen die *durch Bakterien hervorgerufenen Nierenentzündungen* sowie nichtbakterielle Formen, wie z. B. die *Nierenschädigung durch Gicht* oder *toxische interstitielle Nephritiden* wie die so genannte *Analgetikaniere*, deren Ursache im Missbrauch von Schmerzmitteln (Analgetika) liegt. Bei den interstitiellen Nephritiden, insbesondere auch bei den bakteriellen Formen, ist auf eine gute Durchspülung der Nieren zu achten. Trinkmengen von 1½–2 Liter pro Tag sollten nicht unterschritten werden. Hat sich ein Bluthochdruck entwickelt, sollte die Kost kochsalzarm und kaliumreich sein. Dem Kalium muss besondere Aufmerksamkeit gewidmet werden, da es gerade bei interstitiellen Nephritiden häufig zum Kaliumverlust durch die Niere kommt.

Eine Sonderstellung, was die diätetische Therapie angeht, nimmt unter den interstitiellen Nephritiden die so genannte Gichtniere ein. Sie entsteht bei erhöhtem Harnsäureblutspiegel durch Ablagerungen von Harnsäurekristallen im Nierenzwischengewebe. Eine entsprechende Diät muss demnach purinarm sein, denn aus den Purinkörpern der Nahrung – die hauptsächlich in Fleisch- und Wurstwaren enthalten sind – entsteht letztendlich das Stoffwechselendprodukt Harnsäure.

Angeborene Nierenerkrankungen

An erster Stelle sind hier die *Zystennieren* zu nennen. Es handelt sich dabei um ein angeborenes Nierenleiden, das häufig erst im Lebensalter von 50 Jahren in Erscheinung tritt. Dabei entwickeln sich in den beiden Nieren uringefüllte Hohlräume (Zysten), in denen immer wieder Bakterien Entzündungen hervorrufen. Die diätetische Behandlung ist die gleiche wie bei der bakteriellen Pyelonephritis. Seltener kommen angeborene Nierenerkrankungen wie die *Markschwammniere* und verschiedene *angeborene Anomalien* (Nierenaplasie und Nierenhypoplasie, Wanderniere, Beckenniere, Hufeisenniere, Gefäßanomalien der Niere) vor. Alle diese Erkrankungen führen entweder zu einer Nierenentzündung oder zu einem nierenbedingten Bluthochdruck. Daher muss eine Diät reichliches Trinken und kochsalzarme Kost beinhalten.

Schwangerschaftsnephropathie

Die Entstehung dieser während der Schwangerschaft auftretenden Erkrankung ist unklar. Sie ist charakterisiert durch Bluthochdruck, leichte bis mäßige Urineiweißausscheidung und *Wassereinlagerungen (Ödeme)*. Manchmal kommt es zu *Krämpfen (Eklampsie)* mit anfallsweisem Blutdruckanstieg. Die diätetische Behandlung besteht in einer kochsalzarmen, kaliumreichen und flüssigkeitsangepassten Kost mit normalem Eiweißgehalt. Bewährt hat sich hier eine vegetarische Ernährung. Vorwiegend in der 2. Schwangerschaftshälfte besteht eine ausgesprochene Neigung zu bakteriellen Nierenentzündungen. Es sollte hier bereits vorbeugend auf eine ausreichend große Flüssigkeitszufuhr (wenigstens $1^1/_2$ l pro Tag) geachtet werden.

Niereninsuffizienz

Sind die Nieren durch eine Erkrankung so geschädigt, dass sie nicht mehr in der Lage sind, die bei normaler Ernährung anfallenden

Stoffwechselendprodukte vollständig auszuscheiden, so spricht man von Nierenversagen oder -insuffizienz. Je nachdem, ob sich das Nierenversagen rasch, z. B. durch akuten Blutverlust mit Schock, oder langsam, z. B. aufgrund einer chronischen Nierenentzündung, entwickelt, unterscheidet man zwischen akuter und chronischer Niereninsuffizienz. Bei beiden Erkrankungsformen ist eine der Schwere der Erkrankung angepasste eiweißarme Ernährung die Grundlage der Behandlung. Den Grad der Niereninsuffizienz bestimmt der Arzt mit Hilfe des Kreatinin- und Harnstoffspiegels im Blut. Ist die Niereninsuffizienz allerdings so stark ausgeprägt, dass mit eiweißarmer Diät keine Besserung mehr möglich ist, muss entweder mit der *künstlichen Niere (Dialyse)* oder mit *Bauchfellspülung (Peritonealdialyse)* behandelt werden. Später kann dann eventuell auch eine *Nierentransplantation (Nierenverpflanzung)* angebracht sein.

Akute Niereninsuffizienz

Diätetische Behandlung

Eine akute Niereninsuffizienz kann als Komplikation nach schweren Unfällen, Operationen oder Vergiftungen auftreten. Ist die Niereninsuffizienz nicht zu stark ausgeprägt und besteht noch eine ausreichende Harnausscheidung, genügt eine diätetische Behandlung. Dabei ist die Flüssigkeitsaufnahme der wichtigste Faktor. Es muss der Versuch gemacht werden, eine Wasserbilanz aufzustellen. Wenn diese auch einige Unwägbarkeiten dadurch hat, dass man im Einzelfall nie weiß, wie viel Wasser im Körper selbst (Stoffwechselwasser) gebildet wird und wie viel Zellwasser zusätzlich durch den Katabolismus (Zellabbau) anfällt, liefert die Flüssigkeitsbilanz für die Therapie doch wichtige Anhaltspunkte. In diese Bilanz gehört außer der Trinkmenge auch der Wassergehalt der Nahrung, sodass bekannt sein muss, was der Patient gegessen hat. Da diese Kontrolle häufig lückenhaft ist, gewinnt das regelmäßige Wiegen des Patienten besondere Bedeutung.

Dialysebehandlung (Behandlung mit der künstlichen Niere)

Geht die Urinausscheidung allerdings weiter zurück (Oligurie) bzw. versiegt ganz (Anurie) oder steigt der Kreatininspiegel im Serum weiter an (meist kombiniert mit einem für das Herz gefährlichen Kaliumanstieg), muss eine Dialysebehandlung erfolgen. Im Gegensatz zur chronischen Niereninsuffizienz kann es bei der akuten Niereninsuffizienz zur völligen Wiederherstellung der Nierentätigkeit kommen. Wenn sich die Nieren wieder erholen, kommt es meist zu einer überschießenden Wasser- und Kaliumausscheidung. In dieser so genannten polyurischen

Phase ist eine erhöhte Flüssigkeits- und Kaliumzufuhr, eventuell noch bei gleichzeitiger Eiweißbeschränkung, notwendig.

Chronische Niereninsuffizienz

Die chronische Niereninsuffizienz entsteht in der Regel aus einer *chronischen Glomerulonephritis*, einer *chronischen Pyelonephritis* oder einer *Zystennierenerkrankung*. Aber auch eine lange Zeit bestehende Zuckererkrankung, Bluthochdruck oder auch ein Schmerzmittelmissbrauch, insbesondere bei Kopfschmerzen, haben häufig ein Nierenversagen zur Folge, das sich dann meist über Jahre langsam verschlimmert. Die wichtigste therapeutische Maßnahme ist auch hier eine je nach Grad der Niereninsuffizienz abgestufte eiweißarme Diät (siehe Tabelle unten). Dadurch werden nicht nur die Symptome der chronischen Niereninsuffizienz gebessert, die durch die vermehrte Ansammlung von harnpflichtigen Substanzen im Blut hervorgerufen werden, sondern auch das Fortschreiten der Erkrankung in der Niere selbst verlangsamt sich.

Bei leichtem Nierenversagen, mit einem Kreatininspiegel von unter 2 mg% im Serum, ist für einen 70 kg schweren Patienten eine Eiweiß-

Diätschema für verschiedene Stadien der Niereninsuffizienz

Stadium	Kreatininspiegel im Serum	Eiweiß* (g/Tag)	Kalium (g/Tag)	Tagespläne
leichte Niereninsuffizienz (Stadium der vollen Kompensation)	< 2 mg%	ca. 60 g**	2–4 g	S. 32
mäßige Niereninsuffizienz (Stadium der kompens. Retention)	2–< 6 mg%	ca. 40 g***	2–4 g	S. 31
fortgeschrittene Niereninsuffizienz (Stadium der Präurämie)	6–< 12 mg%	ca. 40 g****	2 g	
dekompens. Niereninsuffizienz (Stadium der Urämie, Dialysebehandlung)	> 12 mg%	ca. 80 g***** Dialysediät	1,5–2 g	

* berechnet für einen 70-kg-Menschen
** 0,8 g/kg Körpergewicht
*** 0,5–0,6 g/kg Körpergewicht
**** in besonderen Fällen 30 g (siehe Text)
***** 1,1–1,2 g/kg Körpergewicht

zufuhr von ca. 60 g (0,8 g pro kg Körpergewicht und Tag), entsprechend den Nährstoffempfehlungen für Gesunde, sinnvoll. Der durchschnittliche Eiweißverzehr liegt mit 90–110 g/Tag in Deutschland deutlich höher. Die gewünschte niedrige Eiweißzufuhr erreicht man am besten in Form einer vorwiegend vegetarischen Kost.

Bei mäßiger Niereninsuffizienz, mit einem Kreatininspiegel von 2–6 mg%, sollte eine Eiweißbeschränkung auf etwa 40 g (0,5–0,6 g pro kg Körpergewicht und Tag) eingehalten werden. Bei der Zusammenstellung einer solchen Kost sollte man möglichst die höhere biologische Wertigkeit bestimmter Eiweißkombinationen beachten, z. B. Kartoffel-Ei, Bohnen-Ei, Getreide-Milch etc. (siehe Seite 21f.).

Liegt die Konzentration des Serumkreatinins über 6 mg%, wird heute auch in der Regel eine 40-g-Eiweißdiät verordnet, in Sonderfällen (kleine Körpergröße, nicht mögliche oder unerwünschte Dialysebehandlung) eine 30-g-Eiweißdiät. Dann ist die Verwendung speziell eiweißreduzierter Lebensmittel (z. B. eiweißarmes Mehl, Brot oder Teigwaren; Hersteller und Bezugsquellen siehe Seite 238ff.) notwendig. Eine solche Kost am Rande des Eiweißminimums muss streng ärztlich überwacht werden.

In den letzten Jahren ist unter dem Namen „Schwedendiät" (nach den schwedischen Nephrologen Jonas Bergström und Peter Fürst) eine gemischt proteinarme Diät in die Behandlung des Nierenversagens eingeführt worden. Sie wird von manchen Patienten als willkommene Abwechslung angesehen, weil sie beim Zusammenstellen ihrer Kost stärker variieren können. Die Eiweißzusammensetzung dieser Diät ist allerdings biologisch unzureichend, sodass die Patienten zusätzlich essenzielle Aminosäuren (Eiweißbausteine) in Tabletten- oder Granulatform einnehmen müssen.

Weitere Nachteile der Schwedendiät liegen in zusätzlicher Medikamentenbelastung, stärkerer Azidose (Überschuss sauer reagierender Stoffe im Blut) und mehrfach höheren Kosten. Dennoch stellt diese aminosäurenergänzte Diät nach dem derzeitigen Stand der Erfahrung mit den oben erwähnten Einschränkungen eine Alternative zur Kartoffel-Ei-Diät dar.

Es hat sich herausgestellt, dass die Art der Diät, die nierenkranke Patienten vor dem Dialysestadium befolgten, entscheidend für die Lebensaussicht unter der späteren Behandlung mit der künstlichen Niere ist: Patienten, die sich im Rahmen systematischer Kontrolle und Führung streng an die Standardform der Kartoffel-Ei-Diät hielten, hatten später die besten Überlebensprognosen unter der Dialysetherapie.

Behandlung mit der künstlichen Niere (Dialysebehandlung)

Geht die Nierenfunktion weiter zurück und steigt der Spiegel des Kreatinins im Blutserum über etwa 10–12 mg% an, ist die Grenze der rein diätetischen Behandlung erreicht. Ein Weiterleben ist dann nur noch mit der künstlichen Niere (Dauerdialyse) bzw. bei geeigneten Patienten auch mit der Dauerperitonealdialyse (Bauchfellspülung) möglich. Da bei beiden Behandlungsformen mit der Spüllösung beachtliche Mengen von Aminosäuren (bei der Peritonealdialyse auch Eiweiß) sowie Vitamine verloren gehen, muss die Kost des Dialysepatienten ca. 80 g (1,1–1,2 g pro kg Körpergewicht und Tag) vorwiegend biologisch hochwertiges Eiweiß enthalten. Wasserlösliche Vitamine in spezieller Dosierung müssen regelmäßig als Medikament zugeführt werden (Dreisavit-N). Die Dialysediät muss außerdem gleichzeitig flüssigkeits-, natrium- und kaliumarm sein. Da es auf diätetischem Weg nicht ganz gelingt, die Phosphorzufuhr auf ein erträgliches Maß zu reduzieren, ist auch eine regelmäßige Einnahme Phosphat bindender Medikamente (z. B. Antiphosphat, Calci-Gry) zur Vorbeugung einer Knochenerweichung unabdingbar. Um die Medikamentenmenge möglichst gering zu halten, sollte der Dialysepatient auf stark phosphorhaltige Lebensmittel, wie bestimmte Käsesorten (z. B. Schmelzkäse) und bestimmte Innereien (z. B. Leber) verzichten.

Nierentransplantation

Bei der Nierentransplantation (Nierenverpflanzung) richtet sich die Ernährung ebenfalls nach dem Funktionszustand der transplantierten Niere. Besteht eine Niereninsuffizienz, muss die Eiweißzufuhr entsprechend dem Diätschema für verschiedene Stadien der Niereninsuffizienz auf Seite 16 eingeschränkt werden.

Was Sie bei einer Nieren-diät beachten müssen

Energiezufuhr

Wie beim Nierengesunden richtet sich die täglich vom Körper benötigte Energiemenge (Kilokalorien oder Kilojoule pro kg Körpergewicht und Tag) nach Grundumsatz und zusätzlichem Energiebedarf bei körperlicher Arbeit. Es können dabei die für den Gesunden geltenden Bedarfszahlen verwandt werden:

Bettruhe	20–25	kcal/kg Körpergewicht
Leichte Arbeit	30	kcal/kg Körpergewicht
Mittelschwere Arbeit	35	kcal/kg Körpergewicht
Schwere Arbeit	45–50	kcal/kg Körpergewicht

Besonders wenn die Nierendiät eine stärkere Eiweißeinschränkung verlangt, ist es wichtig, genügend Kalorien zu sich zu nehmen. Bei nicht ausreichender Energiezufuhr verwendet der Körper nämlich Eiweiß zur Deckung seines Kalorienbedarfs, sodass sich schnell ein Eiweißmangelzustand entwickeln kann. Eine regelmäßige Überprüfung der Nahrungsaufnahme ist beim Nierenkranken auch deswegen sinnvoll, da er im Gegensatz zum Gesunden durch Appetitmangel eher zur Unterversorgung mit Nährstoffen neigt.

Eiweißzufuhr

Der durchschnittliche Pro-Kopf-Verzehr an Eiweiß beträgt in Deutschland etwa 1,3 g pro kg Körpergewicht und Tag. Dagegen wird von den meisten Ernährungsphysiologen und auch in den internationalen Richtlinien für Erwachsene empfohlen, lediglich 0,8 g Eiweiß pro kg Körpergewicht und Tag zu sich zu nehmen. Dabei beinhalten diese Werte noch eine große Sicherheitsspanne, denn unter günstigen Bedingungen braucht der Mensch noch erheblich weniger Eiweiß zur Aufrechterhaltung seiner Körperfunktionen (0,35–0,4 g pro kg Körpergewicht und Tag). Diese Mengenangaben gelten in gleicher Weise für Gesunde wie für Nierenkranke.

Je geringer der Eiweißgehalt der verordneten eiweißarmen Diät ist, desto sorgfältiger muss sie zusammengestellt und überwacht werden, denn bei nicht ausreichender Eiweißzufuhr werden vor allem Leber- und Muskeleiweiß abgebaut.

Biologische Wertigkeit der Eiweiße

Eiweiß ist nicht gleich Eiweiß: Je nachdem, von welchem Tier oder welcher Pflanze es stammt, ist es mehr oder minder wertvoll für die menschliche Ernährung. Man spricht dabei von seiner biologischen Wertigkeit, die experimentell ermittelt wird. Dazu bestimmt man in langfristigen Bilanzversuchen unter konstanten, optimalen Bedingungen, wieviel Gramm des zu testenden Eiweißes pro kg Körpergewicht und Tag gerade noch ausreichen, um eine ausgeglichene Stickstoffbilanz zu erhalten. Das heißt also, es darf mit Urin und Stuhl nicht mehr Stickstoff ausgeschieden werden, als mit der Nahrung zugeführt wird. Andernfalls wird Körpereiweiß abgebaut.

Die tierischen Eiweiße haben im Allgemeinen eine höhere biologische Wertigkeit als die pflanzlichen, mit Ausnahme der Kartoffel. Verantwortlich dafür ist ihr Gehalt an den verschiedenen Aminosäuren (Eiweißbausteinen), und zwar enthalten die tierischen Eiweiße meist mehr so genannte essenzielle Aminosäuren als die pflanzlichen. Unter essenziellen Aminosäuren versteht man solche Aminosäuren, die der menschliche Organismus nicht selbst bilden kann, die er aber zum Aufbau von Körpereiweiß benötigt. Fehlt eine essenzielle Aminosäure in der Nahrung, oder wird sie in zu geringer Menge zugeführt, kommt es zu bestimmten Mangelerscheinungen und auch einer negativen Stickstoffbilanz. Die nichtessenziellen Aminosäuren sind untereinander und auch durch essenzielle Aminosäuren für den Körper ersetzbar. Dieser Umbau geht allerdings mit Stickstoffverlusten und Kalorienverbrauch einher. Das ist der Grund dafür, dass die alleinige Verabreichung von Gemischen aus reinen essenziellen Aminosäuren meist nicht den gewünschten Erfolg hat.

Die Unterschiede in der biologischen Wertigkeit der Nahrungseiweiße liegen also in den Mustern ihrer Aminosäurenzusammensetzung begründet, die für die Verwertung im menschlichen Organismus nicht gleich gut geeignet sind. Da sich die menschliche Nahrung aus mehreren Eiweißlieferanten zusammensetzt, die sich verschieden gut ergänzen (man spricht hier von Ergänzungswertigkeit), genügt es nicht, die Wertigkeit der einzelnen Eiweißkomponenten zu kennen, um die biologische Gesamtwertigkeit der Eiweißaufnahme zu beurteilen. Aus diesem Grunde haben auch die herkömmlichen Wertigkeitstabellen der Eiweiße für die menschliche Ernährung nur eine begrenzte Aussagekraft. Wichtig ist dagegen die Kenntnis der biologischen Wertigkeit von Proteingemischen (Kartoffel-Ei-Gemisch), wie sie erstmals systematisch in langfristigen Bilanzversuchen am Menschen im Max-Planck-Institut für

Ernährungsphysiologie in Dortmund an Gemischen von jeweils zwei Proteinträgern getestet wurde. Dabei zeigte sich, dass je nach Mischungsverhältnis Maxima der biologischen Wertigkeit auftreten. Besonders auffällig war die sehr gute Ergänzungswertigkeit von Kartoffel- und Eiereiweiß, die im Mischungsverhältnis von etwa 3 : 2 alle anderen Proteingemische in der biologischen Wertigkeit übertrafen (biologische Wertigkeit: 137!; Eiereiweiß: 100). In den diversen Rezepten dieses Buches sind, wenn möglich, diese Ergänzungswertigkeiten in die Praxis umgesetzt. Einen besonderen Stellenwert hat dabei das Kartoffel-Ei-Gemisch bei den Hauptmahlzeiten. Es sei hier besonders hervorgehoben, dass die klassische eiweißarme Kartoffel-Ei-Diät (d. h. mehr als 50 % der Eiweißzufuhr in Form des Kartoffel-Ei-Gemisches) eine höhere biologische Wertigkeit aufweist als eine Fleisch enthaltende Mischkost mit gleicher Eiweißmenge.

Proteingemische mit sehr guter und guter Ergänzungswertigkeit (nach Kofranyi u. Jekat 1964)

Nahrungsmittel	Mischungsverhältnis der Eiweiße
Kartoffel-Ei	3 : 2
Bohnen-Ei	1 : 1
Milch-Weizen	3 : 1
Eier-Weizen	3 : 2

Eine gute Ergänzungswertigkeit (siehe Tabelle oben) zeigten auch Bohnen-/ Eier-Eiweiß im Verhältnis 1 : 1, Milch-/Weizen-Eiweiß im Verhältnis 3 : 1 und Eier-/Weizen-Eiweiß im Verhältnis von etwa 3 : 2. Weniger günstig waren die Kombinationen von Rindfleisch und Kartoffeln sowie Fisch und Kartoffeln.

Natrium (Kochsalz)

Eine zu hohe Natrium- bzw. Kochsalzzufuhr begünstigt Wassereinlagerungen und hohen Blutdruck. Dieser Tatsache wird durch eine entsprechende ärztliche Diätverordnung Rechnung getragen. Liegen Wassereinlagerungen bzw. hoher Blutdruck vor, sollte eine natrium- bzw. kochsalzarme Ernährung mit ca. 2,4 g Natrium, entsprechend 6 g NaCl/Tag, angestrebt werden. Eine strengere Natriumbeschränkung ist nur in seltenen Fällen zu empfehlen.

Kalium

Während beim Nierengesunden eine reichliche Kaliumzufuhr erwünscht ist, kann dies beim Patienten mit Niereninsuffizienz (insbesondere in den fortgeschrittenen Stadien) zu einer krankhaften Erhöhung des Blutkaliumspiegels führen. Das wiederum kann zu tödlichem Herzversagen führen. Bei Neigung zu einem hohen Blutkaliumspiegel ist daher eine kaliumarme Kost (weniger als 2 g Kalium) notwendig (praktisches Vorgehen siehe Seite 29).

Phosphor

Dieser Mineralstoff ist vor allem in Milch und Milchprodukten sowie Fleisch und Vollkornprodukten enthalten. Da der Phosphorgehalt der Lebensmittel in hohem Maße mit ihrem Eiweißgehalt gekoppelt ist, hat eine hohe Eiweißzufuhr immer auch eine hohe Phosphoraufnahme zur Folge. Deswegen ist vor allem bei Dialysepatienten die Frage der Phosphor- (und Eiweiß-)Zufuhr kritisch. Die mit der Nahrung aufgenommene Phosphormenge sollte hier 1000–1200 mg pro Tag nicht überschreiten, d. h., die Eiweißzufuhr muss eingeschränkt werden.

Flüssigkeitszufuhr

Übermäßige Flüssigkeitszufuhr ist beim Nierenkranken unnütz und gefährlich. Eine auf diese Weise *erzwungene Diurese* (erhöhter Harnfluss) kann durch Verweilen eines Teils der erhöhten Flüssigkeitsmenge zu einer Nierenschwellung mit Krämpfen führen.

Da man heute weiß, dass der Flüssigkeitsbedarf beim Nierenkranken wie beim Gesunden ausreichend durch das Durstgefühl gesteuert wird, sollte man von einem Trinkzwang absehen. Ausnahmen sind Kleinkinder und alte Menschen. Bei Ersteren ist das Durstzentrum noch unzureichend entwickelt, bei älteren Menschen ist es unempfindlicher geworden.

Bei beiden Gruppen muss daher auf eine genügende Trinkmenge geachtet werden und eine ärztliche Verordnung erfolgen. Im Allgemeinen reicht bei Kleinkindern und alten Menschen eine Trinkmenge von 1,5–2 l/Tag aus.

Insbesondere wenn wie bei Dialysepatienten möglichst wenig Flüssigkeit aufgenommen werden sollte (Flüssigkeitsbilanz), muss auch der Wassergehalt der Nahrungsmittel beachtet werden. Wegen weiterer Einzelheiten zur Diätetik bei Dialysetherapie sei auf die „Diätfibel für Dialysepatienten“ (siehe Seite 270) hingewiesen.

Nahrungsergänzung durch Vitamine, Eisen und Kalzium

Vitamine Bei einer eiweißarmen Diät muss darauf geachtet werden, dass diese genügend Vitamine enthält. So weiß man, dass Vitamin-B_1-arm ernährte Tiere an Eiweiß verarmen, selbst wenn man hohe Proteinmengen an sie verfüttert. Durch Zufüttern von Vitamin B_1 kann man jedoch sofort eine gute Eiweißspeicherung hervorrufen. Bei der relativ kohlenhydratreichen, eiweißarmen Diät wird der Vitamin-B_1-Bedarf noch gesteigert. Während bei der rein diätetischen Therapie der Niereninsuffizienz die Gabe von wasserlöslichen Vitaminen im Einzelfall notwendig sein kann, ist sie bei Dialysepatienten immer erforderlich (z. B. Dreisavit-N), da über die Spülflüssigkeit wasserlösliche Vitamine ausgewaschen werden.

Eisen Da die eiweißarme Kost auch eisenarm ist, sollte regelmäßige Eisen eingenommen werden, und zwar in Form von zweiwertigem Eisen (z. B. Dreisafer, Kendural-C u. a.), um einen Eisenmangel zu verhindern. Eine gleichzeitige Verabreichung der Aminosäure L-Histidin, und zwar 1,0–1,5 g/Tag, erscheint ebenfalls sinnvoll, insbesondere zur Verbesserung der Blutbildung.

Kalzium Eine zusätzliche Gabe von Kalzium ist vor allem bei eiweißarmer Kost von Nutzen, da der Kalziumgehalt der Nahrung meist deutlich unter dem Bedarf von 800–1000 mg pro Tag liegt. In jedem Fall ist eine Verabreichung von mindestens 500 mg Kalzium täglich sinnvoll.

Körperliche Aktivität

Bei Bettruhe wird selbst unter hoher Eiweißzufuhr Muskulatur abgebaut. Am günstigsten ist leichte körperliche Bewegung bzw. sogar ein dosiertes Muskeltraining (Gymnastik, Schwimmen, Wandern), da hierdurch die Verwertung des Eiweißes gefördert wird. Schwere körperliche Arbeit oder Leistungssport sind zu vermeiden. Eine stärkere Anspannung der Wärmeregulation sollte ebenfalls vermieden werden, da sie sich ungünstig auf das Stickstoffgleichgewicht auswirkt.

Erläuterungen zu den Rezepten

Der Rezeptteil enthält für die unterschiedlichen Eiweißverordnungen einen vollständigen Tagesplan als Muster. Anhand dieser Vorlage können die diversen Menüvorschläge mit verschiedenen Eiweißgehalten zur Erstellung individueller Diätpläne verwandt werden. Dabei ist in der Regel von 5 Mahlzeiten pro Tag auszugehen:

3 Hauptmahlzeiten (Frühstück, Mittag- und Abendessen)
sowie vormittags und nachmittags jeweils eine Zwischenmahlzeit

Beispiel: Ärztliche Diätverordnung 40 g Eiweiß. Gewählter Diätplan:

Frühstück	5 g Eiweiß
Zwischenmahlzeit	3 g Eiweiß
Mittagessen	13 g Eiweiß
Zwischenmahlzeit	3 g Eiweiß
Abendessen	15 g Eiweiß
Summe	39 g Eiweiß

Bei der Eiweißmenge sind tägliche Abweichungen um 10–15 % von der ärztlichen Verordnung tolerabel. Sie sind im Laufe einer Woche auszugleichen.

Jeder Menüvorschlag ist mit einer Bemerkung versehen, ob er sich bei einer zusätzlichen Natrium- oder Kaliumeinschränkung eignet, nicht eignet oder mit entsprechender Veränderung eignet.

Neu aufgenommen wurden in dieses Buch eiweißreduzierte Kostpläne für Diabetiker in verschiedenen Eiweiß- und Energiestufen:

1500 kcal	40 g Eiweiß	14 BE
1500 kcal	60 g Eiweiß	14 BE
2000 kcal	30 g Eiweiß	20 BE
2000 kcal	40 g Eiweiß	20 BE
2000 kcal	60 g Eiweiß	20 BE
2000 kcal	80 g Eiweiß	20 BE

Diabetiker, die ihre Ernährung nur nach Diabetes-Diät-Prinzipien zusammenstellen, können alle Tagespläne bzw. Rezepte verwenden, indem sie Zucker und zuckergesüßte Lebensmittel weglassen und durch entsprechende Diabetiker-Lebensmittel austauschen. Diabetiker, die ihre Kost mit Broteinheiten (BE) berechnen, beachten bitte den Absatz über Kohlenhydrate auf Seite 28.

Abwiegen der Diätzutaten

Bevor Sie mit der Zusammenstellung Ihrer Diät beginnen, lesen Sie bitte nachfolgende Erklärungen durch. Zur Durchführung einer exakten Diät benötigen Sie eine spezielle Waage (erhältlich in Haushaltswarengeschäften). Die Diätwaage ermöglicht Ihnen ein genaues Abwiegen der in den Rezepten angegebenen Lebensmittelmengen.

Für sehr kleine Mengenangaben, wie z. B. 3 g Öl, finden Sie auf Seite 230 eine Tabelle mit Angaben für Haushaltsmaße.

Energiezufuhr

Die einzelnen Menüvorschläge sind so berechnet, dass der Tagesplan (mit Ausnahme der 1500-kcal-Pläne für Diabetiker) bei richtiger Zusammenstellung (3 Haupt- und 2 Zwischenmahlzeiten) ca. 2200 kcal/9240 kJ enthält. Diese Energiezufuhr ist ausreichend für leichte körperliche Tätigkeiten wie Spaziergänge, Büroarbeit oder leichte Hausarbeit. Eine bedarfsgerechte Energiezufuhr ist notwendig, um den Abbau körpereigener Substanz zu verhindern.

Eiweißzufuhr

Die Eiweißzufuhr wird vom Arzt verordnet und richtet sich nach Größe, Gewicht und Nierenfunktion des Patienten.

Bei den Gerichten für die eiweißarmen Diätformen finden Eiweißgemische von Lebensmitteln Anwendung, wie z. B.:

Kartoffel + Ei	Milch + Weizen	Ei + Weizen

die eine hohe biologische Wertigkeit bieten. Dies ist bei den geringen Eiweißmengen erforderlich, da somit verhindert werden kann, dass körpereigenes Eiweiß für Stoffwechselzwecke abgebaut wird. Die jeweilige Eiweiß-Kombination sollte immer in *einer* Mahlzeit gegessen werden.

Außerdem ist es bei einer niedrigen Eiweißverordnung notwendig, *eiweißarme Spezialprodukte* wie z. B. Brot, Teigwaren, Mehl (s. Seite 238ff.) zu verwenden. Bei der Zusammenstellung der Gerichte für normale bzw. erhöhte Eiweißzufuhr ist eine hohe biologische Wertigkeit gewährleistet.

Fett

Zu beachten ist, dass möglichst pflanzliche Fette mit einem hohen Gehalt an mehrfach ungesättigten Fettsäuren (linolsäurereiche Margarinesorten und Öle) verwendet werden. Zum Kochen sollten jedoch grundsätzlich hochwertige pflanzliche Fette Verwendung finden.

Kohlenhydrate

Der Hauptteil der Energie wird durch Kohlenhydrate gedeckt. Da die Kohlenhydratträger wie z. B. Brot, Mehl und Nährmittel auch Eiweiß enthalten, sollte man handelsübliche Lebensmittel durch eiweißarme Spezialprodukte (siehe Seite 238ff.) ersetzen.

Bei den Diabetiker-Kostplänen muss beachtet werden, dass sich die Eiweißreduzierung vor allem zu Lasten der Kohlenhydrate auswirkt. Bei der 30-g- und 40-g-Eiweiß-Diabetes-Diät können zum Mittagessen alle pikanten Rezepte mit 12 g Eiweiß verwendet werden. Die Broteinheiten (BE) errechnen sich aus den Kohlenhydraten: x g KH ÷ 12 = x BE. Beim Abendessen bietet sich Abwechslung beim Brotbelag für 7 g bzw. 10 g Eiweiß (siehe Eiweißaustauschtabelle auf Seite 236f.). Die 60-g- und 80-g-Eiweiß-Diabetes-Diät kann mittags sowie abends mit Hilfe der Eiweißaustauschtabelle (Seite 234ff.) abwechslungsreich gestaltet werden.

Natrium

Natrium ist ein Bestandteil des Kochsalzes; 1 g Salz enthält etwa 400 mg Natrium. Die Nährwerttabelle (siehe Seite 244ff.) enthält Angaben zum Natriumgehalt der Lebensmittel. Ist keine besondere Kochsalzbeschränkung verordnet, kann die Kost leicht gesalzen werden. Bei einer Natriumeinschränkung können fast alle Rezepte ohne Zusatz von Kochsalz und salzhaltigen Würzmitteln Verwendung finden. Zu beachten dabei sind die Bemerkungen „nicht geeignet“ oder „mit entsprechender Veränderung geeignet“.

Der Natriumgehalt der Tagespläne liegt dann zwischen 1,2 und 2,4 g. Zur geschmacklichen Verbesserung tragen Küchenkräuter und natürliche Gewürze bei (siehe Seite 242). Zu berücksichtigen ist auch der Natriumgehalt von Mineralwässern (siehe Seite 243).

Der im Handel erhältliche „Kochsalzersatz“ bzw. das „Natriumarme Diätsalz“ besteht aus den zwei Mineralstoffen Kalium und Chlorid. Wegen des Kaliumgehaltes ist auf diesen Produkten der Hinweis „Vorsicht bei Nierenerkrankungen – nur nach Rücksprache mit dem Arzt verwenden“ aufgedruckt.

Kalium

Viele der vorgeschlagenen Rezepte eignen sich auch bei einer Kaliumeinschränkung. Dabei zu beachten sind die Bemerkungen „nicht geeignet“ oder „mit entsprechender Veränderung geeignet“.

Da Kalium ein wasserlöslicher Mineralstoff ist, kann der Kaliumgehalt von Kartoffeln, Gemüse und Obst durch entsprechende Vor- und Zubereitung vermindert werden. Aus diesem Grund das Kochwasser von Gemüse und Kartoffeln sowie den Saft von Obstkonserven nicht weiterverwenden! Frische und getrocknete Kräuter enthalten reichlich Kalium und sollten deshalb sehr sparsam gebraucht werden.

Als Frühstücksgetränk sollten Sie Tee bevorzugen, da auch Kaffee viel Kalium enthält (Kaliumgehalt von Getränken siehe Seite 244).

Vitamine und Mineralstoffe

Eine optimale Versorgung mit Vitaminen, Kalzium und Eisen ist bei eiweißarmen und kaliumarmen Kostformen nicht gewährleistet. Sie müssen deshalb durch entsprechende Präparate ersetzt werden (siehe auch Seite 24).

		Seite
Frühstück (5 g Eiweiß)	Tee oder Kaffee Kaffeesahne und Zucker Brötchen, eiweißarmes Brot Butter oder Margarine Erdbeerkonfitüre, Nussnougatcreme	48
Zwischenmahlzeit (1 g Eiweiß)	Biskuitplätzchen Apfelsaft	68
Mittagessen + Dessert (13 g Eiweiß)	Lauchküchle Butterkartoffeln Vanilleflammeri	138
Zwischenmahlzeit (1 g Eiweiß)	Kastanienbrot Butter oder Margarine milchfreie Schokoladenstreusel	66
Abendessen (10 g Eiweiß)	Tee mit Zucker Kastanienbrot Butter oder Margarine Camembert Tomatensalat Pfirsich	193

30 g Eiweiß

gesalzen: 8818 kJ (2102 kcal) • 30,7 g Eiweiß • 100,1 g Fett • 264,9 g Kohlenhydrate • 16,9 g Ballaststoffe • 806,0 g Wasser • 2334,0 mg Natrium • 2143,0 mg Kalium • 427,0 mg Kalzium • 667,0 mg Phosphor

ungesalzen: 1534,0 mg Natrium, übrige Werte wie oben

natriumarm: nicht geeignet **kaliumarm: nicht geeignet**

		Seite
Frühstück (10 g Eiweiß)	Kakaogetränk Brötchen Butter oder Margarine Kirschkonfitüre	54
Zwischenmahlzeit (1 g Eiweiß)	Pflaumenkompott	233
Mittagessen + Dessert (13 g Eiweiß)	Gefüllte Kohlroulade Kartoffeln Salat Rote Grütze mit Vanillesauce	112
Zwischenmahlzeit (3 g)	Rührkuchen	78
Abendessen (10 g)	Tee mit Zucker Grießnockerln Apfelmus	199

40 g Eiweiß

gesalzen:	8397 kJ (2008 kcal) • 38,7 g Eiweiß • 86,8 g Fett • 263,0 g Kohlenhydrate • 21,0 g Ballaststoffe • 994,0 g Wasser • 1447,0 mg Natrium • 2488,0 mg Kalium • 503,0 mg Kalzium • 860,0 mg Phosphor
ungesalzen:	866,0 mg Natrium, übrige Werte wie oben
	natriumarm: nicht geeignet **kaliumarm: nicht geeignet**

		Seite
Frühstück (10 g Eiweiß)	Tee oder Kaffee Kaffeesahne und Zucker Brötchen Roggenvollkornbrot Butter oder Margarine Erdbeerkonfitüre Doppelrahmfrischkäse	53
Zwischenmahlzeit (3 g Eiweiß)	Joghurtspeise	83
Mittagessen + Dessert (30 g Eiweiß)	Goulasch Kartoffelbrei Kopfsalat Orange	142
Zwischenmahlzeit (3 g Eiweiß)	Kakao Butterkekse	87
Abendessen (15 g Eiweiß)	Tee mit Zucker Weizenmischbrot Butter oder Margarine Camembert Tomate	213

60 g Eiweiß

gesalzen: 8555 kJ (2041 kcal) • 59,6 g Eiweiß • 105,3 g Fett • 209,8 g Kohlenhydrate • 23,8 g Ballaststoffe • 1125,0 g Wasser • 1480,0 mg Natrium • 2802,0 mg Kalium • 633,0 mg Kalzium • 1037,0 mg Phosphor

natriumarm: nicht geeignet **kaliumarm: nicht geeignet**

Frühstück (15 g Eiweiß)	Tee oder Kaffee	Seite
	Kaffeesahne und Zucker	
	Brötchen	
	Roggenvollkornbrot	
	Butter oder Margarine	
	Erdbeerkonfitüre	
	Ei	59
Zwischenmahlzeit (5 g Eiweiß)	Brötchen, Butter	
	Milchschokoladenblättchen	93
Mittagessen + Dessert (40 g Eiweiß)	Schweinebraten	
	Rotkohl	
	Kartoffelknödel	
	gefüllter Pfirsich	154
Zwischenmahlzeit (5 g Eiweiß)	Weizenmischbrot	
	Butter	
	Speisequark	
	Erdbeerkonfitüre	95
Abendessen (15 g Eiweiß)	Tee mit Zucker	
	Schinken-Käse-Toast	
	Salat	
	Kompott	
	Schmelzkäse	
	Tomatensalat	
	Pfirsich	218

80 g Eiweiß

gesalzen: 9066 kJ (2165 kcal) • 79,4 g Eiweiß • 79,4 g Fett • 247,1 g Kohlenhydrate • 23,5 g Ballaststoffe • 889,0 g Wasser • 2275,0 mg Natrium • 2593,0 mg Kalium • 517,0 mg Kalzium • 1166,0 mg Phosphor

ungesalzen: 1475,0 mg Natrium, übrige Werte wie oben

natriumarm: nicht geeignet **kaliumarm: nicht geeignet**

Diabetes-Diät

Frühstück (6,8 g Eiweiß; 3,5 BE)	Tee oder Kaffee 10 g Kaffeesahne 90 g Graubrot 10 g Butter 20 g Konfitüre mit Zuckeraustausch- und Süßstoff
Zwischenmahlzeit (1 g Eiweiß; 1 BE)	120 g frisches Obst
Mittagessen (12 g Eiweiß; 3 BE)	240 g Kartoffeln 30 g Ei 200 g Gemüse 5 g Margarine } Kochfett 6 g Öl
Zwischenmahlzeit (1 g Eiweiß; 1,5 BE)	30 g eiweißarme Waffeln für Diabetiker
Abendessen (18 g Eiweiß; 3 BE)	90 g Mischbrot 10 g Margarine 50 g Camembert, 45 % F. i. Tr. (oder anderer Brotbelag für 10 g Eiweiß) 100 g Gemüse } Salat 3 g Öl
Spätmahlzeit (1 g Eiweiß; 2 BE)	25 g eiweißarmes Brot 5 g Margarine 120 g Obst

40 g Eiweiß, 1500 kcal

6183 kJ (1477 kcal) • 40,3 g Eiweiß • 61,9 g Fett • 186,6 g Kohlenhydrate (14 BE) • 25,0 g Ballaststoffe • 833 g Wasser • 1611 mg Natrium • 2498 mg Kalium • 422 mg Kalzium • 854 mg Phosphor

Diabetes-Diät

Frühstück (6,8 g Eiweiß; 3,5 BE)	Tee oder Kaffee 10 g Kaffeesahne 90 g Graubrot 10 g Butter 20 g Konfitüre mit Zuckeraustausch- und Süßstoff
Zwischenmahlzeit (1 g Eiweiß; 1 BE	120 g frisches Obst
Mittagessen (29 g Eiweiß; 3 BE)	240 g Kartoffeln Fleisch, Geflügel, Fisch oder Ei für 20 g Eiweiß 200 g Gemüse 5 g Margarine } Kochfett 3 g Öl } Kochfett
Zwischenmahlzeit (2,6 g Eiweiß; 1,5 BE)	24 g Zwieback für Diabetiker
Abendessen (18 g Eiweiß; 3 BE)	90 g Mischbrot 10 g Margarine 50 g Camembert 45 % F. i. Tr. (oder anderer Brotbelag) 100 g Gemüse } Salat 3 g Öl } Salat
Spätmahlzeit (2,5 g Eiweiß; 2 BE)	30 g Graubrot/Weizenmischbrot 5 g Margarine 120 g Obst

60 g Eiweiß, 1500 kcal

6325 kJ (1510 kcal) • 59,3 g Eiweiß • 56,8 g Fett • 187,2 g Kohlenhydrate (14 BE) • 25,7 g Ballaststoffe • 854,0 g Wasser • 1512 mg Natrium • 2642,0 mg Kalium • 402,0 mg Kalzium • 851,0 mg Phosphor

Diabetes-Diät

Frühstück (1,3 g Eiweiß; 3,5 BE)	Tee oder Kaffee 10 g Kaffeesahne 10 % Fett 75 g eiweißarmes Brot 10 g Butter 40 g Konfitüre mit Zuckeraustausch- und Süßstoff
Zwischenmahlzeit (1 g Eiweiß; 3 BE)	50 g eiweißarmes Brot 5 g Margarine 120 g frisches Obst
Mittagessen (13 g Eiweiß; 4 BE)	240 g Kartoffeln 30 g Vollei 200 g Gemüse 5 g Margarine } Kochfett 6 g Öl } Kochfett 120 g frisches Obst
Zwischenmahlzeit (1,5 g Eiweiß; 2,5 BE)	50 g eiweißarme Zitronen-Creme-Waffeln für Diabetiker
Abendessen (10 g Eiweiß; 4 BE)	100 g eiweißarmes Brot 20 g Margarine 35 g Camembert 45 % F. i. Tr. (oder anderer Brotbelag für 7 g Eiweiß) 100 g Gemüse } Salat 3 g Öl } Salat
Spätmahlzeit (1 g Eiweiß; 3 BE)	50 g eiweißarmes Brot 5 g Margarine 120 g Obst

30 g Eiweiß, 2000 kcal

7880 kJ (1883 kcal) • 28,1 g Eiweiß • 78,4 g Fett • 263,0 g Kohlenhydrate (20 BE) • 24,6 g Ballaststoffe • 980,0 g Wasser • 3008,0 mg Natrium • 2492,0 mg Kalium • 464,0 mg Kalzium • 1495,0 mg Phosphor

Diabetes-Diät

Frühstück (5 g Eiweiß; 3,5 BE)	Tee oder Kaffee 10 g Kaffeesahne 10 % Fett 60 g Mischbrot 25 g eiweißarmes Brot 10 g Butter 40 g Konfitüre mit Zuckeraustausch- und Süßstoff
Zwischenmahlzeit (6 g Eiweiß; 3 BE)	50 g eiweißarmes Brot 5 g Margarine 30 g Lyoner (oder anderer Brotbelag für 5 g Eiweiß) 120 g frisches Obst
Mittagessen (13 g Eiweiß; 4 BE)	240 g Kartoffeln 30 g Vollei 200 g Gemüse 5 g Margarine } Kochfett 6 g Öl } Kochfett 120 g frisches Obst
Zwischenmahlzeit	50 g eiweißarme Zitronen-Creme-Waffeln für Diabetiker
Abendessen (15 g Eiweiß; 4 BE)	60 g Mischbrot 50 g eiweißarmes Brot mit 20 g Margarine 35 g Camembert 45 % F. i. Tr. (oder anderer Brotbelag für 7 g Eiweiß) 100 g Gemüse } Salat 3 g Öl } Salat
Spätmahlzeit (1 g Eiweiß; 3 BE)	50 g eiweißarmes Brot mit 5 g Margarine 120 g Obst

40 g Eiweiß, 2000 kcal

8371 kJ (2000 kcal) • 40,4 g Eiweiß • 84,6 g Fett • 266,0 g Kohlenhydrate (20 BE) • 27,8 g Ballaststoffe • 1004,0 g Wasser • 2955,0 mg Natrium • 2687,0 mg Kalium • 436,0 mg Kalzium • 1331,0 mg Phosphor

Diabetes-Diät

Frühstück (7 g Eiweiß; 3,5 BE)	Tee oder Kaffee 10 g Kaffeesahne 10 % Fett 60 g Vollkornbrot 30 g Mischbrot 10 g Butter 40 g Konfitüre mit Zuckeraustausch- und Süßstoff
Zwischenmahlzeit (5 g Eiweiß; 3 BE)	60 g Mischbrot 5 g Margarine 120 g frisches Obst
Mittagessen (17 g Eiweiß; 4 BE)	240 g Kartoffeln Fleisch, Geflügel, Fisch oder Ei für 10 g Eiweiß 200 g Gemüse 5 g Margarine } Kochfett 6 g Öl } Kochfett 120 g frisches Obst
Zwischenmahlzeit (5,5 g Eiweiß; 3 BE)	50 g Gebäck für Diabetiker 120 g Obst
Abendessen (20 g Eiweiß; 4 BE)	120 g Mischbrot 20 g Margarine 50 g Camembert 45 % F. i. Tr. (oder anderer Brotbelag für 10 g Eiweiß) 100 g Gemüse } Salat 3 g Öl } Salat
Spätmahlzeit (5 g Eiweiß; 3 BE)	60 g Mischbrot 5 g Margarine 120 g Obst

60 g Eiweiß, 2000 kcal

8613 kJ (2057 kcal) • 59,0 g Eiweiß • 78,9 g Fett • 273,8 g Kohlenhydrate (20,5 BE) • 37,7 g Ballaststoffe • 1117,0 g Wasser • 2169,0 mg Natrium • 3178,0 mg Kalium • 486,0 mg Kalzium • 1215,0 mg Phosphor

Diabetes-Diät

Frühstück (7 g Eiweiß; 3,5 BE)	Tee oder Kaffee 10 g Kaffeesahne 10 % Fett 60 g Vollkornbrot 30 g Mischbrot 10 g Butter 40 g Konfitüre mit Zuckeraustausch- und Süßstoff
Zwischenmahlzeit (5 g Eiweiß; 3 BE)	60 g Mischbrot 5 g Margarine 120 g frisches Obst
Mittagessen (26,5 g Eiweiß; 4 BE)	240 g Kartoffeln Fleisch, Geflügel, Fisch oder Ei für 20 g Eiweiß 200 g Gemüse 5 g Margarine, 6 g Öl } Kochfett 120 g frisches Obst
Zwischenmahlzeit (10 g Eiweiß; 2,5 BE)	50 g Gebäck für Diabetiker 150 g Joghurt 1,5 % Fett
Abendessen (25 g Eiweiß; 4 BE)	120 g Mischbrot 20 g Margarine 30 g Lyoner und 50 g Camembert 45 % F i. Tr. (oder anderer Brotbelag für 15 g Eiweiß) 100 g Gemüse, 3 g Öl } Salat
Spätmahlzeit (5 g Eiweiß; 3 BE)	60 g Mischbrot mit 5 g Margarine 120 g Obst

80 g Eiweiß, 2000 kcal

8989 kJ (2146 kcal) • 78,2 g Eiweiß • 83,2 g Fett • 266,5 g Kohlenhydrate (20 BE) • 35,3 g Ballaststoffe • 1186,0 g Wasser • 2552,0 mg Natrium • 3405,0 mg Kalium • 678,0 mg Kalzium • 1436,0 mg Phosphor

Frühstück

Frühstücke mit 3 g Eiweiß

Nr.	Frühstück	Seite	natriumarm	kaliumarm	natrium-/kaliumarm
1	Kastanienbrot Butter, Erdbeerkonfitüre Tee oder Kaffee, Kaffeesahne, Zucker	43	■	■	■
2	eiweißarmes Toastbrot, Roggenvollkornbrot Butter oder Margarine, Quittenkonfitüre Tee oder Kaffee, Kaffeesahne, Zucker	43	■	■	■
3	eiweißarmes Brot, Knäckebrot Butter oder Margarine, Himbeerkonfitüre, Pflanzenpaste Tee oder Kaffee, Kaffeesahne, Zucker	43	■	■	■
4	eiweißarmes Brot, Weißbrot Butter oder Margarine, Kirschkonfitüre Tee oder Kaffee, Kaffeesahne, Zucker	44	■	■	■
5	eiweißarmes Toastbrot Butter oder Margarine, Aprikosenkonfitüre, Doppelrahmfrischkäse Tee oder Kaffee, Kaffeesahne, Zucker	44	■	■	■
6	eiweißarmes Brot, Roggenmischbrot Butter oder Margarine, Erdbeerkonfitüre Tee oder Kaffee, Kaffeesahne, Zucker	44	■	■	■
7	Mondaminbrei, Apfelmus Tee, Zucker	45	■	■	■
8	Grießbrei, Apfelmus Tee, Zucker	45	■	■	■
9	Haferschleim, Zwieback Tee, Zucker	46	■	■	■

1

100 g	*Kastanienbrot, eiweißarm*
20 g	*Butter oder Margarine*
30 g	*Erdbeerkonfitüre*
	Tee oder Kaffee
10 g	*Kaffeesahne (10 % Fett)*
10 g	*Zucker*

natriumarm: geeignet   kaliumarm: geeignet

3 g Eiweiß

2193,0	**kJ**	**(522 kcal)**
2,5	g	Eiweiß
20,6	g	Fett
80,0	g	Kohlenhy.
0,2	g	Ballastst.
21,0	g	Wasser
605,0	mg	Natrium
253,0	mg	Kalium
16,0	mg	Kalzium
65,0	mg	Phosphor

2

80 g	*eiweißarmes Toastbrot*
20 g	*Roggenvollkornbrot*
20 g	*Butter oder Margarine*
30 g	*Quittenkonfitüre*
	Tee oder Kaffee
10 g	*Kaffeesahne (10 % Fett)*
10 g	*Zucker*

natriumarm: geeignet   kaliumarm: geeignet

3 g Eiweiß

2156,0	**kJ**	**(513 kcal)**
2,4	g	Eiweiß
22,0	g	Fett
76,2	g	Kohlenhy.
1,7	g	Ballastst.
29,0	g	Wasser
597,0	mg	Natrium
111,0	mg	Kalium
17,0	mg	Kalzium
90,0	mg	Phosphor

3

80 g	*eiweißarmes Brot*
8 g	*Knäckebrot*
20 g	*Butter oder Margarine*
20 g	*Himbeerkonfitüre*
10 g	*Pflanzenpaste Delikatess*
	Tee oder Kaffee
10 g	*Kaffeesahne (10 % Fett)*
10 g	*Zucker*

natriumarm: geeignet   kaliumarm: geeignet

3 g Eiweiß

2112,0	**kJ**	**(502 kcal)**
2,2	g	Eiweiß
23,7	g	Fett
70,0	g	Kohlenhy.
0,6	g	Ballastst.
25,0	g	Wasser
591,0	mg	Natrium
89,0	mg	Kalium
16,0	mg	Kalzium
63,0	mg	Phosphor

4

70 g	*eiweißarmes Brot*
25 g	*Weißbrot*
20 g	*Butter oder Margarine*
30 g	*Kirschkonfitüre*
	Tee oder Kaffee
10 g	*Kaffeesahne (10 % Fett)*
10 g	*Zucker*

natriumarm: geeignet kaliumarm: geeignet

3 g Eiweiß

2163,0	**kJ**	**(515 kcal)**
2,9	g	Eiweiß
21,8	g	Fett
76,5	g	Kohlenhy.
0,8	g	Ballastst.
30,0	g	Wasser
557,0	mg	Natrium
106,0	mg	Kalium
19,0	mg	Kalzium
63,0	mg	Phosphor

5

80 g	*eiweißarmes Toastbrot*
20 g	*Butter oder Margarine*
20 g	*Aprikosenkonfitüre*
15 g	*Doppelrahmfrischkäse*
	Tee oder Kaffee
10 g	*Kaffeesahne (10 % Fett)*
10 g	*Zucker*

natriumarm: geeignet kaliumarm: geeignet

3 g Eiweiß

2122,0	**kJ**	**(504 kcal)**
2,7	g	Eiweiß
26,5	g	Fett
63,7	g	Kohlenhy.
0,1	g	Ballastst.
25,0	g	Wasser
538,0	mg	Natrium
81,0	mg	Kalium
27,0	mg	Kalzium
66,0	mg	Phosphor

6

70 g	*eiweißarmes Brot*
25 g	*Roggenmischbrot*
20 g	*Butter oder Margarine*
30 g	*Erdbeerkonfitüre*
	Tee oder Kaffee
10 g	*Kaffeesahne (10 % Fett)*
10 g	*Zucker*

natriumarm: geeignet kaliumarm: geeignet

3 g Eiweiß

2203,0	**kJ**	**(524 kcal)**
2,8	g	Eiweiß
21,7	g	Fett
79,0	g	Kohlenhy.
1,6	g	Ballastst.
32,0	g	Wasser
558,0	mg	Natrium
115,0	mg	Kalium
22,0	mg	Kalzium
79,0	mg	Phosphor

7

100 g	*Sahne (30 % Fett)*
200 ml	*Wasser*
20 g	*Maisstärke*
10 g	*Zucker*
150 g	*Apfelmus*
	Tee
10 g	*Zucker*

3 g Eiweiß

2090,0	**kJ**	**(499 kcal)**
2,9	g	Eiweiß
30,4	g	Fett
53,4	g	Kohlenhy.
2,4	g	Ballastst.
199,0	g	Wasser
33,0	mg	Natrium
238,0	mg	Kalium
90,0	mg	Kalzium
78,0	mg	Phosphor

- Sahne und Wasser erhitzen. Inzwischen die Stärke mit etwas kaltem Wasser anrühren und in die kochende Flüssigkeit geben.
- Den Brei mit Zucker abschmecken. Dazu Apfelmus reichen und gesüßten Tee trinken.

natriumarm: geeignet kaliumarm: geeignet

8

30 g	*Sahne (30 % Fett)*
250 ml	*Wasser*
20 g	*Weizengrieß*
20 g	*Butter oder Margarine*
10 g	*Zucker*
150 g	*Apfelmus*
	Tee
10 g	*Zucker*

3 g Eiweiß

1844,0	**kJ**	**(440 kcal)**
3,1	g	Eiweiß
26,2	g	Fett
47,9	g	Kohlenhy.
3,6	g	Ballastst.
157,0	g	Wasser
13,0	mg	Natrium
192,0	mg	Kalium
40,0	mg	Kalzium
51,0	mg	Phosphor

- Sahne und Wasser zum Kochen bringen, den Grieß einrühren und quellen lassen.
- Das Fett hinzugeben und den Brei mit Zucker abschmecken. Dazu Apfelmus und gesüßten Tee reichen.

natriumarm: geeignet kaliumarm: geeignet

9

15 g	*Schmelzflocken*
250 ml	*kaltes Wasser*
10 g	*Zwieback*
	Tee
10 g	*Zucker*

3 g Eiweiß		
554,0	**kJ**	**(132 kcal)**
2,8	g	Eiweiß
1,4	g	Fett
26,6	g	Kohlenhy.
1,3	g	Ballastst.
2,0	g	Wasser
27,0	mg	Natrium
68,0	mg	Kalium
12,0	mg	Kalzium
71,0	mg	Phosphor

- Flocken in kaltes Wasser geben und unter Rühren aufkochen lassen.
- Dazu Zwieback und Tee mit Zucker reichen.
- Dieses Rezept ist nur für Tage gedacht, an denen Ihnen unwohl oder übel ist und Sie daher das normale Frühstück nicht essen können.

natriumarm: geeignet kaliumarm: geeignet

Frühstücke mit 5 g Eiweiß

Nr.		Seite	natriumarm	kaliumarm	natrium-/kaliumarm
10	Brötchen, eiweißarmes Brot Butter oder Margarine, Erdbeerkonfitüre, Nuss-Nougatcreme Tee oder Kaffee, Kaffeesahne, Zucker	48		■	
11	eiweißarmes Brot Butter oder Margarine, Aprikosenkonfitüre, Speisequark Tee oder Kaffee, Kaffeesahne, Zucker	48		■	
12	eiweißarmes Brot Doppelrahmfrischkäse, Nuss-Nougatcreme Tee oder Kaffee, Kaffeesahne, Zucker	49	■		
13	Mondaminbrei, Apfelmus Tee, Zucker	49		■	
14	Grießbrei, Apfelmus Tee, Zucker	50		■	
15	Haferflockenbrei, Apfelmus Tee, Zucker	50	■		
16	Reisbrei, Apfelmus Tee, Zucker	51	■	■	■

10

40 g	*Brötchen**
25 g	*eiweißarmes Brot*
20 g	*Butter oder Margarine*
30 g	*Erdbeerkonfitüre*
15 g	*Nuss-Nougatcreme*
	Tee oder Kaffee
10 g	*Kaffeesahne (10 % Fett)*
10 g	*Zucker*

5 g Eiweiß		
2300,0	**kJ**	**(548 kcal)**
5,2	g	Eiweiß
22,6	g	Fett
80,5	g	Kohlenhy.
2,0	g	Ballastst.
31,0	g	Wasser
531,0	mg	Natrium
173,0	mg	Kalium
47,0	mg	Kalzium
103,0	mg	Phosphor

*40 g Brötchen können Sie austauschen durch:

- je 50 g Roggenbrot oder Roggenvollkornbrot
- je 40 g Baguette, Weißbrot, Croissant oder Hefezopf
- je 35 g Laugengebäck

natriumarm:	nicht geeignet	kaliumarm:	geeignet

11

100 g	*eiweißarmes Brot*
20 g	*Butter oder Margarine*
30 g	*Aprikosenkonfitüre*
30 g	*Speisequark (20 % i. Tr.)*
	Tee oder Kaffee
10 g	*Kaffeesahne (10 % Fett)*
10 g	*Zucker*

5 g Eiweiß		
2348,0	**kJ**	**(558 kcal)**
4,5	g	Eiweiß
24,0	g	Fett
80,7	g	Kohlenhy.
0,1	g	Ballastst.
45,0	g	Wasser
618,0	mg	Natrium
120,0	mg	Kalium
51,0	mg	Kalzium
106,0	mg	Phosphor

natriumarm:	nicht geeignet	kaliumarm:	geeignet

12

100 g	*eiweißarmes Brot*
25 g	*Doppelrahmfrischkäse (oder s. Eiweißaustauschtabelle 3 g Eiweiß)*
30 g	*Nuss-Nougatcreme*
10 g	*Butter*
	Tee oder Kaffee
10 g	*Kaffeesahne (10 % Fett)*
10 g	*Zucker*

5 g Eiweiß

2213,0	**kJ**	**(526 kcal)**
5,1	g	Eiweiß
23,5	g	Fett
73,1	g	Kohlenhy.
0,7	g	Ballastst.
22,0	g	Wasser
700,0	mg	Natrium
154,0	mg	Kalium
59,0	mg	Kalzium
117,0	mg	Phosphor

natriumarm: nicht geeignet   kaliumarm: geeignet

13

100 g	*Milch (3,5 % Fett)*
50 g	*Sahne (30 % Fett)*
100 bis 150 ml	*Wasser*
20 g	*Maisstärke*
10 g	*Zucker*
30 g	*Maltodextrin 19*
150 g	*Apfelmus*
	Tee
10 g	*Zucker*

5 g Eiweiß

2237,0	**kJ**	**(533 kcal)**
5,0	g	Eiweiß
18,9	g	Fett
84,9	g	Kohlenhy.
2,4	g	Ballastst.
256,0	g	Wasser
74,0	mg	Natrium
338,0	mg	Kalium
170,0	mg	Kalzium
141,0	mg	Phosphor

- Milch, Sahne und Wasser mischen und zum Kochen bringen. Inzwischen die Stärke mit etwas kaltem Wasser anrühren.
- Stärke in die kochende Flüssigkeit geben. Mit Zucker süßen. Dazu Apfelmus reichen und gesüßten Tee trinken.

natriumarm: geeignet   kaliumarm: nicht geeignet

14

100 g	*Sahne (30 % Fett)*
200 ml	*Wasser*
20 g	*Weizengrieß*
10 g	*Zucker*
150 g	*Apfelmus*
	Tee
10 g	*Zucker*

5 g Eiweiß		
2069,0	**kJ**	**(494 kcal)**
4,8	g	Eiweiß
30,6	g	Fett
50,0	g	Kohlenhy.
3,6	g	Ballastst.
199,0	g	Wasser
33,0	mg	Natrium
259,0	mg	Kalium
94,0	mg	Kalzium
89,0	mg	Phosphor

- Sahne und Wasser verrühren und zum Kochen bringen. Dann den Grieß einrühren und quellen lassen.
- Den Brei mit Zucker abschmecken. Dazu Apfelmus reichen und gesüßten Tee trinken.

natriumarm:	nicht geeignet	kaliumarm:	geeignet

15

80 g	*Sahne (30 % Fett)*
250 ml	*Wasser*
20 g	*Haferflocken*
10 g	*Butter oder Margarine*
10 g	*Zucker*
150 g	*Apfelmus*
	Tee
10 g	*Zucker*

5 g Eiweiß		
2175,0	**kJ**	**(519 kcal)**
4,9	g	Eiweiß
34,1	g	Fett
48,3	g	Kohlenhy.
3,3	g	Ballastst.
187,0	g	Wasser
28,0	mg	Natrium
288,0	mg	Kalium
86,0	mg	Kalzium
140,0	mg	Phosphor

- Sahne und Wasser zum Kochen bringen, die Haferflocken einrühren und quellen lassen.
- Das Fett hinzugeben und den Brei mit Zucker abschmecken. Dazu Apfelmus und gesüßten Tee reichen.

natriumarm:	geeignet	kaliumarm:	nicht geeignet

16

100 g	*Sahne (30 % Fett)*
200 ml	*Wasser*
30 g	*polierter Reis*
10 g	*Zucker,* *Zimt*
150 g	*Apfelmus*
	Tee
10 g	*Zucker*

5 g Eiweiß

2236,0	**kJ**	**(534 kcal)**
5,0	g	Eiweiß
30,7	g	Fett
59,3	g	Kohlenhy.
2,8	g	Ballastst.
200,0	g	Wasser
36,0	mg	Natrium
281,0	mg	Kalium
94,0	mg	Kalzium
132,0	mg	Phosphor

- Sahne und Wasser aufkochen, dann den Reis einrühren und garen lassen.
- Mit Zimt und Zucker abschmecken. Zum Reisbrei Apfelmus reichen.

natriumarm: geeignet kaliumarm: geeignet

Frühstücke mit 10 g Eiweiß

Nr.		Seite	natriumarm	kaliumarm	natrium-/kaliumarm
17	Brötchen, Roggenvollkornbrot Butter oder Margarine, Erdbeerkonfitüre, Doppelrahmfrischkäse Tee oder Kaffee, Kaffeesahne, Zucker	53	■	■	■
18	Knäckebrot, eiweißarmes Brot Butter oder Margarine, Quittenkonfitüre, Ei Tee oder Kaffee, Kaffeesahne, Zucker	54	■	■	■
19	Brötchen Butter oder Margarine, Kirschkonfitüre Kakao	54	■		
20	Müsli Roggenvollkornbrot Butter oder Margarine, Erdbeerkonfitüre Tee oder Kaffee, Kaffeesahne, Zucker	55	■		
21	Müsli eiweißarmes Brot Butter oder Margarine, Doppelrahmfrischkäse Tee oder Kaffee, Kaffeesahne, Zucker	55	■		
22	Grießbrei, Apfelmus Tee, Zucker	56	■		
23	Vanillebrei, Apfelmus Zwieback, Butter oder Margarine Tee, Zucker	56	■		
24	Haferflockenbrei, Apfelmus Tee, Zucker	57	■	■	
25	Reisbrei, Apfelmus Tee, Zucker	57	■		

17

40 g	*Brötchen (Austausch s. Frühstück Nr. 10)*
40 g	*Roggenvollkornbrot **
20 g	*Butter oder Margarine*
30 g	*Erdbeerkonfitüre*
25 g	*Doppelrahmfrischkäse (oder s. Eiweiß-Austauschtabelle 3 g Eiweiß)*
	Tee oder Kaffee
10 g	*Kaffeesahne (10 % Fett)*
10 g	*Zucker*

10 g Eiweiß		
2296,0	**kJ**	**(548 kcal)**
8,9	g	Eiweiß
27,5	g	Fett
65,9	g	Kohlenhy.
4,8	g	Ballastst.
65,0	g	Wasser
535,0	mg	Natrium
223,0	mg	Kalium
54,0	mg	Kalzium
183,0	mg	Phosphor

*40 g Roggenvollkornbrot können Sie austauschen durch:
- je 40 g Kommissbrot, Roggenbrot, Roggenmischbrot, Weizenmischbrot, Weizenvollkornbrot, Steinmetzbrot oder Pumpernickel
- je 35 g Grahambrot oder Weißbrot
- je 30 g Zwieback oder Knäckebrot
- je 40 g Rosinenbrot (für kaliumarm nicht geeignet)

natriumarm: geeignet kaliumarm: geeignet

18

16 g	*Knäckebrot*
50 g	*eiweißarmes Brot*
20 g	*Butter oder Margarine*
20 g	*Quittenkonfitüre*
55 g	*Ei (oder s. Eiweiß-Austauschtabelle 7 g Eiweiß)*
	Tee oder Kaffee
10 g	*Kaffeesahne (10 % Fett)*
10 g	*Zucker*

10 g Eiweiß		
2185,0	**kJ**	**(520 kcal)**
9,7	g	Eiweiß
27,1	g	Fett
59,6	g	Kohlenhy.
0,6	g	Ballastst.
59,0	g	Wasser
508,0	mg	Natrium
150,0	mg	Kalium
47,0	mg	Kalzium
172,0	mg	Phosphor

natriumarm:	geeignet	kaliumarm:	geeignet

19

20 g	*Sahne (30 % Fett)*
170 g	*Milch (3,5 g Fett)*
60 ml	*Wasser*
3 g	*Kakaopulver*
10 g	*Zucker*
40 g	*Brötchen*
20 g	*Butter oder Margarine*
20 g	*Kirschkonfitüre*

10 g Eiweiß		
2161,0	**kJ**	**(516 kcal)**
10,0	g	Eiweiß
29,9	g	Fett
51,7	g	Kohlenhy.
2,2	g	Ballastst.
185,0	g	Wasser
312,0	mg	Natrium
406,0	mg	Kalium
235,0	mg	Kalzium
233,0	mg	Phosphor

- Sahne, Milch und Wasser mischen, das Kakaopulver einrühren und aufkochen lassen.
- Das Kakaogetränk mit Zucker abschmecken.

natriumarm:	geeignet	kaliumarm:	nicht geeignet

20

20 g	*Haferflocken*
125 g	*Milch (3,5 % Fett)*
100 g	*Apfel*
10 g	*Honig*
	Zitronensaft, Zimt
40 g	*Roggenvollkornbrot (Austausch s. Frühstück Nr. 17)*
10 g	*Butter oder Margarine*
20 g	*Erdbeerkonfitüre*
	Tee oder Kaffee
10 g	*Kaffeesahne (10 % Fett)*
10 g	*Zucker*

10 g Eiweiß

2093,0	**kJ**	**(500 kcal)**
10,0	g	Eiweiß
16,9	g	Fett
75,9	g	Kohlenhy.
6,6	g	Ballastst.
231,0	g	Wasser
297,0	mg	Natrium
547,0	mg	Kalium
190,0	mg	Kalzium
311,0	mg	Phosphor

- Die Haferflocken in der Milch quellen lassen.
- Apfel schälen, entkernen und grob raspeln. Mit Honig, Zitronensaft und Zimt abschmecken.

natriumarm: geeignet kaliumarm: nicht geeignet

21

20 g	*Haferflocken*
100 g	*Joghurt (3,5 % Fett)*
100 g	*Apfel*
10 g	*Honig*
	Zitronensaft und Zimt
40 g	*eiweißarmes Brot*
5 g	*Butter oder Margarine*
25 g	*Doppelrahmfrischkäse (oder s. Austauschtabelle 3 g Eiweiß)*
	Tee oder Kaffee
10 g	*Kaffeesahne (10 % Fett)*
10 g	*Zucker*

10 g Eiweiß

2104,0	**kJ**	**(502 kcal)**
9,5	g	Eiweiß
21,2	g	Fett
66,9	g	Kohlenhy.
3,0	g	Ballastst.
198,0	g	Wasser
386,0	mg	Natrium
433,0	mg	Kalium
181,0	mg	Kalzium
252,0	mg	Phosphor

- Die Haferflocken im Joghurt quellen lassen.
- Den Apfel schälen, entkernen und grob raspeln. Mit Honig, Zitronensaft und Zimt abschmecken.

natriumarm: geeignet kaliumarm: nicht geeignet

22

250 g	*Milch (3,5 % Fett)*
20 g	*Weizengrieß*
10 g	*Butter oder Margarine*
10 g	*Zucker*
150 g	*Apfelmus*
	Tee
10 g	*Zucker*

10 g Eiweiß		
2166,0	**kJ**	**(516 kcal)**
10,6	g	Eiweiß
17,6	g	Fett
77,7	g	Kohlenhy.
3,6	g	Ballastst.
356,0	g	Wasser
132,0	mg	Natrium
536,0	mg	Kalium
315,0	mg	Kalzium
264,0	mg	Phosphor

- Sahne und Wasser zum Kochen bringen, den Grieß einrühren und quellen lassen.
- Das Fett hinzugeben und den Brei mit Zucker abschmecken. Dazu Apfelmus und gesüßten Tee reichen.

natriumarm: geeignet kaliumarm: nicht geeignet

23

250 g	*Milch (3,5 % Fett)*
20 g	*Weizenstärke*
10 g	*Vanillinzucker*
100 g	*Apfelmus*
16 g	*Zwieback*
10 g	*Butter oder Margarine*
	Tee
10 g	*Zucker*

10 g Eiweiß		
2110,0	**kJ**	**(503 kcal)**
10,2	g	Eiweiß
18,2	g	Fett
73,6	g	Kohlenhy.
3,3	g	Ballastst.
356,0	g	Wasser
171,0	mg	Natrium
540,0	mg	Kalium
318,0	mg	Kalzium
273,0	mg	Phosphor

- Die Milch zum Kochen bringen. Währenddessen die Stärke mit etwas kaltem Wasser anrühren und in die kochende Flüssigkeit geben.
- Den Brei süßen und mit Apfelmus, gebuttertem Zwieback und Tee mit Zucker servieren.

natriumarm: geeignet kaliumarm: nicht geeignet

24

150 g	*Milch (3,5 % Fett)*
50 g	*Sahne (30 % Fett)*
50 bis 80 ml	*Wasser*
25 g	*Haferflocken*
10 g	*Zucker*
10 g	*Butter oder Margarine*
150 g	*Apfelmus*
	Tee
10 g	*Zucker*

10 g Eiweiß

2216,0	**kJ**	**(529 kcal)**
9,1	g	Eiweiß
30,4	g	Fett
54,5	g	Kohlenhy.
3,3	g	Ballastst.
299,0	g	Wasser
94,0	mg	Natrium
483,0	mg	Kalium
242,0	mg	Kalzium
261,0	mg	Phosphor

- Milch, Sahne und Wasser mischen und zum Kochen bringen, dann die Haferflocken einrühren und quellen lassen.
- Das Fett hinzugeben und den Brei mit Zucker abschmecken. Dazu Apfelmus und gesüßten Tee reichen.

natriumarm: geeignet kaliumarm: geeignet

25

250 g	*Milch (3,5 % Fett)*
30 g	*polierter Reis*
10 g	*Butter oder Margarine*
10 g	*Zucker, Zimt*
150 g	*Apfelmus*
	Tee
10 g	*Zucker*

10 g Eiweiß

2012,0	**kJ**	**(480 kcal)**
10,8	g	Eiweiß
17,8	g	Fett
68,0	g	Kohlenhy.
2,8	g	Ballastst.
356,0	g	Wasser
131,0	mg	Natrium
558,0	mg	Kalium
315,0	mg	Kalzium
306,0	mg	Phosphor

- Die Milch zum Kochen bringen, dann erst den Reis einrühren und garen lassen.
- Anschließend den Brei mit dem Fett verfeinern und mit Zimt und Zucker würzen. Dazu Apfelmus reichen und gesüßten Tee trinken.

natriumarm: geeignet kaliumarm: nicht geeignet

Frühstücke mit 15 g Eiweiß

Nr.	Gericht	Seite	natriumarm	kaliumarm	natrium-/kaliumarm
26	Brötchen, Roggenvollkornbrot Butter oder Margarine, Erdbeerkonfitüre, Ei Tee oder Kaffee, Kaffeesahne, Zucker	59	■	■	■
27	Brötchen Butter oder Margarine, Kirschkonfitüre Kakao	59	■		
28	Müsli Roggenvollkornbrot Butter oder Margarine, Quittenkonfitüre, Magerquark Tee oder Kaffee, Kaffeesahne, Zucker	60	■		
29	Cornflakes mit Milch Weizenmischbrot Butter oder Margarine, Doppelrahmfrischkäse Tee oder Kaffee, Kaffeesahne, Zucker	60	■		
30	Knäckebrot, Grahambrot Butter oder Margarine, Edamer Käse frischer Orangensaft	61	■		
31	Roggenmischbrot Speckeier Tee oder Kaffee, Kaffeesahne, Zucker	61	■	■	

26

40 g	*Brötchen (Austausch s. Frühstück Nr. 10)*
40 g	*Roggenvollkornbrot (Austausch s. Frühstück Nr. 17)*
20 g	*Butter oder Margarine*
30 g	*Erdbeerkonfitüre*
55 g	*Ei (oder s. Austausch für 7 g Eiweiß)*
	Tee oder Kaffee
10 g	*Zucker*
10 g	*Kaffeesahne (10 % Fett)*

15 g Eiweiß

2301,0	**kJ**	**(549 kcal)**
13,3	g	Eiweiß
25,8	g	Fett
65,7	g	Kohlenhy.
4,8	g	Ballastst.
92,0	g	Wasser
526,0	mg	Natrium
281,0	mg	Kalium
620,0	mg	Kalzium
264,0	mg	Phosphor

natriumarm: geeignet kaliumarm: geeignet

27

300 g	*Milch (3,5 % Fett)*
10 g	*Zucker*
5 g	*Kakao*
40 g	*Brötchen*
20 g	*Butter oder Margarine*
20 g	*Kirschkonfitüre*

15 g Eiweiß

2298,0	**kJ**	**(548 kcal)**
14,2	g	Eiweiß
28,9	g	Fett
57,4	g	Kohlenhy.
2,9	g	Ballastst.
286,0	g	Wasser
371,0	mg	Natrium
619,0	mg	Kalium
377,0	mg	Kalzium
355,0	mg	Phosphor

natriumarm: geeignet kaliumarm: nicht geeignet

28

20 g	*Haferflocken*
150 g	*Milch (3,5 % Fett)*
100 g	*Apfel*
10 g	*Honig*
	Zimt, Zitronensaft
40 g	*Roggenvollkornbrot*
10 g	*Butter oder Margarine*
25 g	*Magerquark*
20 g	*Quittenkonfitüre*
	Tee oder Kaffee
10 g	*Zucker*
10 g	*Kaffeesahne (10 % Fett)*

15 g Eiweiß		
2228,0	**kJ**	**(531 kcal)**
14,8	g	Eiweiß
17,8	g	Fett
76,9	g	Kohlenhy.
6,5	g	Ballastst.
278,0	g	Wasser
321,0	mg	Natrium
615,0	mg	Kalium
254,0	mg	Kalzium
392,0	mg	Phosphor

- Für das Müsli Haferflocken in der Milch quellen lassen. Währenddessen die Äpfel schälen, entkernen und reiben. Unter die Flocken mischen. Mit Honig, Zimt und Zitronensaft abschmecken.
- Dazu gibt es Vollkornbrot mit Quark und Marmelade.

natriumarm:	geeignet	kaliumarm:	nicht geeignet

29

20 g	*Cornflakes*
200 g	*Milch (3,5 % Fett)*
10 g	*Zucker*
40 g	*Weizenmischbrot*
10 g	*Butter oder Margarine*
30 g	*Doppelrahmfrischkäse*
10 g	*Butter oder Margarine*
	Tee oder Kaffee
10 g	*Kaffeesahne (10 % Fett)*

15 g Eiweiß		
2185,0	**kJ**	**(521 kcal)**
14,5	g	Eiweiß
27,2	g	Fett
54,5	g	Kohlenhy.
2,3	g	Ballastst.
217,0	g	Wasser
600,0	mg	Natrium
428,0	mg	Kalium
289,0	mg	Kalzium
304,0	mg	Phosphor

natriumarm:	geeignet	kaliumarm:	nicht geeignet

30

16 g	*Knäckebrot*
40 g	*Grahambrot*
20 g	*Butter oder Margarine*
35 g	*Edamer Käse (45 % F. i. Tr.)*
200 g	*Orangensaft, frisch*

15 g Eiweiß

2122,0	**kJ**	**(507 kcal)**
15,0	g	Eiweiß
27,7	g	Fett
47,6	g	Kohlenhy.
2,8	g	Ballastst.
211,0	g	Wasser
541,0	mg	Natrium
466,0	mg	Kalium
320,0	mg	Kalzium
340,0	mg	Phosphor

natriumarm: geeignet kaliumarm: nicht geeignet

31

35 g	*Speck, durchwachsen*
3 g	*Öl*
55 g	*Ei*
80 g	*Roggenmischbrot*
	Tee oder Kaffee
10 g	*Kaffeesahne (10% Fett)*
10 g	*Zucker*

15 g Eiweiß

2453,0	**kJ**	**(586 kcal)**
13,7	g	Eiweiß
35,6	g	Fett
38,6	g	Kohlenhy.
3,7	g	Ballastst.
88,0	g	Wasser
445,0	mg	Natrium
242,0	mg	Kalium
61,0	mg	Kalzium
243,0	mg	Phosphor

- Den Speck in Würfel schneiden und im Öl auslassen.
- Das Ei einrühren und stocken lassen.

natriumarm: geeignet kaliumarm: geeignet

Zwischenmahlzeit

Zwischenmahlzeiten mit 1 g Eiweiß

		Seite	natriumarm	kaliumarm	natrium-/ kaliumarm
1	Kastanienbrot, Butter oder Margarine Erdbeerkonfitüre	66	■	■	■
2	Gebäck Grapefruitsaft	66	■	■	■
3	Kastanienbrot, Butter oder Margarine, milchfreie Schokoladenstreusel	66	■	■	■
4	eiweißarmes Brot Butter oder Margarine, Schnittlauch	67	■	■	■
5	Knäckebrot, Butter oder Margarine, Erdbeerkonfitüre	67	■	■	■
6	Zwieback, Butter oder Margarine, Apfelsaft	67	■	■	■
7	Cornflakes mit Johannisbeernektar	68	■	■	■
8	Biskuitplätzchen, Apfelsaft	68	■		
9	Fruchteis	68	■	■	■
10	Nährbier	69	■	■	■
11	Vollbier, hell	69	■	■	■
12	Marshmallows	69	■	■	■
13	Gummibärchen	69	■	■	■
14	Vollmilchschokolade	69	■	■	■
15	Bananenkuchen	70	■	■	■
16	Apfeltaschen	71	■	■	■

Zwischenmahlzeiten mit 1 g Eiweiß

		Seite	natriumarm	kaliumarm	natrium-/kaliumarm
17	Berliner	72	■	■	■
18	Hefezopf	73	■	■	■
19	Honigkuchen	74	■		
20	Kräcker	74	■		
21	Linzer Törtchen	75	■	■	■
22	Mini-Obsttörtchen	76	■	■	■
23	Rosinettas	77	■	■	■
24	Rührkuchen	78	■	■	■
25	Schneckennudel	79	■	■	■
26	Streuselkuchen mit Obst	80	■	■	■
27	Zitronenplätzchen	81	■	■	■

1

50 g	*Kastanienbrot, eiweißarm*
10 g	*Butter oder Margarine*
20 g	*Erdbeerkonfitüre*

natriumarm: geeignet kaliumarm: geeignet

1 g Eiweiß		
1043,0	**kJ**	**(248 kcal)**
1,1	g	Eiweiß
9,8	g	Fett
38,0	g	Kohlenhy.
0,1	g	Ballastst.
8,0	g	Wasser
300,0	mg	Natrium
122,0	mg	Kalium
3,0	mg	Kalzium
28,0	mg	Phosphor

2

30 g	*Gebäck, eiweißarm*
150 g	*Grapefruitsaft, frisch*

natriumarm: geeignet
kaliumarm: nur geeignet, wenn Sie den Grapefruitsaft gegen 130 g schwarzen Johannisbeernektar austauschen

1 g Eiweiß		
862,0	**kJ**	**(206 kcal)**
1,0	g	Eiweiß
4,3	g	Fett
36,6	g	Kohlenhy.
0,0	g	Ballastst.
130,0	g	Wasser
15,0	mg	Natrium
243,0	mg	Kalium
27,0	mg	Kalzium
25,0	mg	Phosphor

3

40 g	*Kastanienbrot, eiweißarm*
5 g	*Butter oder Margarine*
10 g	*geriebene milchfreie Schokolade*

natriumarm: geeignet kaliumarm: geeignet

1 g Eiweiß		
917,0	**kJ**	**(218 kcal)**
1,4	g	Eiweiß
12,5	g	Fett
24,7	g	Kohlenhy.
1,5	g	Ballastst.
1,0	g	Wasser
242,0	mg	Natrium
129,0	mg	Kalium
7,0	mg	Kalzium
50,0	mg	Phosphor

4

50 g	*eiweißarmes Brot*
10 g	*Butter oder Margarine*
10 g	*Schnittlauch*

natriumarm: geeignet kaliumarm: geeignet

1 g Eiweiß		
839,0	**kJ**	**(199 kcal)**
0,8	g	Eiweiß
10,3	g	Fett
25,7	g	Kohlenhy.
0,6	g	Ballastst.
10,0	g	Wasser
300,0	mg	Natrium
68,0	mg	Kalium
14,0	mg	Kalzium
28,0	mg	Phosphor

5

10 g	*Knäckebrot*
5 g	*Butter oder Margarine*
15 g	*Erdbeerkonfitüre*

natriumarm: geeignet kaliumarm: geeignet

1 g Eiweiß		
473,0	**kJ**	**(113 kcal)**
1,1	g	Eiweiß
4,3	g	Fett
17,0	g	Kohlenhy.
0,5	g	Ballastst.
6,0	g	Wasser
77,0	mg	Natrium
27,0	mg	Kalium
4,0	mg	Kalzium
150	mg	Phosphor

6

8 g	*Zwieback*
5 g	*Butter oder Margarine*
150 g	*Apfelsaft*

natriumarm: geeignet kaliumarm: geeignet

1 g Eiweiß		
587,0	**kJ**	**(139 kcal)**
1,2	g	Eiweiß
5,0	g	Fett
21,6	g	Kohlenhy.
0,4	g	Ballastst.
133,0	g	Wasser
25,0	mg	Natrium
202,0	mg	Kalium
14,0	mg	Kalzium
28,0	mg	Phosphor

7

5 g	*Cornflakes oder Honig-Pops*
10 g	*Sahne (30 % Fett)*
100 g	*Johannisbeernektar, rot*
10 g	*Zucker*

natriumarm: geeignet   kaliumarm: geeignet

1 g Eiweiß

793,0	**kJ**	**(188 kcal)**
1,5	g	Eiweiß
3,1	g	Fett
36,6	g	Kohlenhy.
0,2	g	Ballastst.
80,0	g	Wasser
51,0	mg	Natrium
202,0	mg	Kalium
35,0	mg	Kalzium
35,0	mg	Phosphor

8

10 g	*Biskuitplätzchen (2 Stück)*
200 g	*Apfelsaft*

natriumarm: geeignet
kaliumarm: nicht geeignet

1 g Eiweiß

572,0	**kJ**	**(136 kcal)**
1,2	g	Eiweiß
0,6	g	Fett
29,6	g	Kohlenhy.
0,2	g	Ballastst.
176,0	g	Wasser
14,0	mg	Natrium
244,0	mg	Kalium
17,0	mg	Kalzium
30,0	mg	Phosphor

9

60 g	*Fruchteis*

natriumarm: geeignet   kaliumarm: geeignet

1 g Eiweiß

441,0	**kJ**	**(106 kcal)**
1,0	g	Eiweiß
1,0	g	Fett
22,0	g	Kohlenhy.
0,5	g	Ballastst.
54,0	g	Wasser
16,0	mg	Natrium
81,0	mg	Kalium
40,0	mg	Kalzium
30,0	mg	Phosphor

10

200 ml Nährbier

1 g Eiweiß		
470,0	**kJ**	**(112 kcal)**
0,7	g	Eiweiß
0,0	g	Fett
23,0	g	Kohlenhy.
0,0	g	Ballastst.
173,0	g	Wasser
10,0	mg	Natrium
58,0	mg	Kalium
8,0	mg	Kalzium
34,0	mg	Phosphor

natriumarm: geeignet kaliumarm: geeignet

11

200 ml Vollbier

1 g Eiweiß		
377,0	**kJ**	**(84 kcal)**
1,0	g	Eiweiß
0,0	g	Fett
6,0	g	Kohlenhy.
0,0	g	Ballastst.
184,0	g	Wasser
8,0	mg	Natrium
110,0	mg	Kalium
8,0	mg	Kalzium
64,0	mg	Phosphor

natriumarm: geeignet kaliumarm: geeignet

Kalium- und natriumarm sind:

12

50 g Marshmallows *166 kcal / 697 kJ*

13

50 g Gummibärchen *94 kcal / 394 kJ*

14

12 g Vollmilchschokolade (4 Rippen) *64 kcal / 269 kJ*

15

Apfeltaschen *(5 Stück)*

10 g	*Hefe*
70 ml	*Wasser (lauwarm)*
20 g	*Öl*
60 g	*Zucker*
200 g	*eiweißarmes Daminmehl*
200 g	*Äpfel*
	Vanillestange oder -aroma
	Zimt

1 g Eiweiß		
1044,0	**kJ**	**(247 kcal)**
0,5	g	Eiweiß
4,3	g	Fett
51,3	g	Kohlenhy.
0,8	g	Ballastst.
35,0	g	Wasser
9,0	mg	Natrium
85,0	mg	Kalium
3,0	mg	Kalzium
32,0	mg	Phosphor

- Für den Hefeteig zunächst die Hefe in lauwarmem Wasser auflösen. Dann das Öl und 40 g Zucker dazugeben. Diese Mischung unter das Mehl rühren und zu einem Teig kneten. Den Hefeteig mit einem Tuch zudecken und gehen lassen, bis er sich verdoppelt hat.
- Inzwischen die Äpfel schälen, entkernen und in Scheiben schneiden. Mit restlichem Zucker, Vanille und Zimt vermengen.
- Den Teig nochmals kneten, ausrollen und in 5 Rechtecke schneiden. Die Apfelmasse darauf verteilen und zu Taschen zusammenklappen.
- Für 20–30 Minuten bei einer Temperatur von 200 °C backen.

natriumarm:	geeignet	kaliumarm:	geeignet

16

Bananenkuchen *(10 Stück)*

100 g	*Banane*
10 g	*Zitronensaft*
100 g	*Margarine*
60 g	*Zucker*
200 g	*eiweißarmes Daminmehl*
6 g	*Backpulver*
2 g	*Nestargel*

1 g Eiweiß		
744,0	**kJ**	**(176 kcal)***
0,2	g	Eiweiß
8,0	g	Fett
25,8	g	Kohlenhy.
0,2	g	Ballastst.
10,0	g	Wasser
78,0	mg	Natrium
52,0	mg	Kalium
8,0	mg	Kalzium
64,0	mg	Phosphor

*pro Stück

- Zuerst die Banane pürieren und den Zitronensaft dazugeben.
- In einer anderen Schüssel die Margarine mit dem Zucker schaumig rühren und das Bananenpüree unterheben.
- Das Daminmehl mit dem Backpulver und Nestargel mischen und esslöffelweise unter die Schaummasse heben.
- Den Teig in eine gefettete Kastenform füllen und bei 175–200 °C für 50–60 Minuten backen.

natriumarm:	geeignet	kaliumarm:	geeignet

17

Berliner *(8 Stück)*

20 g	*Hefe*
170 ml	*Wasser (lauwarm)*
40 g	*Zucker*
20 g	*Öl*
400 g	*eiweißarmes Daminmehl*
60 g	*Kirschkonfitüre*
10 g	*Öl (haftend)*

1 g Eiweiß		
1059,0	**kJ**	**(250 kcal)***
0,5	g	Eiweiß
3,9	g	Fett
53,0	g	Kohlenhy.
0,0	g	Ballastst.
4,0	g	Wasser
1,0	mg	Natrium
41,0	mg	Kalium
1,0	mg	Kalzium
35,0	mg	Phosphor

*pro Stück

- Zunächst die Hefe in lauwarmem Wasser auflösen, dann Zucker und Öl dazugeben.
- Diese Mischung unter das Mehl rühren, kneten und den Teig zugedeckt gehen lassen, bis er sich verdoppelt hat.
- Nochmals gut durchkneten und etwa 1 cm dick ausrollen. Auf eine Hälfte des Teiges mit einem Teelöffel die Kirschkonfitüre in Häufchen setzen und die andere Hälfte darüber klappen.
- Nochmals gehen lassen, dann die Berliner mit einem Glas ausstechen. In heißem Öl ausbacken.

natriumarm:	geeignet	kaliumarm:	geeignet

18

Hefezopf *(14 Stück)*

25 g	*Hefe*
150 ml	*Wasser (lauwarm)*
40 g	*Zucker*
35 g	*Öl*
500 g	*eiweißarmes Daminmehl*
80 g	*Rosinen*

1 g Eiweiß		
753,0	**kJ**	**(178 kcal)***
0,5	g	Eiweiß
2,6	g	Fett
37,7	g	Kohlenhy.
0,3	g	Ballastst.
2,0	g	Wasser
8,0	mg	Natrium
69,0	mg	Kalium
2,0	mg	Kalzium
30,0	mg	Phosphor

*pro Stück

- Die Hefe in lauwarmem Wasser auflösen, anschließend Zucker und 20 g Öl dazugeben.
- Diese Mischung unter das Mehl rühren, den Teig gut durchkneten und die Rosinen hinzufügen. Den Hefeteig etwa 1 Stunde gehen lassen und dann nochmals durchkneten.
- Den Teig in 3 Stränge teilen und einen Zopf flechten. Diesen auf ein gefettetes Backblech legen und mit dem restlichen Öl bepinseln.
- Den Hefezopf bei 175 °C für etwa 30 Minuten backen.

natriumarm:	geeignet	kaliumarm:	geeignet

19

Honigkuchen *(15 Stück)*

200 g	*Honig*
120 g	*Zucker*
400 g	*eiweißarmes Daminmehl*
12 g	*Backpulver*
40 g	*Karottensaft*
40 g	*Wasser*
	geriebene Zitronenschale, Lebkuchengewürz

- Honig und Zucker erwärmen und wieder abkühlen lassen. Mehl, Backpulver, geriebene Zitronenschale und 1 gestr. Essl. Lebkuchengewürz mischen und abwechselnd mit Karottensaft und Wasser unter die Honigmasse rühren.
- Den Teig in eine gefettete Kastenform füllen und bei 175–200 °C für ca. 75 Minuten backen.

1 g Eiweiß		
702,0	**kJ**	**(169 kcal)***
0,2	g	Eiweiß
0,1	g	Fett
41,6	g	Kohlenhy.
0,0	g	Ballastst.
6,0	g	Wasser
111,0	mg	Natrium
23,0	mg	Kalium
10,0	mg	Kalzium
82,0	mg	Phosphor

*pro Stück

natriumarm:	geeignet	kaliumarm:	nicht geeignet

20

Kräcker

100 g	*Margarine*
200 g	*eiweißarmes Daminmehl*
3,5 g	*Salz*
	Kümmel oder Paprikapulver oder Kräuter

- Aus Margarine, Mehl, Salz und 2 Essl. Wasser einen Mürbeteig herstellen und kalt stellen.
- Mit den Gewürzen abschmecken, dünn ausrollen und kleine Formen ausstechen.
- Auf einem gefetteten Backblech bei 200 °C für 10–15 Minuten backen.

1 g Eiweiß		
5973,0	**kJ**	**(1417 kcal)***
1,2	g	Eiweiß
80,6	g	Fett
174,2	g	Kohlenhy.
0,0	g	Ballastst.
44,0	g	Wasser
1483,0	mg	Natrium
112,0	mg	Kalium**
18,0	mg	Kalzium
113,0	mg	Phosphor

*pro Rezept **ohne Gewürze

natriumarm:	geeignet	kaliumarm:	nicht geeignet

21

Linzer Törtchen *(14 Stück)*

400 g	*eiweißarmes Daminmehl*
100 g	*Zucker*
270 g	*Margarine*
55 g	*Ei*
150 g	*Himbeerkonfitüre*
	Zimt, Zitronenschale

1 g Eiweiß		
1260,0	**kJ**	**(299 kcal)***
0,7	g	Eiweiß
15,9	g	Fett
38,5	g	Kohlenhy.
0,1	g	Ballastst.
10,0	g	Wasser
19,0	mg	Natrium
29,0	mg	Kalium
4,0	mg	Kalzium
26,0	mg	Phosphor

*pro Stück

- Zunächst aus Mehl, Zucker, Margarine, Ei und den Gewürzen (Zimt und Zitronenschale) einen Mürbeteig herstellen und kalt stellen.
- Kleine Tortelette-Förmchen mit Alufolie auskleiden und etwa zwei Drittel des Teiges darin auslegen. Mit Himbeerkonfitüre bestreichen. Den restlichen Teig dünn ausrollen, Gitterstreifen daraus schneiden und die Tortelettes damit verzieren. Man kann die Linzer Torte auch als Ganzes auf einem Blech backen.
- Im Backofen bei 220–225 °C für 30–35 Minuten backen. Danach die Törtchen sofort aus der Alufolie nehmen.

natriumarm:	geeignet	kaliumarm:	geeignet

22

Mini-Obsttörtchen *(4 Stück)*

50 g	Margarine
60 g	Zucker
80 g	eiweißarmes Daminmehl
3 g	Backpulver
40 g	Karottensaft
100 g	Sauerkirschen

1 g Eiweiß		
1000,0	kJ	(238 kcal)*
0,4	g	Eiweiß
10,1	g	Fett
35,8	g	Kohlenhy.
0,3	g	Ballastst.
33,0	g	Wasser
139,0	mg	Natrium
68,0	mg	Kalium
16,0	mg	Kalzium
82,0	mg	Phosphor

*pro Stück

- Für den Rührteig in einer Schüssel die Margarine und 40 g Zucker schaumig rühren. Mehl mit Backpulver mischen und abwechselnd mit dem Karottensaft unter die Schaummasse geben.
- Aus Alufolie Quadrate in der Größe von 20 x 20 cm schneiden und daraus mit Hilfe eines Gefäßes Förmchen herstellen.
- Den Teig in den Förmchen verteilen und mit den Sauerkirschen belegen. Zum Schluss den restlichen Zucker darüber streuen. Bei 200 °C für etwa 25 Minuten backen.

natriumarm:	geeignet	kaliumarm:	geeignet

23

Rosinettas (4 Stück)

50 g	Margarine
30 g	Zucker
80 g	eiweißarmes Daminmehl
3 g	Backpulver
40 g	Karottensaft
10 g	Rosinen
	Rum-Aroma, geriebene Zitronenschale

1 g Eiweiß		
843,0	kJ	(200 kcal)*
0,2	g	Eiweiß
10,1	g	Fett
27,2	g	Kohlenhy.
0,1	g	Ballastst.
12,0	g	Wasser
139,0	mg	Natrium
59,0	mg	Kalium
14,0	mg	Kalzium
80,0	mg	Phosphor

*pro Stück

- In einer Schüssel Margarine und Zucker schaumig rühren. Das Mehl mit dem Backpulver mischen und abwechselnd mit dem Karottensaft, den Rosinen, Rum-Aroma und geriebener Zitronenschale unter die Schaummasse geben.
- Aus Alufolie Quadrate von 20 x 20 cm schneiden und mit Hilfe eines Gefäßes daraus Förmchen herstellen.
- Den Teig darin verteilen und bei 200 °C für 20 Minuten backen.

natriumarm:	geeignet	kaliumarm:	geeignet

24

Rührkuchen *(10 Stück)*

120 g	*Margarine*
100 g	*Zucker*
70 g	*Ei*
200 g	*Maisstärke*
6 g	*Backpulver*
5 g	*Nestargel*
30 ml	*Wasser*
40 ml	*Orangensaft*
10 g	*Mandeln, gerieben*

1 g Eiweiß		
817,0	**kJ**	**(195 kcal)***
1,0	g	Eiweiß
8,8	g	Fett
27,7	g	Kohlenhy.
0,2	g	Ballastst.
13,0	g	Wasser
85,0	mg	Natrium
22,0	mg	Kalium
13,0	mg	Kalzium
74,0	mg	Phosphor

*pro Stück

- Für den Rührteig zunächst Margarine mit Zucker schaumig rühren und das Ei dazugeben. Maisstärke mit Backpulver sowie Nestargel mischen und abwechselnd mit Wasser und Orangensaft unter die Schaummasse rühren. Zum Schluss die Mandeln unterheben.
- Den Teig in eine gefettete Kastenform füllen und für 50–60 Minuten bei 200 °C backen.

natriumarm:	geeignet	kaliumarm:	geeignet

25

Schneckennudel *mit Schokofüllung (12 Stück)*

10 g	*Hefe*
70 ml	*Wasser (lauwarm)*
40 g	*Zucker*
20 g	*Öl*
200 g	*eiweißarmes Daminmehl*
120 g	*Margarine (zerlassen)*
20 g	*Kakaopulver*
3 g	*Zucker*
	Vanille

1 g Eiweiß		
695,0	**kJ**	**(165 kcal)***
0,5	g	Eiweiß
10,1	g	Fett
18,3	g	Kohlenhy.
0,5	g	Ballastst.
2,0	g	Wasser
7,0	mg	Natrium
47,0	mg	Kalium
3,0	mg	Kalzium
24,0	mg	Phosphor

*pro Stück

- Für den Hefeteig die Hefe in lauwarmem Wasser auflösen und das Öl dazugeben. Diese Mischung zu dem Mehl geben und verkneten. Den Teig gehen lassen, bis er sich verdoppelt hat.
- Den Teig auswellen und mit zerlassener Margarine bestreichen. Das Kakaopulver mit Zucker und Vanille mischen und darüber streuen. Nach Geschmack können Sie den Teig auch mit Rosinen bestreuen. Den Teig aufrollen und in 12 Scheiben schneiden.
- Auf ein gefettetes Backblech legen und bei einer Temperatur von 200 °C 20–30 Minuten backen.

natriumarm:	geeignet	kaliumarm:	geeignet

26

Streuselkuchen mit Obst *(12 Stück)*

15 g	*Hefe*
70 ml	*Wasser (lauwarm)*
145 g	*Zucker*
40 g	*Maisstärke*
200 g	*eiweißarmes Daminmehl*
350 g	*Rhabarber*
150 g	*Mondamin*
75 g	*Margarine*
	Salz, Zimt

1 g Eiweiß		
893,0	**kJ**	**(212 kcal)***
0,5	g	Eiweiß
5,1	g	Fett
40,5	g	Kohlenhy.
0,8	g	Ballastst.
31,0	g	Wasser
23,0	mg	Natrium
96,0	mg	Kalium
16,0	mg	Kalzium
26,0	mg	Phosphor

*pro Stück

- Für den Hefeteig zuerst die Hefe in lauwarmem Wasser auflösen, dann 40 g Zucker dazugeben. Die Maisstärke mit dem Mehl mischen und zum Hefegemisch geben. Den Teig kneten und danach gehen lassen, bis er sich verdoppelt hat.
- Den Hefeteig auswellen und eine gefettete Tortenform damit füllen.
- Den Rhabarber schälen, in Stücke schneiden und auf den Hefeteigboden legen. Mit 30 g Zucker bestreuen.
- Aus dem Mondamin, 75 g Zucker, Margarine, 1 Prise Salz und etwas Zimt Streusel zubereiten und über den Obstkuchen streuen.
  Den Kuchen für ca. 30 Minuten bei 200–220 °C backen.

natriumarm:	geeignet	kaliumarm:	geeignet

27

Zitronenplätzchen *(22 Stück)*

65 g	*Margarine*
100 g	*Zucker*
45 g	*Ei*
170 g	*Mondamin*
2 g	*Nestargel*
50 ml	*Wasser*
	Zitronen-Aroma

1 g Eiweiß		
882,0	**kJ**	**(210 kcal)***
0,9	g	Eiweiß
7,8	g	Fett
33,6	g	Kohlenhy.
0,2	g	Ballastst.
9,0	g	Wasser
12,0	mg	Natrium
14,0	mg	Kalium
4,0	mg	Kalzium
21,0	mg	Phosphor

*pro 3 Stück

- In einer Rührschüssel Margarine und Zucker schaumig rühren. Dann das Ei dazugeben und ebenfalls verrühren.
- Nun das Mondamin mit Nestargel mischen und abwechselnd mit Wasser und Zitronen-Aroma unterrühren.
- Auf ein gefettetes Backblech Pergamentpapier legen und darauf kleine Teigkugeln setzen.
- Die Plätzchen werden für 10–15 Minuten bei 175–200 °C gebacken.

natriumarm: geeignet   kaliumarm: geeignet

Zwischenmahlzeiten mit 3 g Eiweiß

Nr.	Rezept	Seite	natriumarm	kaliumarm	natrium-/kaliumarm
28	Joghurtspeise	83	■		
29	Müsli	83	■		
30	Bananenmilch	84	■		
31	Kastanienbrot Doppelrahmfrischkäse, Erdbeerkonfitüre	84	■		
32	Knäckebrot, Butter oder Margarine frischer Orangensaft	85	■		
33	Eiweißarmes Brot Speisequark, Erdbeerkonfitüre	85	■	■	■
34	Knäckebrot, Butter oder Margarine Erdbeeren mit Zucker	85	■	■	■
35	Eiweißarmes Brot, Butter oder Margarine Speisequark, Schnittlauch	86	■	■	■
36	Eiweißarmes Brot, Schweineschmalz Buttermilch	86	■	■	■
37	Knäckebrot, Butter oder Margarine, Schnittlauch Tomatensaft	87			
38	Knäckebrot Butterkekse	87	■	■	■
39	Biskuitplätzchen frischer Orangensaft	88	■		
40	Knäckebrot, Nussnougatcreme	88	■	■	■
41	Knäckebrot, Butter oder Margarine Speisequark, Erdbeerkonfitüre	88	■	■	■

28

Joghurtspeise

60 g	*Joghurt (3,5 % Fett)*
20 g	*Sahne (30 % Fett)*
100 g	*Apfel*
20 g	*Honig*
	Zimt, Zitronensaft

- Zuerst den Joghurt mit der Sahne verrühren.
- Den Apfel waschen, entkernen und reiben. Unter das Joghurt-Sahne-Gemisch geben und mit Honig, Zimt und Zitronensaft abschmecken.

3 g Eiweiß		
880,0	**kJ**	**(210 kcal)**
2,9	g	Eiweiß
8,6	g	Fett
29,4	g	Kohlenhy.
2,0	g	Ballastst.
155,0	g	Wasser
40,0	mg	Natrium
269,0	mg	Kalium
102,0	mg	Kalzium
86,0	mg	Phosphor

natriumarm:	geeignet	kaliumarm:	nicht geeignet

29

Müsli

10 g	*Haferflocken*
25 g	*Sahne (30 % Fett)*
100 g	*Apfelsine*
20 g	*Honig*

- Die Haferflocken in der Sahne und ein wenig Wasser quellen lassen.
- Die Apfelsine schälen, filetieren und in Stücke schneiden. Das Müsli mit Honig süßen.

3 g Eiweiß		
910,0	**kJ**	**(227 kcal)**
2,9	g	Eiweiß
8,4	g	Fett
31,3	g	Kohlenhy.
2,7	g	Ballastst.
107,0	g	Wasser
10,0	mg	Natrium
246,0	mg	Kalium
68,0	mg	Kalzium
80,0	mg	Phosphor

natriumarm:	geeignet	kaliumarm:	nicht geeignet

30

Bananenmilch

50 g	*Milch (3,5 % Fett)*
30 g	*Sahne (30 % Fett)*
50 g	*Banane*
10 g	*Zucker*
	Zitronensaft

- Für das Getränk Milch, Sahne und Banane zusammenmixen.
- Mit Zucker und etwas Zitronensaft abschmecken.

3 g Eiweiß		
865,0	**kJ**	**(206 kcal)**
2,9	g	Eiweiß
10,8	g	Fett
24,0	g	Kohlenhy.
1,0	g	Ballastst.
99,0	g	Wasser
34,0	mg	Natrium
301,0	mg	Kalium
88,0	mg	Kalzium
78,0	mg	Phosphor

natriumarm:	geeignet	kaliumarm:	nicht geeignet

31

Kastanienbrot

40 g	*Kastanienbrot, eiweißarm*
20 g	*Doppelrahmfrischkäse*
30 g	*Erdbeerkonfitüre*

3 g Eiweiß		
912,0	**kJ**	**(217 kcal)**
3,0	g	Eiweiß
7,5	g	Fett
33,5	g	Kohlenhy.
0,1	g	Ballastst.
17,0	g	Wasser
310,0	mg	Natrium
117,0	mg	Kalium
20,0	mg	Kalzium
51,0	mg	Phosphor

natriumarm:	geeignet	kaliumarm:	nicht geeignet

32

16 g	*Knäckebrot*
10 g	*Butter oder Margarine*
130 g	*Apfelsinensaft, frisch*

natriumarm: geeignet
kaliumarm: nicht geeignet

3 g Eiweiß

834,0	**kJ**	**(199 kcal)**
2,8	g	Eiweiß
8,9	g	Fett
25,7	g	Kohlenhy.
0,6	g	Ballastst.
134,0	g	Wasser
125,0	mg	Natrium
266,0	mg	Kalium
22,0	mg	Kalzium
46,0	mg	Phosphor

33

60 g	*eiweißarmes Brot*
25 g	*Speisequark (40 % F. i. Tr.)*
15 g	*Erdbeerkonfitüre*

natriumarm: nur geeignet, wenn Sie das Brot gegen natriumarmes, eiweißarmes Brot austauschen
kaliumarm: geeignet

3 g Eiweiß

939,0	**kJ**	**(222 kcal)**
2,7	g	Eiweiß
5,0	g	Fett
41,1	g	Kohlenhy.
0,1	g	Ballastst.
23,0	g	Wasser
370,0	mg	Natrium
65,0	mg	Kalium
29,0	mg	Kalzium
68,0	mg	Phosphor

34

20 g	*Knäckebrot*
10 g	*Butter oder Margarine*
100 g	*Erdbeeren*
5 g	*Zucker*

natriumarm: geeignet
kaliumarm: nur geeignet, wenn Sie die Erdbeeren gegen 100 g Birnenkompott austauschen

3 g Eiweiß

828,0	**kJ**	**(197 kcal)**
3,0	g	Eiweiß
9,1	g	Fett
25,0	g	Kohlenhy.
2,8	g	Ballastst.
92,0	g	Wasser
158,0	mg	Natrium
183,0	mg	Kalium
31,0	mg	Kalzium
54,0	mg	Phosphor

35

60 g	*eiweißarmes Brot*
5 g	*Butter oder Margarine*
25 g	*Speisequark (40 % F. i. Tr.)*
10 g	*Schnittlauch*

3 g Eiweiß

952,0	**kJ**	**(226 kcal)**
3,0	g	Eiweiß
9,6	g	Fett
31,5	g	Kohlenhy.
0,6	g	Ballastst.
28,0	g	Wasser
370,0	mg	Natrium
101,0	mg	Kalium
41,0	mg	Kalzium
75,0	mg	Phosphor

natriumarm: nur geeignet, wenn Sie das Brot gegen natriumarmes, eiweißarmes Brot austauschen
kaliumarm: geeignet

36

40 g	*eiweißarmes Brot*
10 g	*Schweineschmalz*
80 g	*Buttermilch*

3 g Eiweiß

903,0	**kJ**	**(215 kcal)**
2,8	g	Eiweiß
11,9	g	Fett
23,6	g	Kohlenhy.
0,0	g	Ballastst.
72,0	g	Wasser
288,0	mg	Natrium
138,0	mg	Kalium
88,0	mg	Kalzium
87,0	mg	Phosphor

natriumarm: nur geeignet, wenn Sie das Brot gegen natriumarmes, eiweißarmes Brot austauschen
kaliumarm: geeignet

37

100 g	*Tomatensaft*
16 g	*Knäckebrot*
20 g	*Butter oder Margarine*
10 g	*Schnittlauch*

3 g Eiweiß

895,0	**kJ**	**(214 kcal)**
2,5	g	Eiweiß
17,0	g	Fett
12,7	g	Kohlenhy.
1,3	g	Ballastst.
110,0	g	Wasser
302,0	mg	Natrium
163,0	mg	Kalium
29,0	mg	Kalzium
43,0	mg	Phosphor

natriumarm: nicht geeignet
kaliumarm: nicht geeignet

38
Kakaogetränk

30 g	*Sahne (30 % Fett)*
220 ml	*Wasser*
5 g	*Kakaopulver*
10 g	*Zucker*
10 g	*Butterkekse*

- Für das Getränk die Sahne und das Wasser zusammen erhitzen. Das Kakaopulver einrühren und aufkochen lassen, mit Zucker süßen.
- Dazu Butterkekse reichen.

3 g Eiweiß

785,0	**kJ**	**(187 kcal)**
2,9	g	Eiweiß
11,7	g	Fett
17,7	g	Kohlenhy.
2,1	g	Ballastst.
239,0	g	Wasser
36,0	mg	Natrium
167,0	mg	Kalium
44,0	mg	Kalzium
80,0	mg	Phosphor

natriumarm: geeignet
kaliumarm: nur geeignet, wenn Sie die Kekse gegen 10 g Zwieback austauschen

39

15 g	*Biskuitplätzchen*
150 g	*Apfelsinensaft*

natriumarm: geeignet
kaliumarm: nicht geeignet

3 g Eiweiß

540,0	**kJ**	**(129 kcal)**
3,0	g	Eiweiß
1,2	g	Fett
24,4	g	Kohlenhy.
0,6	g	Ballastst.
132,0	g	Wasser
16,0	mg	Natrium
251,0	mg	Kalium
70,0	mg	Kalzium
60,0	mg	Phosphor

40

16 g	*Knäckebrot*
20 g	*Nussnougatcreme*

natriumarm: geeignet
kaliumarm: nur geeignet, wenn Sie das Knäckebrot gegen 20 g Weißbrot austauschen

3 g Eiweiß

588,0	**kJ**	**(140 kcal)**
3,3	g	Eiweiß
2,1	g	Fett
26,4	g	Kohlenhy.
1,6	g	Ballastst.
1,0	g	Wasser
135,0	mg	Natrium
124,0	mg	Kalium
38,0	mg	Kalzium
65,0	mg	Phosphor

41

10 g	*Knäckebrot*
5 g	*Butter oder Margarine*
20 g	*Speisequark (40 % F. i. Tr.)*
20 g	*Erdbeerkonfitüre*

natriumarm: geeignet
kaliumarm: nicht geeignet

3 g Eiweiß

660,0	**kJ**	**(157 kcal)**
2,9	g	Eiweiß
6,8	g	Fett
20,9	g	Kohlenhy.
0,5	g	Ballastst.
23,0	g	Wasser
85,0	mg	Natrium
54,0	mg	Kalium
27,0	mg	Kalzium
52,0	mg	Phosphor

Zwischenmahlzeiten mit 5 g Eiweiß

Nr.		Seite	natriumarm	kaliumarm	natrium-/ kaliumarm
42	Joghurtspeise	90	■		
43	Müsli	90	■		
44	Bananenmilch	91	■		
45	Weizenmischbrot Erdbeerkonfitüre, Doppelrahmfrischkäse	91	■	■	■
46	Knäckebrot, Butter oder Margarine Erdbeeren mit Zucker und Milch	92	■		
47	Weizenmischbrot Butter oder Margarine, Speisequark, Schnittlauch	92	■	■	■
48	Pumpernickel, Schweineschmalz Buttermilch	93	■		
49	Eiweißarmes Brot Rahmfrischkäse, Schnittlauch Tomatensaft	93	■	■	■
50	Brötchen, Butter oder Margarine Schokoladenblättchen	93	■		
51	Kakao, Biskuitplätzchen	94	■		
52	Cornflakes mit Milch	94	■		
53	Knäckebrot, Leberwurst Vollbier, hell	95	■	■	■
54	Weizenmischbrot, Butter oder Margarine Speisequark, Erdbeerkonfitüre	95	■	■	■
55	Eiweißarmes Brot, Schmelzkäse	95		■	

42
Joghurtspeise

130 g	*Joghurt (3,5 % Fett)*
100 g	*Apfel*
20 g	*Honig*
	Zimt, Zitronensaft

5 g Eiweiß

831,0	**kJ**	**(199 kcal)**
4,7	g	Eiweiß
5,3	g	Fett
31,6	g	Kohlenhy.
2,0	g	Ballastst.
203,0	g	Wasser
69,0	mg	Natrium
361,0	mg	Kalium
177,0	mg	Kalzium
144,0	mg	Phosphor

- Zunächst den Joghurt gut verrühren.
- Den Apfel waschen, entkernen und reiben. Mit dem Joghurt vermischen und mit Honig, Zimt und Zitronensaft abschmecken.

natriumarm: geeignet kaliumarm: nicht geeignet

43
Müsli

10 g	*Haferflocken*
80 g	*Milch (3,5 % Fett)*
100 g	*Apfelsine*
25 g	*Honig*

5 g Eiweiß

887,0	**kJ**	**(211 kcal)**
4,9	g	Eiweiß
3,7	g	Fett
38,0	g	Kohlenhy.
2,7	g	Ballastst.
162,0	g	Wasser
43,0	mg	Natrium
343,0	mg	Kalium
144,0	mg	Kalzium
141,0	mg	Phosphor

- Die Haferflocken in der Milch einige Minuten quellen lassen.
- Die Apfelsine schälen, filetieren und in Stücke schneiden. Das Müsli mit Honig süßen.

natriumarm: geeignet kaliumarm: nicht geeignet

44

Bananenmilch

120 g	*Milch (3,5 % Fett)*
20 g	*Sahne (30 % Fett)*
50 g	*Banane*
10 g	*Zucker*
	Zitronensaft

- Für das Getränk Milch, Sahne und Banane zusammenmixen.
- Mit Zucker und etwas Zitronensaft abschmecken.

5 g Eiweiß		
932,0	**kJ**	**(222 kcal)**
5,0	g	Eiweiß
10,2	g	Fett
27,0	g	Kohlenhy.
1,0	g	Ballastst.
154,0	g	Wasser
66,0	mg	Natrium
396,0	mg	Kalium
164,0	mg	Kalzium
137,0	mg	Phosphor

natriumarm:	geeignet	kaliumarm:	nicht geeignet

45

Brot mit Frischkäse

40 g	*Weizenmischbrot*
20 g	*Erdbeerkonfitüre*
20 g	*Doppelrahmfrischkäse*

5 g Eiweiß		
871,0	**kJ**	**(208 kcal)**
5,1	g	Eiweiß
6,6	g	Fett
31,4	g	Kohlenhy.
1,7	g	Ballastst.
33,0	g	Wasser
273,0	mg	Natrium
91,0	mg	Kalium
28,0	mg	Kalzium
83,0	mg	Phosphor

natriumarm:	geeignet	kaliumarm:	geeignet

46

100 g	*Erdbeeren*
10 g	*Zucker*
100 g	*Milch (3,5 % Fett)*
8 g	*Knäckebrot*
10 g	*Butter oder Margarine*

5 g Eiweiß		
847,0	**kJ**	**(202 kcal)**
5,0	g	Eiweiß
8,2	g	Fett
26,0	g	Kohlenhy.
2,3	g	Ballastst.
178,0	g	Wasser
115,0	mg	Natrium
310,0	mg	Kalium
147,0	mg	Kalzium
129,0	mg	Phosphor

- Die Erdbeeren waschen, mit Zucker bestreuen und mit Milch begießen.
- Dazu Knäckebrot und Butter oder Margarine reichen.

natriumarm:	geeignet	kaliumarm:	nicht geeignet

47

40 g	*Weizenmischbrot*
10 g	*Butter oder Margarine*
20 g	*Speisequark (40 % F. i. Tr.)*
10 g	*Schnittlauch*

5 g Eiweiß		
819,0	**kJ**	**(195 kcal)**
4,9	g	Eiweiß
11,1	g	Fett
18,7	g	Kohlenhy.
2,1	g	Ballastst.
41,0	g	Wasser
212,0	mg	Natrium
131,0	mg	Kalium
45,0	mg	Kalzium
97,0	mg	Phosphor

natriumarm:	geeignet	kaliumarm:	geeignet

48

40 g	*Pumpernickel*
15 g	*Schweineschmalz*
70 g	*Buttermilch*

natriumarm: geeignet
kaliumarm: nicht geeignet

5 g Eiweiß

972,0	**kJ**	**(232 kcal)**
4,8	g	Eiweiß
15,6	g	Fett
17,7	g	Kohlenhy.
3,4	g	Ballastst.
81,0	g	Wasser
266,0	mg	Natrium
220,0	mg	Kalium
85,0	mg	Kalzium
165,0	mg	Phosphor

49

50 g	*eiweißarmes Brot*
25 g	*Rahmfrischkäse (50 % F. i. Tr.)*
10 g	*Schnittlauch*
100 g	*Tomatensaft*

natriumarm: geeignet
kaliumarm: nur geeignet, wenn Sie das Brot gegen natriumarmes, eiweißarmes Brot austauschen

5 g Eiweiß

996,0	**kJ**	**(236 kcal)**
5,0	g	Eiweiß
8,4	g	Fett
34,5	g	Kohlenhy.
0,6	g	Ballastst.
116,0	g	Wasser
465,0	mg	Natrium
334,0	mg	Kalium
52,0	mg	Kalzium
85,0	mg	Phosphor

50

40 g	*Brötchen*
5 g	*Butter oder Margarine*
20 g	*Milchschokoladenblättchen*

natriumarm: geeignet
kaliumarm: nicht geeignet

5 g Eiweiß

1025,0	**kJ**	**(245 kcal)**
5,0	g	Eiweiß
11,0	g	Fett
31,2	g	Kohlenhy.
1,4	g	Ballastst.
15,0	g	Wasser
229,0	mg	Natrium
147,0	mg	Kalium
51,0	mg	Kalzium
87,0	mg	Phosphor

51

Kakaogetränk

80 g	*Milch (3,5 % Fett)*
20 g	*Sahne (30 % Fett)*
150 ml	*Wasser*
5 g	*Kakaopulver*
10 g	*Zucker*
10 g	*Biskuitplätzchen*

5 g Eiweiß		
869,0	**kJ**	**(207 kcal)**
5,2	g	Eiweiß
10,7	g	Fett
22,4	g	Kohlenhy.
1,8	g	Ballastst.
83,0	g	Wasser
56,0	mg	Natrium
248,0	mg	Kalium
121,0	mg	Kalzium
135,0	mg	Phosphor

- Für das Getränk Milch, Sahne und Wasser zusammen erhitzen. Das Kakaopulver einrühren und aufkochen lassen, zum Schluss mit Zucker süßen.
- Dazu Biskuitplätzchen reichen.

natriumarm:	geeignet	kaliumarm:	nicht geeignet

52

Cornflakes

20 g	*Cornflakes*
5 g	*Zucker*
90 g	*Milch (3,5 % Fett)*
20 g	*Sahne (30 % Fett)*

5 g Eiweiß		
863,0	**kJ**	**(205 kcal)**
4,9	g	Eiweiß
9,2	g	Fett
25,8	g	Kohlenhy.
0,8	g	Ballastst.
92,0	g	Wasser
238,0	mg	Natrium
179,0	mg	Kalium
126,0	mg	Kalzium
107,0	mg	Phosphor

- Cornflakes mit Zucker bestreuen. Die Milch mit der Sahne mischen und darüber gießen.

natriumarm:	geeignet	kaliumarm:	nicht geeignet

53

16 g	*Knäckebrot*
20 g	*Leberwurst*
100 ml	*Vollbier, hell*

natriumarm: geeignet
kaliumarm: nur geeignet, wenn Sie das Knäckebrot gegen 20 g Weißbrot austauschen

5 g Eiweiß		
715,0	**kJ**	**(170 kcal)**
5,4	g	Eiweiß
6,7	g	Fett
15,0	g	Kohlenhy.
0,7	g	Ballastst.
102,0	g	Wasser
290,0	mg	Natrium
127,0	mg	Kalium
11,0	mg	Kalzium
91,0	mg	Phosphor

54

40 g	*Weizenmischbrot*
10 g	*Butter oder Margarine*
20 g	*Speisequark (40 % F. i. Tr.)*
15 g	*Erdbeerkonfitüre*

natriumarm: geeignet
kaliumarm: geeignet

5 g Eiweiß		
975,0	**kJ**	**(233 kcal)**
4,6	g	Eiweiß
11,1	g	Fett
28,3	g	Kohlenhy.
1,6	g	Ballastst.
37,0	g	Wasser
211,0	mg	Natrium
96,0	mg	Kalium
33,0	mg	Kalzium
91,0	mg	Phosphor

55

60 g	*eiweißarmes Brot*
30 g	*Schmelzkäse (45 % F. i. Tr.)*

natriumarm: nicht geeignet
kaliumarm: geeignet

5 g Eiweiß		
983,0	**kJ**	**(233 kcal)**
5,1	g	Eiweiß
9,0	g	Fett
32,4	g	Kohlenhy.
0,0	g	Ballastst.
15,0	g	Wasser
720,0	mg	Natrium
72,0	mg	Kalium
150,0	mg	Kalzium
232,0	mg	Phosphor

Zwischenmahlzeiten mit 10 g Eiweiß

		Seite	natriumarm	kaliumarm	natrium-/ kaliumarm
56	Quarkspeise	111	■	■	■
57	Müsli	112	■		
58	Bananenmilch	112	■		
59	Bouillon mit Ei Weißbrot, Butter oder Margarine	113	■	■	■
60	Weizenmischbrot, Butter oder Margarine Magerquark, Erdbeerkonfitüre	113	■	■	■
61	Roggenvollkornbrot Butter oder Margarine, gekochter Schinken Tomatensaft	114	■		
62	Pumpernickel, Schweineschmalz Buttermilch	114	■		
63	Brötchen, Bockwurst, Ketschup	115			
64	Roggenvollkornbrot Butter oder Margarine, Camembert, Tomate	115	■	■	■

56

Quarkspeise

80 g	*Speisequark (20 % Fett i. Tr.)*
30 g	*Milch (3,5 % Fett)*
100 g	*Apfel*
20 g	*Honig*
	Zimt, Zitronensaft

10 g Eiweiß		
888,0	**kJ**	**(212 kcal)**
10,0	g	Eiweiß
4,9	g	Fett
30,7	g	Kohlenhy.
2,0	g	Ballastst.
179,0	g	Wasser
51,0	mg	Natrium
294,0	mg	Kalium
140,0	mg	Kalzium
186,0	mg	Phosphor

- Zunächst den Quark mit Milch verrühren.
- Den Apfel schälen, entkernen und reiben. Unter den Quark mischen und zum Schluss mit Honig, Zimt und Zitronensaft abschmecken.

natriumarm: geeignet
kaliumarm: nur geeignet, wenn Sie statt Apfel und Honig 30 g Apfelgelee verwenden

57

Müsli

10 g	*Haferflocken*
175 g	*Joghurt (1,5 % Fett)*
100 g	*Apfelsine*
10 g	*Haselnüsse*
10 g	*Zucker*

- Die Haferflocken im Joghurt einige Minuten quellen lassen.
- Die Apfelsine schälen, filetieren und in Stücke schneiden. Mit den Nüssen unter das Müsli mischen, mit Zucker abschmecken.

10 g Eiweiß		
1202,0	**kJ**	**(287 kcal)**
10,0	g	Eiweiß
10,0	g	Fett
36,8	g	Kohlenhy.
3,8	g	Ballastst.
244,0	g	Wasser
89,0	mg	Natrium
572,0	mg	Kalium
300,0	mg	Kalzium
272,0	mg	Phosphor

natriumarm:	geeignet	kaliumarm:	nicht geeignet

58

Bananenmilch

150 g	*Milch (3,5 % Fett)*
35 g	*Magerquark*
50 g	*Banane*
10 g	*Zucker*
	Zitronensaft

- Milch, Quark und Banane zusammenmixen.
- Mit Zucker und Zitronensaft abschmecken.

10 g Eiweiß		
882,0	**kJ**	**(210 kcal)**
10,2	g	Eiweiß
5,4	g	Fett
29,2	g	Kohlenhy.
1,0	g	Ballastst.
196,0	g	Wasser
89,0	mg	Natrium
470,0	mg	Kalium
226,0	mg	Kalzium
220,0	mg	Phosphor

natriumarm:	geeignet	kaliumarm:	nicht geeignet

59

Bouillon mit Ei

5 g	*Suppenwürfel*
1/4 l	*heißes Wasser*
	Muskat
55 g	*Ei*
30 g	*Weißbrot*
5 g	*Butter oder Margarine*

10 g Eiweiß

864,0	**kJ**	**(206 kcal)**
10,1	g	Eiweiß
11,8	g	Fett
14,9	g	Kohlenhy.
0,8	g	Ballastst.
53,0	g	Wasser
1033,0	mg	Natrium
118,0	mg	Kalium
36,0	mg	Kalzium
146,0	mg	Phosphor

- Suppenwürfel im heißen Wasser auflösen. Die Brühe mit Muskat abschmecken und das Ei unterrühren.
- Dazu Weißbrot mit Butter oder Margarine reichen.

natriumarm: geeignet
kaliumarm: nur geeignet, wenn Sie statt des Suppenwürfels 5 g natriumarme Gemüsebrühpaste verwenden

60

Quarkbrot

40 g	*Weizenmischbrot*
5 g	*Butter oder Margarine*
60 g	*Quark 20% F. i. Tr.*
15 g	*Erdbeerkonfitüre oder*
5 g	*Schnittlauch oder*
5 g	*Meerrettich*

10 g Eiweiß

940,0	**kJ**	**(224 kcal)**
9,4	g	Eiweiß
7,1	g	Fett
29,8	g	Kohlenhy.
1,6	g	Ballastst.
69,0	g	Wasser
227,0	mg	Natrium
143,0	mg	Kalium
82,0	mg	Kalzium
162,0	mg	Phosphor

natriumarm: geeignet kaliumarm: nicht geeignet

61

Brot mit Schinken

50 g	*Roggenvollkornbrot*
5 g	*Butter oder Margarine*
30 g	*Schinken, gekocht*
200 g	*Tomatensaft*

10 g Eiweiß

907,0	**kJ**	**(217 kcal)**
10,2	g	Eiweiß
10,3	g	Fett
20,4	g	Kohlenhy.
4,3	g	Ballastst.
241,0	g	Wasser
646,0	mg	Natrium
369,0	mg	Kalium
32,0	mg	Kalzium
174,0	mg	Phosphor

natriumarm: geeignet
kaliumarm: nur geeignet, wenn Sie statt Schinken 20 g kalten Braten (ohne Salz zubereitet) verwenden

62

Schmalzbrot

40 g	*Pumpernickel*
10 g	*Schweineschmalz*
200 g	*Buttermilch*

10 g Eiweiß

982,0	**kJ**	**(235 kcal)**
9,0	g	Eiweiß
11,3	g	Fett
23,0	g	Kohlenhy.
3,4	g	Ballastst.
199,0	g	Wasser
344,0	mg	Natrium
415,0	mg	Kalium
228,0	mg	Kalzium
273,0	mg	Phosphor

natriumarm: geeignet   kaliumarm: nicht geeignet

63

40 g	*Brötchen*
50 g	*Bockwurst*
10 g	*Ketschup*

10 g Eiweiß

1085,0	**kJ**	**(259 kcal)**
10,9	g	Eiweiß
13,7	g	Fett
22,9	g	Kohlenhy.
1,3	g	Ballastst.
48,0	g	Wasser
818,0	mg	Natrium
235,0	mg	Kalium
16,0	mg	Kalzium
107,0	mg	Phosphor

natriumarm: nicht geeignet   kaliumarm: nicht geeignet

64

40 g	*Roggenvollkornbrot*
5 g	*Butter oder Margarine*
30 g	*Camembert (45 % i. Tr.)*
50 g	*Tomate*

10 g Eiweiß

866,0	**kJ**	**(206 kcal)**
9,4	g	Eiweiß
11,4	g	Fett
16,3	g	Kohlenhy.
3,8	g	Ballastst.
81,0	g	Wasser
483,0	mg	Natrium
282,0	mg	Kalium
166,0	mg	Kalzium
211,0	mg	Phosphor

natriumarm: nur geeignet, wenn Sie statt Camembert 50 g Schichtkäse (20 % F. i. Tr.) verwenden
kaliumarm: nur geeignet, wenn Sie das Vollkornbrot und die Tomate gegen 40 g Weißbrot austauschen

Mittagessen

Mittagessen mit 12 g Eiweiß

		Seite	natriumarm	kaliumarm	natrium-/ kaliumarm
1	Bauernschnitten mit Paprikagemüse	106	□	□	□
2	Bratkartoffeln mit Ei, grüner Salat	107	□	□	□
3	Kroketten mit Rotkohl	108	□	□	□
4	Eierragout mit Dampfkartoffeln, Salat	109	□	□	□
5	Eierstich in Senfsauce, Kartoffeln, Lauchgemüse	110	□	□	□
6	Gefüllte Kartoffeln, Salat	111	□		
7	Gefüllte Kohlroulade, Dampfkartoffeln, Salat	112	□	□	□
8	Gefüllte Paprikaschoten, Schwenkkartoffeln	113	□	□	□
9	Gefüllte Tomate mit Champignons, Kartoffelbrei	114	□	□	□
10	Herzoginkartoffeln mit Spargelgemüse, Tomate	115	□	□	□
11	Gemüseeintopf	116	□	□	□
12	Kartoffelauflauf, grüner Salat	118	□	□	□
13	Kartoffelgoulasch, grüner Salat	119	□	□	□
14	Kartoffelbrei mit Ei, Sauerkraut	120	□	□	□
15	Kartoffelklöße „Englische Art“, Rotkohl	122	□	□	□
16	Kartoffelküchle mit Blumenkohl	123	□	□	□
17	Kartoffelpuffer mit Apfelmus	124	□	□	□
18	Kartoffelpudding, Gurkengemüse	126	□	□	□
19	Nusskartoffeln mit Champignongemüse, grüner Salat	127	□	□	□

Mittagessen mit 12 g Eiweiß

		Seite	natriumarm	kaliumarm	natrium-/ kaliumarm
20	Omelette mit Möhrengemüse	128	■	■	■
21	Pilzhacksteak, Kartoffelbrei	129	■	■	■
22	Pommes frites und Salatplatte	130	■	■	■
23	Rahmkartoffeln mit Bohnengemüse	131	■	■	■
24	Schwäbischer Kartoffelsalat, Salatplatte	132	■	■	■
25	Speckkartoffeln, Weißkohl	133	■	■	■
26	Tomatenrührei mit Spargel, Bircher-Benner-Kartoffeln	134	■	■	■
27	Wiener Kartoffeln mit Kohlrabigemüse	135	■	■	■
28	Zwiebelkartoffeln mit Rührei, Spinat	136	■	■	■
29	Gebackene Zucchini, Kartoffeln, Möhrenrohkost	137	■	■	■
30	Lauchküchle, Butterkartoffeln	138	■	■	■

1

Bauernschnitten mit Paprika

200 g	*Kartoffeln*
20 g	*Zwiebeln*
10 g	*Margarine*
30 g	*Ei*
5 g	*Maisstärke*
10 g	*Semmelmehl*
15 g	*Öl (haftend)*
200 g	*Paprikaschoten, entkernt*
	Salz, Pfeffer, Muskat, Majoran, Paprikapulver

12 g Eiweiß		
2049,0	**kJ**	**(488 kcal)**
11,5	g	Eiweiß
27,4	g	Fett
47,8	g	Kohlenhy.
12,7	g	Ballastst.
385,0	g	Wasser
99,0	mg	Natrium*
1124,0	mg	Kalium
63,0	mg	Kalzium
238,0	mg	Phosphor

*ohne Salzzusatz

- Zunächst die Kartoffeln kochen, durchpressen und in eine Schüssel geben. Dünsten Sie 10 g fein gehackte Zwiebeln in 5 g Margarine an und geben Sie dies zu den Kartoffeln. Nun das Ei und die Maisstärke hinzufügen und daraus einen Teig arbeiten. Mit Salz, Muskat und Majoran würzen.
- Formen Sie den Teig auf einem Brett zu einer Rolle und schneiden Sie daraus 1,5 cm dicke Scheiben. Die Scheiben in Semmelmehl wenden und in Öl ausbacken.
- Schneiden Sie die entkernten Paprikaschoten in Streifen. In einer Pfanne 10 g gehackte Zwiebeln in 5 g Margarine andünsten, die Paprika und etwas Wasser zugeben und bei geschlossenem Deckel garen lassen.
  Zum Schluss mit Salz, Pfeffer und Paprikapulver abschmecken.

natriumarm:	geeignet
kaliumarm:	nur geeignet, wenn Sie Folgendes verändern: Schneiden Sie die Kartoffeln in Stücke, 24 Std. wässern und in viel frischem Wasser kochen. Das Kochwasser mehrmals erneuern, nicht verwenden.

2

Bratkartoffeln mit Ei

300 g	*Kartoffeln*
20 g	*Bauchspeck*
15 g	*Öl*
30 g	*Zwiebeln*
30 g	*Ei*
50 g	*Endiviensalat*
	Salz, Pfeffer, Paprikapulver, Majoran, Knoblauch, Salatkräuter

12 g Eiweiß

2354,0	**kJ**	**(561 kcal)**
11,7	g	Eiweiß
36,5	g	Fett
45,5	g	Kohlenhy.
8,1	g	Ballastst.
337,0	g	Wasser
79,0	mg	Natrium*
1282,0	mg	Kalium
71,0	mg	Kalzium
246,0	mg	Phosphor

*ohne Salzzusatz

- Die Kartoffeln kochen, pellen und in Scheiben schneiden.
- Geben Sie 10 g Öl in eine Pfanne und lassen Sie darin den in kleine Würfel geschnittenen Bauchspeck aus. Nun 20 g fein gehackte Zwiebeln und die Kartoffelscheiben zugeben und anbraten.
  Das verquirlte Ei darüber gießen und einige Minuten stocken lassen. Schmecken Sie abschließend mit Salz, Pfeffer, Paprikapulver und Majoran ab.
- Bereiten Sie in einer Schüssel eine Salatsoße aus 10 g fein gehackten Zwiebeln, 5 g Öl, etwas Essig, Knoblauch, Salz und Pfeffer zu. Geben Sie nun den gewaschenen Endiviensalat und die grob gehackten frischen oder getrockneten Salatkräuter dazu.

natriumarm:	geeignet
kaliumarm:	nur geeignet, wenn Sie Folgendes verändern: Kartoffeln in Stücke schneiden, 24 Std. wässern und in viel frischem Wasser kochen. Das Kochwasser mehrmals erneuern, nicht verwenden.

3
Croquetten mit Rotkohl

200 g	*Kartoffeln*
10 g	*Maisstärke*
30 g	*Ei*
10 g	*Semmelmehl*
15 g	*Öl (haftend)*
200 g	*Rotkohl*
10 g	*Zwiebeln*
20 g	*Apfel, gerieben*
10 g	*Butter oder Margarine*
	Salz, Pfeffer, Muskat, Nelke, Lorbeerblatt und etwas Essig

12 g Eiweiß		
2187,0	**kJ**	**(522 kcal)**
12,2	g	Eiweiß
27,5	g	Fett
55,2	g	Kohlenhy.
10,8	g	Ballastst.
393,0	g	Wasser
97,0	mg	Natrium*
1315,0	mg	Kalium
109,0	mg	Kalzium
240,0	mg	Phosphor

*ohne Salzzusatz

- Zunächst die Kartoffeln kochen, durchpressen und in eine Schüssel geben. Fügen Sie das Ei und die Maisstärke hinzu und verarbeiten Sie alles zu einem Teig. Mit Salz und Muskat abschmecken.
- Formen Sie den Teig zu kleinen Croquetten und wenden Sie diese in Semmelmehl. Das Öl in einer großen Pfanne erhitzen und die Croquetten darin ausbacken.
- Den Rotkohl in Streifen schneiden. Erhitzen Sie die Butter oder Margarine in einem Topf und dünsten Sie darin die gehackten Zwiebeln und den geriebenen Apfel an. Geben Sie den Rotkohl und etwas Wasser zu und lassen alles bei geschlossenem Deckel garen.
  Zum Schluss mit Salz, Pfeffer, Nelke, Lorbeerblatt und etwas Essig würzen.

natriumarm:	geeignet
kaliumarm:	nur geeignet, wenn Sie Folgendes verändern: Schneiden Sie die Kartoffeln in Stücke, 24 Std. wässern und in viel frischem Wasser kochen. Das Kochwasser mehrmals erneuern, nicht verwenden.

4

Eierragout mit Dampfkartoffeln

10 g	*Zwiebeln*
10 g	*Margarine*
10 g	*Weizenmehl (Type 405)*
30 g	*Eischeiben*
50 g	*Champignons (Dose)*
10 g	*Sahne (30 % Fett)*
200 g	*Kartoffeln*
100 g	*Tomate*
30 g	*Endiviensalat*
10 g	*Öl*
	Salz, Pfeffer, Muskat, Dill, Essig und Salatkräuter

12 g Eiweiß

1837,0	**kJ**	**(437 kcal)**
12,0	g	Eiweiß
25,0	g	Fett
40,2	g	Kohlenhy.
7,5	g	Ballastst.
369,0	g	Wasser
230,0	mg	Natrium*
1260,0	mg	Kalium
81,0	mg	Kalzium
273,0	mg	Phosphor

*ohne Salzzusatz

- Erhitzen Sie in einem Topf die Margarine und dünsten Sie darin die fein gehackten Zwiebeln an. Das Mehl zugeben und eine Schwitze zubereiten. Löschen Sie mit Wasser ab und geben Sie dann die Eierscheiben und die Champignons dazu. Mit Salz, Pfeffer, Muskat und Dill würzen und mit der Sahne legieren.
- Die geschälten und in Stücke geschnittenen Kartoffeln dämpfen.
- Die Tomate können Sie achteln oder in Scheiben schneiden und zusammen mit dem Endiviensalat in Öl, Essig, Salz und Pfeffer anmachen. Zuletzt die gehackten Salatkräuter dazugeben.

natriumarm:	geeignet
kaliumarm:	nur geeignet, wenn Sie Folgendes verändern: Kartoffeln in Stücke schneiden, 24 Std. wässern und in viel frischem Wasser kochen. Das Kochwasser mehrmals erneuern, nicht verwenden.

5

Eierstich in Senfsauce

30 g	*Ei*
10 g	*Zwiebeln*
20 g	*Margarine*
10 g	*Maisstärke*
10 g	*Margarine*
10 g	*Senf*
20 g	*Sahne (30 % Fett)*
200 g	*Kartoffeln*
140 g	*Lauch*
	Salz, Pfeffer, Estragon, Muskat

12 g Eiweiß

1961,0	**kJ**	**(486 kcal)**
12,3	g	Eiweiß
26,4	g	Fett
44,2	g	Kohlenhy.
8,1	g	Ballastst.
342,0	g	Wasser
194,0	mg	Natrium*
1109,0	mg	Kalium
183,0	mg	Kalzium
264,0	mg	Phosphor

*ohne Salzzusatz

- Für den Eierstich verquirlen Sie zunächst das Ei mit Salz und Muskat. Geben Sie die Masse in ein gefettetes Förmchen und lassen Sie dieses im Wasserbad stocken.
- Die Zwiebeln werden in 10 g Margarine angedünstet, mit etwas Wasser abgelöscht und das Ganze mit 5 g Maisstärke gebunden. Mit Senf, Salz und Estragon abschmecken. Dann mit 10 g Sahne legieren und nun den Eierstich in die Sauce geben.
- Die Kartoffeln schälen, in Stücke schneiden und garen.
- Den in Ringe geschnittenen Lauch garen Sie in etwas Wasser. Aus 10 g Margarine und 5 g Maisstärke bereiten Sie eine Schwitze und löschen mit dem Lauchwasser ab. Nach dem Würzen mit Salz, Pfeffer und Muskat mit 10 g Sahne legieren und zum Schluss den Lauch dazugeben.

natriumarm:	geeignet
kaliumarm:	nur geeignet, wenn Sie Folgendes verändern: Schneiden Sie die Kartoffeln in Stücke, 24 Std. wässern und in viel frischem Wasser kochen. Das Kochwasser mehrmals erneuern, nicht verwenden.

6

Gefüllte Kartoffeln

200 g	*große Kartoffeln*
13 g	*Öl*
15 g	*Speck, durchwachsen*
30 g	*Zwiebeln*
20 g	*Essiggurke*
50 g	*Champignons, frisch*
30 g	*Ei*
100 g	*Chicorée*
30 g	*Tomate*
	Salz, Pfeffer, Essig Salatkräuter

12 g Eiweiß

1870,0	**kJ**	**(445 kcal)**
11,9	g	Eiweiß
28,5	g	Fett
34,4	g	Kohlenhy.
7,8	g	Ballastst.
397,0	g	Wasser
115,0	mg	Natrium*
1266,0	mg	Kalium
77,0	mg	Kalzium
276,0	mg	Phosphor

*ohne Salzzusatz

- Die ganzen Kartoffeln kochen und pellen, dann halbieren und aushöhlen.
- In einer Pfanne 3 g Öl erhitzen und den fein gewürfelten Speck auslassen. 20 g gehackte Zwiebeln darin anbraten und die ausgehöhlte klein gehackte Kartoffelmasse sowie die Essiggurke, die Champignons und das Ei dazugeben. Mit Salz und Pfeffer würzen und die Masse in die Kartoffelhälften füllen. In Aluminiumfolie einpacken und im Backofen 20 Minuten bei 200 °C backen.
- Inzwischen den Chicorée und die Tomate waschen und schneiden. In einer Sauce aus 10 g fein gehackten Zwiebeln, 10 g Öl, etwas Essig, Salz und Pfeffer anmachen. Zuletzt die gehackten frischen oder getrockneten Salatkräuter dazugeben.

natriumarm: geeignet
kaliumarm: nicht geeignet

7

Gefüllte Kohlroulade

100 g	*Weißkohl (1–2 Blätter)*
20 g	*Zwiebeln*
10 g	*Margarine*
50 g	*Champignons, frisch*
10 g	*Semmelmehl*
30 g	*Ei*
6 g	*Öl*
5 g	*Maisstärke*
10 g	*Tomatenmark*
200 g	*Kartoffeln*
30 g	*Kopfsalat*
	Salz, Pfeffer, Paprikapulver, Basilikum, Essig, Salatkräuter

12 g Eiweiß

1728,0	**kJ**	**(412 kcal)**
12,7	g	Eiweiß
18,2	g	Fett
48,0	g	Kohlenhy.
10,3	g	Ballastst.
376,0	g	Wasser
136,0	mg	Natrium*
1371,0	mg	Kalium
108,0	mg	Kalzium
289,0	mg	Phosphor

*ohne Salzzusatz

- Blanchieren Sie den Weißkohl und lassen Sie ihn abkühlen.
- Die gehackten Zwiebeln in 5 g Margarine andünsten und mit den Champignons, dem Semmelmehl und dem Ei vermischen. Mit Salz, Pfeffer und Paprikapulver abschmecken.
- Die Masse in die Blätter füllen und zu einer Roulade formen. In einer Pfanne 3 g Öl erhitzen und die Roulade von allen Seiten anbraten. Gießen Sie mit etwas Wasser auf und garen Sie bei geschlossenem Deckel. Inzwischen aus 5 g Margarine und der Maisstärke eine Schwitze bereiten und mit dem Kohlwasser ablöschen. Als Würze Tomatenmark, Salz, Pfeffer und Basilikum zugeben.
- Die Kartoffeln schälen, in Stücke schneiden und garen.
- Den Salat mit 3 g Öl, Essig, Salz, Pfeffer und Salatkräutern anmachen.

natriumarm:	geeignet
kaliumarm:	nur geeignet, wenn Sie Folgendes verändern: Schneiden Sie die Kartoffeln in Stücke, 24 Std. wässern und in viel frischem Wasser kochen. Das Kochwasser mehrmals erneuern, nicht verwenden.

8

Gefüllte Paprikaschoten

15 g	*Margarine*
40 g	*Karotten*
30 g	*Lauch*
20 g	*Zwiebeln*
30 g	*Ei*
150 g	*Paprikaschote*
10 g	*Öl*
10 g	*Tomatenmark*
10 g	*Sahne (30 % Fett)*
200 g	*Kartoffeln*
	Salz, Pfeffer, Paprikapulver, Majoran, Oregano

12 g Eiweiß

1973,0	**kJ**	**(470 kcal)**
11,6	g	Eiweiß
29,2	g	Fett
39,2	g	Kohlenhy.
12,8	g	Ballastst.
416,0	g	Wasser
111,0	mg	Natrium*
1335,0	mg	Kalium
108,0	mg	Kalzium
257,0	mg	Phosphor

*ohne Salzzusatz

- Die Karotten, den Lauch und die Zwiebeln zunächst fein schneiden und dann in 10 g Margarine andünsten. Nach dem Abkühlen mit Ei vermischen und mit Salz, Pfeffer, Paprikapulver und Majoran würzen.
- Die Paprikaschoten entkernen und die Masse hineinfüllen. Die Schoten in Öl kurz anbraten und mit Wasser ablöschen. Tomatenmark hinzugeben und die Paprikaschoten garen lassen. Dann die Sauce mit Sahne legieren und mit Salz, Pfeffer und Oregano abschmecken.
- In der Zwischenzeit die Kartoffeln schälen und in Stücke schneiden. Nach dem Garen in 5 g zerlassener Margarine schwenken.

natriumarm: geeignet
kaliumarm: nur geeignet, wenn Sie Folgendes verändern:
1. Verwenden Sie für die Sauce kein Tomatenmark.
2. Kartoffeln in Stücke schneiden, 24 Std. wässern und in viel frischem Wasser kochen. Das Kochwasser mehrmals erneuern, nicht verwenden.

9

Gefüllte Tomate mit Champignons

60 g	*Sahne (30 % Fett)*
30 g	*Ei*
100 g	*Tomaten*
200 g	*Kartoffeln*
100 g	*Champignons (Dose)*
10 g	*Margarine*
5 g	*Maisstärke*
	Salz, Pfeffer, Muskat, Estragon, Zitronensaft

12 g Eiweiß

2009,0	**kJ**	**(478 kcal)**
12,9	g	Eiweiß
30,0	g	Fett
38,7	g	Kohlenhy.
7,6	g	Ballastst.
409,0	g	Wasser
381,0	mg	Natrium*
1333,0	mg	Kalium
109,0	mg	Kalzium
330,0	mg	Phosphor

*ohne Salzzusatz

- Bereiten Sie aus 20 g Sahne, Ei und einer Prise Salz ein Rührei zu. Füllen Sie die Masse in die ausgehöhlte Tomaten und garen Sie sie in wenig Wasser.
- Inzwischen die Kartoffeln kochen und heiß durchpressen, mit der Sahne und etwas heißem Wasser zu einem Brei schlagen. Mit Salz und Muskat abschmecken.
- Champignons nun in Margarine andünsten. Mit der Maisstärke binden und der restlichen Sahne legieren. Zum Schluss mit Salz, Pfeffer, Estragon und Zitronensaft würzen.

natriumarm:	geeignet
kaliumarm:	nur geeignet, wenn Sie Folgendes verändern: Schneiden Sie die Kartoffeln in Stücke, 24 Std. wässern und in viel frischem Wasser kochen. Das Kochwasser mehrmals erneuern, nicht verwenden.

10

Herzoginkartoffeln mit Spargelgemüse

200 g	*Kartoffeln*
30 g	*Ei*
10 g	*Margarine*
20 g	*Butter*
13 g	*Maisstärke*
150 g	*Spargel*
10 g	*Sahne (30 % Fett)*
50 g	*Tomate*
	Salz, Pfeffer, Muskat, Zitronensaft, Basilikum, Knoblauch

12 g Eiweiß		
2002,0	**kJ**	**(478 kcal)**
11,6	g	Eiweiß
27,3	g	Fett
46,0	g	Kohlenhy.
7,3	g	Ballastst.
381,0	g	Wasser
64,0	mg	Natrium*
1168,0	mg	Kalium
85,0	mg	Kalzium
255,0	mg	Phosphor

*ohne Salzzusatz

- Die Kartoffeln werden gekocht und heiß in eine Schüssel gepresst. Geben Sie Ei, Margarine und 5 g Maisstärke zu und verarbeiten Sie alles zu einem Teig. Mit Salz und Muskat würzen.
- Ein Backblech fetten und die Masse in kleinen Häufchen darauf spritzen. Bei 175 °C goldgelb backen.
- In der Zwischenzeit garen Sie den geschälten Spargel in wenig Salzwasser. Aus 10 g Butter und 8 g Maisstärke eine Schwitze zubereiten und mit dem Spargelwasser ablöschen. Die Sauce mit der Sahne legieren und mit Salz und Zitronensaft abschmecken.
- Tomate enthäuten, einschneiden und mit Salz, Pfeffer, Knoblauch und Basilikum würzen. Dann in einem Topf mit 5 g Butter gar dünsten.

natriumarm:	geeignet
kaliumarm:	nur geeignet, wenn Sie Folgendes verändern: Schneiden Sie die Kartoffeln in Stücke, 24 Std. wässern und in viel frischem Wasser kochen. Das Kochwasser mehrmals erneuern, nicht verwenden.

11

Gemüseeintopf

10 g	*Bauchspeck*
20 g	*Margarine*
20 g	*Zwiebeln*
50 g	*Blumenkohl*
30 g	*Lauch*
40 g	*Karotten*
30 g	*Kohlrabi*
200 g	*Kartoffeln, gewürfelt*
30 g	*Ei*
	Salz, Pfeffer, Muskat, Liebstöckel, Oregano, Kümmel

12 g Eiweiß		
1885,0	**kJ**	**(450 kcal)**
11,3	g	Eiweiß
28,8	g	Fett
35,5	g	Kohlenhy.
9,0	g	Ballastst.
340,0	g	Wasser
100,0	mg	Natrium*
1225,0	mg	Kalium
110,0	mg	Kalzium
241,0	mg	Phosphor

*ohne Salzzusatz

- Lassen Sie zunächst den gewürfelten Bauchspeck in Margarine aus. Die fein gehackten Zwiebeln und das geputzte und geschnittene Gemüse (Blumenkohl, Lauch, Karotten und Kohlrabi) zugeben und andünsten.
- Die gewürfelten Kartoffeln hinzufügen, mit Wasser auffüllen und garen. Mit Salz und den Gewürzen abschmecken.
- Zum Schluss den Gemüseeintopf mit Ei legieren.

natriumarm:	geeignet
kaliumarm:	nur geeignet, wenn Sie Folgendes verändern: Kartoffeln in Stücke schneiden, 24 Std. wässern und in viel frischem Wasser kochen. Das Kochwasser mehrmals erneuern, nicht verwenden.

12

Kartoffelauflauf

200 g	*Kartoffeln*
20 g	*Zwiebeln*
150 g	*Tomate*
20 g	*Margarine*
30 g	*Ei*
20 g	*Sahne (30 % Fett)*
50 g	*Kopfsalat*
5 g	*Öl*
30 g	*Joghurt (3,5 % Fett)*
	Salz, Pfeffer, Oregano, Paprikapulver, Essig, Salatkräuter

12 g Eiweiß

2041,0	**kJ**	**(486 kcal)**
11,7	g	Eiweiß
32,1	g	Fett
32,1	g	Kohlenhy.
7,2	g	Ballastst.
431,0	g	Wasser
91,0	mg	Natrium*
1303,0	mg	Kalium
131,0	mg	Kalzium
268,0	mg	Phosphor

*ohne Salzzusatz

- Kochen Sie zuerst die Kartoffeln und schneiden Sie diese nach dem Pellen in Scheiben. Die Zwiebel ebenfalls in Scheiben schneiden und in 10 g Margarine andünsten.
- Eine feuerfeste Form fetten und darin Zwiebelscheiben sowie Kartoffel- und Tomatenscheiben schichtweise übereinander legen. Mit Salz, Pfeffer, Oregano und Paprikapulver würzen.
- Jetzt das Ei mit der Sahne und ein wenig Wasser verquirlen und über den Auflauf gießen. Zum Schluss 10 g Margarine in Flöckchen obendrauf setzen und den Auflauf im Backofen bei 220 °C goldgelb backen.
- Den gewaschenen Kopfsalat in einer Salatsauce aus Öl, Joghurt und Essig anmachen und mit Salz, Pfeffer und Salatkräutern würzen.

natriumarm:	geeignet
kaliumarm:	nur geeignet, wenn Sie Folgendes verändern: Kartoffeln in Stücke schneiden, 24 Std. wässern und in viel frischem Wasser kochen. Das Kochwasser mehrmals erneuern, nicht verwenden. Nehmen Sie statt 150 g nur 100 g Tomate, statt 20 g 40 g Joghurt.

13

Kartoffelgoulasch

20 g	*Zwiebeln*
20 g	*Karotten*
20 g	*Lauch*
20 g	*Paprikaschote*
10 g	*Bauchspeck*
10 g	*Margarine*
15 g	*Tomatenmark*
50 g	*Champignons (Dose)*
200 g	*Kartoffeln, gekocht*
5 g	*Maisstärke*
20 g	*Sahne (30 % Fett)*
30 g	*Ei, gekocht*
30 g	*Kopfsalat*
5 g	*Öl*
	Salz, Pfeffer, Paprikapulver, Essig, Salatkräuter

12 g Eiweiß

2085,0	**kJ**	**(497 kcal)**
12,1	g	Eiweiß
31,8	g	Fett
40,0	g	Kohlenhy.
8,8	g	Ballastst.
356,0	g	Wasser
265,0	mg	Natrium*
1308,0	mg	Kalium
107,0	mg	Kalzium
282,0	mg	Phosphor

*ohne Salzzusatz

- Die Zwiebeln und das Gemüse (Karotten, Lauch und Paprikaschote) fein schneiden und zusammen mit dem Bauchspeck in Margarine andünsten. Tomatenmark und etwas Wasser dazugeben und garen.
- Nach dem Garen die Champignons und die in Scheiben geschnittenen gekochten Kartoffeln unterheben. Dann den Sud mit Mehl binden und mit Sahne legieren. Mit Salz, Pfeffer und Paprikapulver abschmecken.
- Vor dem Servieren das Kartoffelgoulasch mit dem in Scheiben geschnittenen Ei garnieren.
- Für den Salat eine Sauce aus Öl, Essig, Salz, Pfeffer und frischen oder getrockneten Salatkräutern zubereiten.

natriumarm:	geeignet
kaliumarm:	nur geeignet, wenn Sie Folgendes verändern: Kartoffeln in Stücke schneiden, 24 Std. wässern und in viel frischem Wasser kochen. Das Kochwasser mehrmals erneuern, nicht verwenden.

14

Kartoffelbrei mit Ei

200 g	*Kartoffeln*
30 g	*Ei*
20 g	*Sahne (30 % Fett)*
20 g	*Margarine*
20 g	*Zwiebeln*
200 g	*Sauerkraut*
30 g	*Apfel*
	Salz, Pfeffer, Muskat, Lorbeerblatt, Wacholderbeeren

12 g Eiweiß

1845,0	**kJ**	**(440 kcal)**
11,7	g	Eiweiß
26,3	g	Fett
36,1	g	Kohlenhy.
12,6	g	Ballastst.
421,0	g	Wasser
773,0	mg	Natrium*
1399,0	mg	Kalium
151,0	mg	Kalzium
272,0	mg	Phosphor

*ohne Salzzusatz

- Zunächst die Kartoffeln kochen und heiß durchpressen. Geben Sie das Ei, die Sahne, 10 g Margarine und etwas heißes Wasser dazu und schlagen das Ganze auf. Den Kartoffelbrei mit Salz und Muskat würzen.
- In einem Topf die fein gehackten Zwiebeln in 10 g Margarine andünsten. Das Sauerkraut sowie den geriebenen Apfel dazugeben und bei geschlossenem Deckel garen. Zum Schluss mit Pfeffer, Lorbeerblatt und Wacholderbeeren abschmecken.

natriumarm:	nur geeignet, wenn Sie Folgendes verändern: Tauschen Sie das Sauerkraut gegen 200 g Weißkraut aus.
kaliumarm:	nur geeignet, wenn Sie Folgendes verändern: 1. Die Kartoffeln in Stücke schneiden, 24 Std. wässern und in viel frischem Wasser kochen. Das Kochwasser mehrmals erneuern, nicht verwenden. 2. Tauschen Sie das Sauerkraut gegen 200 g Weißkraut aus und kochen Sie das Gemüse in viel Wasser. Gemüsewasser nicht mitverarbeiten.

15

Kartoffelklöße „Englische Art“

200 g	*Kartoffeln*
30 g	*Ei*
10 g	*Maisstärke*
20 g	*Margarine*
5 g	*Semmelmehl*
200 g	*Rotkohl*
20 g	*Zwiebeln*
50 g	*Apfel, gerieben*
	Salz, Pfeffer, Muskat, Nelke Lorbeerblatt, Essig

12 g Eiweiß

1918,0	**kJ**	**(458 kcal)**
11,8	g	Eiweiß
20,3	g	Fett
55,4	g	Kohlenhy.
11,3	g	Ballastst.
430,0	g	Wasser
86,0	mg	Natrium*
1371,0	mg	Kalium
113,0	mg	Kalzium
244,0	mg	Phosphor

*ohne Salzzusatz

- Am Vortag die Kartoffeln kochen, durchpressen und stehen lassen.
- Am Tag der Zubereitung Ei und Maisstärke zu den Kartoffeln geben und alles zu einem Teig verarbeiten. Mit Salz und Muskat würzen. Aus der Masse kleine Klöße formen und in Wasser garen.
- In einer kleinen Pfanne das Semmelmehl in 10 g Margarine rösten und die Klöße damit abschmelzen.
- Für den Rotkohl zunächst die Zwiebeln in 10 g Margarine andünsten. Mit ein wenig Wasser auffüllen, geriebenen Apfel und Rotkohl zugeben. Lorbeerblatt, Nelke und ein wenig Essig hinzufügen und garen lassen. Zum Schluss mit Salz und Pfeffer abschmecken.

natriumarm:	geeignet
kaliumarm:	nur geeignet, wenn Sie Folgendes verändern: 1. Kartoffeln in Stücke schneiden, 24 Std. wässern und in viel frischem Wasser kochen. Das Kochwasser mehrmals erneuern, nicht verwenden. 2. Tauschen Sie den Rotkohl gegen 150 g grüne Bohnen aus.

16

Kartoffelküchle mit Blumenkohl

200 g	*Kartoffeln*
15 g	*Maisstärke*
30 g	*Ei*
10 g	*Zwiebeln*
10 g	*Öl (haftend)*
14 g	*Blumenkohl*
10 g	*Margarine*
10 g	*Sahne (30 % Fett)*
	Salz, Pfeffer, Majoran, Muskat, Zitronensaft

12 g Eiweiß

1931,0	**kJ**	**(460 kcal)**
11,7	g	Eiweiß
24,9	g	Fett
46,3	g	Kohlenhy.
9,0	g	Ballastst.
328,0	g	Wasser
77,0	mg	Natrium*
1213,0	mg	Kalium
69,0	mg	Kalzium
251,0	mg	Phosphor

*ohne Salzzusatz

- Pressen Sie die gekochten Kartoffeln in eine Schüssel durch. 10 g Maisstärke, Ei und fein gehackte Zwiebeln dazugeben und zu einem Teig verarbeiten. Mit Salz, Pfeffer und Majoran abschmecken.
- Aus dem Teig kleine Plätzchen formen und in Öl ausbacken.
- Den geputzten und zerteilten Blumenkohl kochen. Nun bereiten Sie aus Margarine und 5 g Maisstärke eine Schwitze zu und löschen mit dem Blumenkohlwasser ab. Dann mit Sahne legieren und mit Salz, Muskat und Zitronensaft würzen.

natriumarm:	geeignet
kaliumarm:	nur geeignet, wenn Sie Folgendes verändern: Kartoffeln in Stücke schneiden, 24 Std. wässern und in viel frischem Wasser kochen. Das Kochwasser mehrmals erneuern, nicht verwenden.

17

Kartoffelpuffer mit Apfelmus

200 g	*Kartoffeln*
30 g	*Ei*
20 g	*Speisequark (20 % F. i. Tr.)*
10 g	*Zwiebeln*
10 g	*Maisstärke*
20 g	*Öl (haftend)*
150 g	*Apfelmus (Dose)*
	Salz, Muskat

12 g Eiweiß

2104,0	**kJ**	**(502 kcal)**
10,8	g	Eiweiß
25,0	g	Fett
57,1	g	Kohlenhy.
7,8	g	Ballastst.
320,0	g	Wasser
62,0	mg	Natrium*
1086,0	mg	Kalium
70,0	mg	Kalzium
224,0	mg	Phosphor

*ohne Salzzusatz

- Die rohen Kartoffeln reiben und mit Ei, Speisequark, den fein gehackten Zwiebeln und der Maisstärke vermischen. Mit Salz und Muskat abschmecken, dann kleine Küchlein formen und in Öl ausbacken.
- Dazu Apfelmus servieren.

natriumarm:	geeignet
kaliumarm:	nur geeignet, wenn Sie Folgendes verändern: Kartoffeln in Stücke schneiden, 24 Std. wässern.

18

Kartoffelpudding

200 g	*Kartoffeln*
10 g	*Maisstärke*
30 g	*Ei*
10 g	*Speck, durchwachsen*
15 g	*Margarine*
10 g	*Zwiebeln*
30 g	*Karotten*
30 g	*Sellerie*
200 g	*Gurken*
5 g	*Weizenmehl (Type 405)*
10 g	*Sahne (30 % Fett)*
	Salz, Pfeffer, Paprikapulver, Dill

12 g Eiweiß		
2110,0	**kJ**	**(503 kcal)**
11,6	g	Eiweiß
29,0	g	Fett
47,9	g	Kohlenhy.
8,5	g	Ballastst.
447,0	g	Wasser
114,0	mg	Natrium*
1227,0	mg	Kalium
101,0	mg	Kalzium
262,0	mg	Phosphor

*ohne Salzzusatz

- Die Kartoffeln kochen und in eine Schüssel durchpressen. Maisstärke und Ei dazugeben und zu einem Teig verarbeiten.
- Zwiebeln, Karotten und Sellerie grob zerkleinern. Den fein gewürfelten Speck in 10 g Margarine auslassen und das Gemüse darin andünsten. Ein wenig Wasser zugeben und alles garen.
- Gemüse passieren und unter die Kartoffelmasse mengen. Mit Salz, Pfeffer und Paprikapulver abschmecken und in eine feuerfeste Form füllen. Etwa 20 Minuten bei 175 °C backen.
- In der Zwischenzeit die Gurken schälen, entkernen und in Stücke schneiden, dann in wenig Wasser dünsten. Aus 5 g Margarine und Mehl eine Schwitze herstellen, mit Gurkenwasser ablöschen und mit Sahne legieren. Zuletzt mit Salz, Pfeffer und Dill abschmecken.

natriumarm:	geeignet
kaliumarm:	nur geeignet, wenn Sie Folgendes verändern: Schneiden Sie die Kartoffeln in Stücke, 24 Std. wässern und in viel frischem Wasser kochen. Das Kochwasser mehrmals erneuern, nicht verwenden.

19

Nusskartoffeln mit Champignongemüse

200 g	*Kartoffeln*
20 g	*Margarine*
10 g	*Semmelmehl*
5 g	*Mondamin*
100 g	*Champignons (Dose)*
10 g	*Sahne (30 % Fett)*
30 g	*Ei*
30 g	*Kopfsalat*
30 g	*Endiviensalat*
5 g	*Öl*
	Salz, Pfeffer, Estragon, Zitronensaft, Essig, Salatkräuter

12 g Eiweiß

1978,0	**kJ**	**(471 kcal)**
12,1	g	Eiweiß
28,0	g	Fett
42,2	g	Kohlenhy.
7,7	g	Ballastst.
314,0	g	Wasser
407,0	mg	Natrium*
1125,0	mg	Kalium
72,0	mg	Kalzium
266,0	mg	Phosphor

*ohne Salzzusatz

- Die ganzen Kartoffeln werden zuerst gekocht, gepellt und dann in Würfel geschnitten. In einer Pfanne 10 g Margarine erhitzen und darin das Semmelmehl rösten, die Kartoffelwürfel zugeben und wenden.
- Eine Schwitze aus 10 g Margarine und Mondamin zubereiten und mit dem Pilzwasser ablöschen. Nun die Champignons zugeben und mit Salz, Pfeffer, Estragon und Zitronensaft abschmecken. Danach das Gemüse mit Sahne und Ei legieren.
- In einer Salatschüssel eine Sauce aus Öl, Essig, Salz, Pfeffer und Salatkräutern zubereiten und darin den Kopfsalat anmachen.

natriumarm:	geeignet
kaliumarm:	nur geeignet, wenn Sie Folgendes verändern: Kartoffeln in Stücke schneiden, 24 Std. wässern und in viel frischem Wasser kochen. Das Kochwasser mehrmals erneuern, nicht verwenden.

20

Omelette mit Möhrengemüse

30 g	*Ei*
20 g	*Milch (3,5 % Fett)*
20 g	*Margarine*
200 g	*Kartoffeln*
200 g	*Möhren*
8 g	*Weizenmehl (Type 405)*
10 g	*Sahne (30 % Fett)*
	Salz, Muskat, Liebstöckel

12 g Eiweiß		
1878,0	**kJ**	**(448 kcal)**
11,5	g	Eiweiß
23,7	g	Fett
45,9	g	Kohlenhy.
12,2	g	Ballastst.
388,0	g	Wasser
188,0	mg	Natrium*
1362,0	mg	Kalium
146,0	mg	Kalzium
263,0	mg	Phosphor

*ohne Salzzusatz

- Für das Omelette das Ei mit der Milch verquirlen und mit Salz und Muskat würzen. In einer Pfanne 10 g Margarine erhitzen und Omelette ausbacken.
- Die Kartoffeln schälen, schneiden und kochen.
- Möhren schälen und waschen, dann in Stifte schneiden und mit wenig Wasser garen. Aus 10 g Margarine und Mehl eine Schwitze zubereiten und mit dem Möhrenwasser ablöschen. Nun legieren Sie mit Sahne und schmecken mit Salz und Liebstöckel ab.

natriumarm:	geeignet
kaliumarm:	nur geeignet, wenn Sie Folgendes verändern: Kartoffeln in Stücke schneiden, 24 Std. wässern und in viel frischem Wasser kochen. Das Kochwasser mehrmals erneuern, nicht verwenden.

21

Pilzhacksteak

130 g	*Champignons (Dose)*
30 g	*Ei*
10 g	*Zwiebeln*
10 g	*Maisstärke*
5 g	*Semmelmehl*
15 g	*Öl (haftend)*
200 g	*Kartoffeln*
20 g	*Sahne (30 % Fett)*
	Salz, Pfeffer, Muskat

12 g Eiweiß

1888,0	**kJ**	**(450 kcal)**
12,4	g	Eiweiß
24,9	g	Fett
43,4	g	Kohlenhy.
7,7	g	Ballastst.
325,0	g	Wasser
472,0	mg	Natrium*
1158,0	mg	Kalium
73,0	mg	Kalzium
320,0	mg	Phosphor

*ohne Salzzusatz

- Champignons gut abtropfen lassen, dann klein hacken. Mit Ei, fein gehackten Zwiebeln und Maisstärke vermischen. Nach dem Würzen mit Salz und Pfeffer die Masse zu kleinen Steaks formen, in Semmelmehl wenden und in heißem Öl ausbacken.
- Die Kartoffeln kochen und heiß in einen Topf durchpressen. Gießen Sie die Sahne und etwas heißes Wasser dazu und schlagen Sie alles zu einem Brei. Zum Schluss mit Salz und Muskat abschmecken.

natriumarm: geeignet
kaliumarm: nur geeignet, wenn Sie Folgendes verändern: Kartoffeln in Stücke schneiden, 24 Std. wässern und in viel frischem Wasser kochen. Das Kochwasser mehrmals erneuern, nicht verwenden.

22

Pommes frites und Salatplatte

200 g	*Kartoffeln*
20 g	*Öl (haftend)*
30 g	*Joghurt (3,5 % Fett)*
20 g	*Sahne, sauer*
50 g	*Tomate*
50 g	*Gurke*
50 g	*Paprika*
30 g	*Endiviensalat*
10 g	*Gartenkresse*
30 g	*Ei, gekocht*
	Salz, Pfeffer, Essig, Knoblauch, Salatkräuter

12 g Eiweiß

1986,0	**kJ**	**(473 kcal)**
11,7	g	Eiweiß
31,2	g	Fett
35,6	g	Kohlenhy.
7,7	g	Ballastst.
397,0	g	Wasser
95,0	mg	Natrium*
1373,0	mg	Kalium
141,0	mg	Kalzium
266,0	mg	Phosphor

*ohne Salzzusatz

- Für die Pommes frites schälen und waschen Sie die Kartoffeln. In Stäbchen schneiden und in heißem Öl fritieren.
- Aus Joghurt, saurer Sahne, Essig und Knoblauch eine Salatsauce zubereiten und mit Salz und Pfeffer abschmecken.
- Die Salatzutaten (Tomate, Gurke, Paprika und Endiviensalat) waschen und schneiden. Zusammen mit der Gartenkresse in der Salatsauce anmachen und zuletzt mit dem in Scheiben geschnittenen hart gekochten Ei garnieren.

natriumarm:	geeignet
kaliumarm:	nur geeignet, wenn Sie Folgendes verändern: Bereiten Sie anstelle der Pommes frites Bratkartoffeln zu. Kartoffeln in Stücke schneiden, 24 Std. wässern und in viel frischem Wasser kochen. Das Kochwasser mehrmals erneuern, nicht verwenden.

23

Rahmkartoffeln mit Bohnengemüse

200 g	*Kartoffeln*
10 g	*Margarine*
30 g	*Zwiebeln*
5 g	*Maisstärke*
10 g	*Sahne (30 % Fett)*
30 g	*Ei*
10 g	*Bauchspeck*
5 g	*Öl*
125 g	*Bohnen, grün*
	Salz, Pfeffer, Muskat, Majoran, Knoblauch, Bohnenkraut

12 g Eiweiß

1958,0	**kJ**	**(466 kcal)**
11,8	g	Eiweiß
28,8	g	Fett
39,4	g	Kohlenhy.
9,0	g	Ballastst.
329,0	g	Wasser
59,0	mg	Natrium*
1091,0	mg	Kalium
118,0	mg	Kalzium
229,0	mg	Phosphor

*ohne Salzzusatz

- Die ganzen Kartoffeln kochen, pellen und in Würfel schneiden.
- Für die Sauce die Margarine erhitzen und 20 g Zwiebeln darin andünsten. Mit Wasser ablöschen und mit Maisstärke binden. Zum Schluss mit Sahne und Ei legieren und mit Salz, Pfeffer, Muskat und Majoran würzen.
- Die gewürfelten Kartoffeln in die Rahmsauce geben.
- In einem Topf den Bauchspeck in Öl auslassen und 10 g Zwiebeln darin andünsten. Dann die Bohnen zugeben und mit wenig Wasser garen. Vor dem Servieren mit Salz, Pfeffer, Knoblauch und Bohnenkraut abschmecken.

natriumarm:	geeignet
kaliumarm:	nur geeignet, wenn Sie Folgendes verändern: Kartoffeln in Stücke schneiden, 24 Std. wässern und in viel frischem Wasser kochen. Das Kochwasser mehrmals erneuern, nicht verwenden.

24

Schwäbischer Kartoffelsalat

200 g	*Kartoffeln*
5 g	*Suppenwürfel*
10 g	*Zwiebeln*
40 g	*Salatgurke*
20 g	*Crème fraîche*
5 g	*Senf*
30 g	*Ei, gekocht*
30 g	*Endiviensalat*
10 g	*Brunnenkresse*
30 g	*Radicchio*
50 g	*Tomate*
18 g	*Öl*
20 g	*Joghurt (3,5 % Fett)*
	Salz, Pfeffer, Essig, Salatkräuter, Knoblauch

12 g Eiweiß

1898,0	**kJ**	**(453 kcal)**
12,0	g	Eiweiß
29,0	g	Fett
34,7	g	Kohlenhy.
6,7	g	Ballastst.
376,0	g	Wasser
1403,0	mg	Natrium*
1204,0	mg	Kalium
150,0	mg	Kalzium
292,0	mg	Phosphor

*ohne Salzzusatz

- Zuerst die Kartoffeln kochen, pellen und in Scheiben schneiden. Den Suppenwürfel in wenig heißem Wasser auflösen und zu den Kartoffeln geben. Die fein gehackte Zwiebel und die in Scheiben geschnittene Salatgurke darunter mengen.
- Mit Crème fraîche, Senf, Salz, Pfeffer, Essig und Salatkräutern anmachen und mit Ei garnieren.
- Für die Salatplatte Endivien, Brunnenkresse, Radicchio und Tomate zerkleinern. Eine Marinade aus Öl, Joghurt, Essig, Salz, Pfeffer, Salatkräutern und Knoblauch zubereiten und den Salat damit anrichten.

natriumarm:	nur geeignet, wenn Sie Folgendes verändern: Tauschen Sie den Suppenwürfel gegen 5 g natriumarme Gemüsebrühpaste aus.
kaliumarm:	nur geeignet, wenn Sie Folgendes verändern: 1. Kartoffeln in Stücke schneiden, 24 Std. wässern und in viel frischem Wasser kochen. Das Kochwasser mehrmals erneuern, nicht verwenden. 2. Nehmen Sie für die Salatplatte anstatt Tomate und Radicchio 60 g Chicorée.

25

Speckkartoffeln

200 g	*Kartoffeln*
20 g	*Bauchspeck*
30 g	*Zwiebeln*
3 g	*Maisstärke*
30 g	*Ei*
200 g	*Weißkohl*
10 g	*Margarine*
	Salz, Pfeffer, Oregano, Kümmel

12 g Eiweiß

2031,0	**kJ**	**(485 kcal)**
11,6	g	Eiweiß
29,7	g	Fett
41,7	g	Kohlenhy.
11,1	g	Ballastst.
393,0	g	Wasser
78,0	mg	Natrium*
1188,0	mg	Kalium
131,0	mg	Kalzium
231,0	mg	Phosphor

*ohne Salzzusatz

- Kartoffeln kochen, pellen und in Würfel schneiden.
- In einer großen Pfanne lassen Sie den klein geschnittenen Bauchspeck aus und dünsten darin 10 g Zwiebeln an. Löschen Sie mit etwas Wasser ab und binden mit der Stärke. Nun geben Sie die Kartoffeln dazu, legieren mit Ei und schmecken mit Salz, Pfeffer und Oregano ab.
- Den Weißkohl schneiden Sie in dünne Streifen und dünsten ihn zusammen mit 20 g Zwiebeln in der Margarine an. Ebenfalls mit etwas Wasser auffüllen und garen. Zum Schluss mit Salz, Pfeffer und Kümmel würzen.

natriumarm:	geeignet
kaliumarm:	nur geeignet, wenn Sie Folgendes verändern: 1. Kartoffeln in Stücke schneiden, 24 Std. wässern und in viel frischem Wasser kochen. Das Kochwasser mehrmals erneuern, nicht verwenden. 2. Weißkohl in viel Wasser kochen, das Gemüsewasser nicht mitverarbeiten.

26

Tomatenrührei mit Spargel

200 g	*Kartoffeln*
5 g	*Öl*
150 g	*Spargel*
10 g	*Butter, zerlassen*
30 g	*Ei*
20 g	*Milch (3,5 % Fett)*
30 g	*Tomatenwürfel*
10 g	*Margarine*
	Salz, Muskat, Kümmel

12 g Eiweiß

1759,0	**kJ**	**(420 kcal)**
11,7	g	Eiweiß
25,8	g	Fett
34,2	g	Kohlenhy.
7,0	g	Ballastst.
371,0	g	Wasser
69,0	mg	Natrium*
1138,0	mg	Kalium
98,0	mg	Kalzium
258,0	mg	Phosphor

*ohne Salzzusatz

- Die gewaschenen Kartoffeln der Länge nach halbieren und die Schnittfläche mit Kümmel bestreuen. Auf ein mit Öl gefettetes Blech legen und etwa 30–40 Minuten bei 200 °C backen.
- Inzwischen den geschälten Spargel in Salzwasser kochen. Vor dem Servieren die zerlassene Butter darüber gießen.
- Für das Rührei das Ei mit Milch verquirlen und mit Salz und Muskat abschmecken. In einer Pfanne die Tomatenwürfel in Margarine andünsten, dann die Eiermasse dazugeben und das Ganze stocken lassen.

natriumarm:	geeignet
kaliumarm:	nur geeignet, wenn Sie Folgendes verändern: 1. Bereiten Sie anstelle der Bircher-Benner-Kartoffeln Röstkartoffeln zu. 2. Kartoffeln in Stücke schneiden, 24 Std. wässern und in viel frischem Wasser kochen. Das Kochwasser mehrmals erneuern, nicht verwenden.

27

Wiener Kartoffeln mit Kohlrabi

200 g	*Kartoffeln*
5 g	*Speck, durchwachsen*
10 g	*Zwiebeln*
20 g	*Lauch*
30 g	*Ei*
18 g	*Maisstärke*
20 g	*Margarine*
150 g	*Kohlrabi*
10 g	*Sahne (30 % Fett)*
	Salz, Pfeffer, Muskat, Zitronensaft

12 g Eiweiß

2093,0	**kJ**	**(500 kcal)**
12,0	g	Eiweiß
26,6	g	Fett
51,8	g	Kohlenhy.
7,7	g	Ballastst.
359,0	g	Wasser
109,0	mg	Natrium*
1377,0	mg	Kalium
161,0	mg	Kalzium
264,0	mg	Phosphor

*ohne Salzzusatz

- Die Kartoffeln zunächst kochen und dann in eine Schüssel durchpressen.
- Den gewürfelten Speck auslassen und darin zerkleinerte Zwiebeln und Lauch andünsten. Alles zu den Kartoffeln geben und mit Ei und 10 g Maisstärke zu einem Teig verarbeiten. Nach dem Würzen mit Salz, Pfeffer und Muskat aus dem Teig kleine Küchle formen und diese in 10 g Margarine ausbacken.
- Für das Gemüse den Kohlrabi in Stifte schneiden und in wenig Salzwasser garen. Aus 10 g Margarine und 8 g Maisstärke eine Schwitze zubereiten und mit dem Gemüsewasser ablöschen. Zuletzt mit Sahne legieren und mit Salz, Muskat und Zitronensaft würzen.

natriumarm:	geeignet
kaliumarm:	nur geeignet, wenn Sie Folgendes verändern: 1. Kartoffeln in Stücke schneiden, 24 Std. wässern und in viel frischem Wasser kochen. Das Kochwasser mehrmals erneuern, nicht verwenden. 2. Kohlrabi in viel Wasser kochen, das Gemüsewasser nicht mitverwenden.

28

Zwiebelkartoffeln mit Rührei

200 g	*Kartoffeln*
20 g	*Zwiebeln*
10 g	*Öl*
30 g	*Ei*
15 g	*Öl (haftend)*
150 g	*Spinat*
10 g	*Margarine*
3 g	*Maisstärke*
10 g	*Sahne (30 % Fett)*
	Salz, Pfeffer, Muskat, Knoblauchpulver, Zwiebelpulver

12 g Eiweiß		
1745,0	**kJ**	**(415 kcal)**
12,2	g	Eiweiß
25,0	g	Fett
34,1	g	Kohlenhy.
8,9	g	Ballastst.
346,0	g	Wasser
153,0	mg	Natrium*
1716,0	mg	Kalium
233,0	mg	Kalzium
258,0	mg	Phosphor

*ohne Salzzusatz

- Zunächst die Kartoffeln kochen, pellen und in Würfel schneiden.
- Schneiden Sie nun die Zwiebeln in feine Ringe und rösten Sie diese in Öl an. Die gewürfelten Kartoffeln dazugeben und mit Salz und Pfeffer würzen. Das Ei mit wenig Wasser verquirlen und mit Salz und Muskat abschmecken. Diese Eiermasse geben Sie über die Zwiebelkartoffeln und lassen sie stocken.
- Den gewaschenen Spinat kochen und passieren. Aus Margarine und Maisstärke eine Schwitze bereiten und mit dem Gemüsewasser ablöschen. Abschließend mit Sahne legieren, den Spinat dazugeben und mit Salz, Pfeffer, Muskat, Knoblauch- und Zwiebelpulver abschmecken.

natriumarm:	geeignet
kaliumarm:	nur geeignet, wenn Sie Folgendes verändern: 1. Kartoffeln in Stücke schneiden, 24 Std. wässern und in viel frischem Wasser kochen. Das Kochwasser mehrmals erneuern, nicht verwenden. 2. Tauschen Sie den Spinat gegen 150 g Wirsing aus.

29

Gebackene Zucchini

20 g	*Maisstärke*
30 g	*Ei*
200 g	*Zucchini*
15 g	*Öl (haftend)*
200 g	*Kartoffeln*
80 g	*Möhren*
20 g	*Apfel*
5 g	*Zucker*
	Salz, Pfeffer, Thymian, Zitronensaft

12 g Eiweiß		
2004,0	**kJ**	**(478 kcal)**
12,0	g	Eiweiß
19,5	g	Fett
61,7	g	Kohlenhy.
10,3	g	Ballastst.
460,0	g	Wasser
98,0	mg	Natrium*
1388,0	mg	Kalium
123,0	mg	Kalzium
241,0	mg	Phosphor

*ohne Salzzusatz

- Stellen Sie aus Maisstärke, Ei und etwas Wasser einen Pfannkuchenteig her und schmecken mit Salz, Pfeffer und Thymian ab.
  Die Zucchini in dünne Scheiben schneiden, im Teig wenden und in heißem Öl ausbacken.
- Die Kartoffeln schälen, in Stücke schneiden und kochen.
- Für die Rohkost raspeln Sie die geschabten Möhren und den geschälten Apfel und geben dann Zucker und Zitronensaft dazu.

natriumarm: geeignet
kaliumarm: nur geeignet, wenn Sie Folgendes verändern:
1. Kartoffeln in Stücke schneiden, 24 Std. wässern und in viel frischem Wasser kochen. Das Kochwasser mehrmals erneuern, nicht verwenden.
2. Bereiten Sie anstelle der Möhrenrohkost 50 g Kopfsalat mit 5 g Öl, Essig, Salz und Pfeffer zu.

30
Lauchküchle

140 g	*Lauch*
10 g	*Maisstärke*
30 g	*Ei*
20 g	*Milch (3,5 % Fett)*
15 g	*Öl (haftend)*
200 g	*Kartoffeln*
10 g	*Margarine, zerlassen*
	Salz, Pfeffer

12 g Eiweiß

1982,0	**kJ**	**(473 kcal)**
11,7	g	Eiweiß
27,7	g	Fett
34,4	g	Kohlenhy.
7,8	g	Ballastst.
328,0	g	Wasser
68,0	mg	Natrium*
1089,0	mg	Kalium
175,0	mg	Kalzium
246,0	mg	Phosphor

*ohne Salzzusatz

- Schneiden Sie den gewaschenen Lauch in feine Ringe und vermischen Sie ihn mit Maisstärke, Ei und Milch. Mit Salz und Pfeffer abschmecken.
- Die Masse in kleinen Küchle in heißem Öl ausbacken.
- Die Kartoffeln schälen und in Stücke schneiden. Nach dem Kochen in zerlassener Margarine schwenken.

natriumarm:	geeignet
kaliumarm:	nur geeignet, wenn Sie Folgendes verändern: Kartoffeln in Stücke schneiden, 24 Std. wässern und in viel frischem Wasser kochen. Das Kochwasser mehrmals erneuern, nicht verwenden.

Mittagessen mit 30 g Eiweiß

		Seite	natriumarm	kaliumarm	natrium-/ kaliumarm
31	Paniertes Fischfilet mit Kartoffelsalat, grüner Salat	140	☐	☐	☐
32	Gemüseeintopf mit Rindfleisch, Bananenjoghurt	141	☐	☐	☐
33	Goulasch mit Kartoffelbrei, grüner Salat, Obst	142	☐	☐	☐
34	Gebratener Hühnerschlegel, Bohnengemüse, Kartoffeln, Birnenkompott	143	☐	☐	☐
35	Russischer Hackfleischtopf, Nudeln, Obst	144	☐	☐	☐
36	Verlorene Eier in Senfsauce, Reis, Salat, Fruchtquark	145	☐	☐	☐
37	Apfel-Quark-Auflauf mit Vanillesauce	146	☐	☐	☐

31

Fischfilet mit Kartoffelsalat

120 g	*Rotbarschfilet*
10 g	*Ei*
15 g	*Semmelmehl*
10 g	*Öl (haftend)*
150 g	*Kartoffeln*
10 g	*Gurke*
10 g	*Tomate*
10 g	*Zwiebeln*
15 g	*Majonäse*
50 g	*Kopfsalat*
5 g	*Öl*
100 g	*Aprikosen*
	Salz, Pfeffer, Senf, Essig, Salatkräuter

30 g Eiweiß

2516,0	**kJ**	**(599 kcal)**
30,1	g	Eiweiß
33,5	g	Fett
43,2	g	Kohlenhy.
7,3	g	Ballastst.
383,0	g	Wasser
255,0	mg	Natrium*
1363,0	mg	Kalium
92,0	mg	Kalzium
400,0	mg	Phosphor

*ohne Salzzusatz

Zum Dessert Aprikosen

- Zuerst das Fischfilet säubern, säuern und salzen, dann in Ei wenden und in Semmelmehl panieren. In heißem Öl ausbacken.
- Für den Kartoffelsalat die Kartoffeln kochen, pellen und in Scheiben schneiden. Gurke, Tomate und Zwiebeln klein schneiden und mit der Majonäse dazugeben. Mit etwas Senf, Essig, Salz, Pfeffer und Salatkräutern abschmecken.
- Den gewaschenen und zerteilten Kopfsalat in einer Sauce aus Öl, Essig, Salz und Pfeffer anmachen. Zuletzt die getrockneten oder frischen Salatkräuter dazugeben.
- Als Nachtisch frische Aprikosen oder Aprikosen aus der Dose reichen.

natriumarm:	geeignet
kaliumarm:	nur geeignet, wenn Sie Folgendes verändern: Kartoffeln in Stücke schneiden, 24 Std. wässern und in viel frischem Wasser kochen. Das Kochwasser mehrmals erneuern, nicht verwenden. Tauschen Sie die Aprikosen gegen 100 g Erdbeerkompott aus.

32

Gemüseeintopf

110 g	*Rinderbrust (Rohgewicht)*
3 g	*Öl*
150 g	*Kartoffeln*
20 g	*Lauch*
30 g	*Sellerie*
30 g	*Karotten*
30 g	*Wirsing*
20 g	*Zwiebeln*
10 g	*Petersilie*
150 g	*Joghurt (1,5 % Fett)*
10 g	*Honig*
50 g	*Banane*
	Salz, Muskat, Liebstöckel, Kümmel, Zimt, Zitronensaft

30 g Eiweiß

2366,0	**kJ**	**(565 kcal)**
31,0	g	Eiweiß
25,1	g	Fett
51,2	g	Kohlenhy.
8,8	g	Ballastst.
459,0	g	Wasser
157,0	mg	Natrium*
1517,0	mg	Kalium
307,0	mg	Kalzium
454,0	mg	Phosphor

*ohne Salzzusatz

Zum Dessert Bananenjoghurt

- Das Rindfleisch kochen und in Würfel schneiden.
- Erhitzen Sie nun das Öl und dünsten darin das klein geschnittene Gemüse (Kartoffeln, Lauch, Sellerie, Karotten, Wirsing und Zwiebeln) an. Dann mit Fleischbrühe auffüllen, das Rindfleisch zugeben und mit Salz, Muskat, Liebstöckel und Kümmel würzen. Vor dem Servieren streuen Sie noch die gehackte Petersilie darüber.
- Für die Nachspeise den Joghurt mit Honig verrühren. Die Banane in Scheiben schneiden und untermischen. Zum Schluss mit Zimt und Zitronensaft abschmecken.

natriumarm:	geeignet
kaliumarm:	nur geeignet, wenn Sie Folgendes verändern: Kartoffeln in Stücke schneiden, 24 Std. wässern und in viel frischem Wasser kochen. Das Kochwasser mehrmals erneuern, nicht verwenden. Tauschen Sie die Banane gegen 100 g Preiselbeeren aus.

33
Goulasch mit Kartoffelbrei

100 g	*Rinderkeule (Rohgewicht)*
12 g	*Öl*
40 g	*Zwiebeln*
30 g	*Karotten*
20 g	*Tomatenmark*
5 g	*Weizenmehl (Type 405)*
150 g	*Kartoffeln*
50 g	*Milch (3,5 % Fett)*
10 g	*Margarine*
50 g	*Kopfsalat*
150 g	*Orange*
10 g	*Crème fraîche*
	Salz, Pfeffer, Paprikapulver, Kümmel, Thymian, Oregano, Muskat, Essig, Salatkräuter

30 g Eiweiß

2517,0	**kJ**	**(600 kcal)**
29,8	g	Eiweiß
30,9	g	Fett
48,3	g	Kohlenhy.
10,1	g	Ballastst.
499,0	g	Wasser
176,0	mg	Natrium*
1712,0	mg	Kalium
199,0	mg	Kalzium
414,0	mg	Phosphor

*ohne Salzzusatz

Zum Dessert Orange

- Das Rindfleisch in Würfel schneiden und in 5 g heißem Öl anbraten. Gehackte Zwiebeln, klein geschnittene Karotten und Tomatenmark dazugeben und andünsten. Mit Wasser auffüllen und garen. Dann mit Mehl binden und mit Salz, Pfeffer, Paprikapulver, Kümmel, Thymian, Oregano und Crème fraîche abschmecken.
- Für den Kartoffelbrei die Kartoffeln in Stücke schneiden und kochen. In einen Topf durchpressen, mit Milch und Margarine aufschlagen und mit Salz und Muskat würzen.
- Eine Salatsauce aus 5 g Öl, Essig, Salz und Pfeffer zubereiten und darin den Kopfsalat und die Salatkräuter anmachen.
- Als Dessert gibt es frische Orange.

natriumarm:	geeignet
kaliumarm:	nur geeignet, wenn Sie Folgendes verändern: Tauschen Sie die Kartoffeln gegen 60 g Reis aus. Nehmen Sie 110 g Rinderkeule und verwenden Sie kein Tomatenmark. Tauschen Sie die Orange gegen 100 g Kirschkompott aus.

34
Gebratene Hühnerschlegel

120 g	*Hühnerschlegel (ca. 160 g mit Knochen)*
3 g	*Öl*
15 g	*Speck, durchwachsen*
10 g	*Zwiebeln*
150 g	*Bohnen*
150 g	*Kartoffeln*
150 g	*Ananaskompott*
	Salz, Pfeffer, Paprikapulver, Rosmarin, Knoblauch, Bohnenkraut

30 g Eiweiß

2578,0	**kJ**	**(615 kcal)**
29,5	g	Eiweiß
28,6	g	Fett
58,4	g	Kohlenhy.
9,3	g	Ballastst.
463,0	g	Wasser
125,0	mg	Natrium*
1321,0	mg	Kalium
132,0	mg	Kalzium
372,0	mg	Phosphor

*ohne Salzzusatz

Zum Dessert Ananaskompott

- Würzen Sie den Hühnerschlegel mit Salz, Pfeffer, Paprikapulver und Rosmarin und braten ihn in einem Brattopf in heißem Öl an. Danach gießen Sie etwas Wasser hinzu und lassen das Fleisch bei geschlossenem Deckel garen. Vor dem Servieren den Bratenfond nochmals abschmecken.
- In einem weiteren Topf braten Sie die fein gehackten Zwiebeln im ausgelassenen Speck an. Nun geben Sie etwas Wasser und die geschnittenen Bohnen dazu, würzen mit Salz, Pfeffer, Knoblauch und Bohnenkraut und lassen alles garen.
- Die Kartoffeln schälen, in Stücke schneiden und kochen.

natriumarm:	geeignet
kaliumarm:	nur geeignet, wenn Sie Folgendes verändern: Kartoffeln in Stücke schneiden, 24 Std. wässern und in viel frischem Wasser kochen. Das Kochwasser mehrmals erneuern, nicht verwenden. Die Bohnen ebenfalls in viel Wasser kochen, das Gemüsewasser nicht verarbeiten.

35

Russischer Hackfleischtopf

20 g	*Zwiebeln*
100 g	*Lauch*
80 g	*Rinderhackfleisch*
6 g	*Öl*
20 g	*Tomatenmark*
2 g	*Suppenwürfel*
5 g	*Senf*
30 ml	*Wasser*
30 g	*Sahne, sauer*
60 g	*Nudeln*
150 g	*Birne*
	Salz, Pfeffer, Paprikapulver

30 g Eiweiß

2695,0	**kJ**	**(643 kcal)**
28,6	g	Eiweiß
28,7	g	Fett
67,9	g	Kohlenhy.
10,3	g	Ballastst.
330,0	g	Wasser
687,0	mg	Natrium*
1072,0	mg	Kalium
171,0	mg	Kalzium
385,0	mg	Phosphor

*ohne Salzzusatz

Zum Dessert Birne

- Hacken Sie die Zwiebeln fein und schneiden Sie den Lauch in dünne Streifen. Braten Sie in einer Pfanne die Zwiebeln an, bis sie glasig werden. Dann das Hackfleisch hinzufügen und ebenfalls anbraten.
- Geben Sie nun den Lauch, Tomatenmark, Suppenwürfel, Senf, saure Sahne und die Gewürze dazu und füllen Sie mit Wasser auf. Anschließend lassen Sie das Gericht bei geschlossenem Deckel gar dünsten.
- In der Zwischenzeit kochen Sie die Nudeln und schmelzen diese vor dem Servieren mit Öl ab.
- Zum Nachtisch gibt es frische Birnen oder Birnen aus der Dose.

natriumarm:	nur geeignet, wenn Sie Folgendes verändern: Tauschen Sie den Suppenwürfel gegen 5 g natriumarme Gemüsebrühpaste aus.
kaliumarm:	nur geeignet, wenn Sie Folgendes verändern: Verwenden Sie kein Tomatenmark.

36

Verlorene Eier in Senfsauce

110 g	Ei (2 Stück)
10 g	Margarine
5 g	Weizenmehl (Type 405)
30 g	Milch (3,5 % Fett)
200 ml	Wasser
5 g	Senf, mittelscharf
5 g	Zucker
60 g	Reis, halb poliert
5 g	Öl
10 g	Zwiebeln
30 g	Endiviensalat
50 g	Tomaten
60 g	Magerquark
30 g	Passionsfruchtsaft
	Salz, Pfeffer, Estragon, Essig, Knoblauch, Salatkräuter

30 g Eiweiß

2676,0	**kJ**	**(638 kcal)**
30,0	g	Eiweiß
27,6	g	Fett
65,5	g	Kohlenhy.
2,3	g	Ballastst.
278,0	g	Wasser
297,0	mg	Natrium*
723,0	mg	Kalium
215,0	mg	Kalzium
564,0	mg	Phosphor

*ohne Salzzusatz

Zum Dessert Fruchtquark

- Schlagen Sie die Eier in heißes Essigwasser auf und lassen sie ca. 3–5 Minuten ziehen.
- Aus 5 g Margarine und Weizenmehl bereiten Sie nun eine Schwitze zu, löschen mit etwa 80 ml Wasser ab und würzen mit Senf, Zucker, Salz, Pfeffer und Estragon. Vor dem Servieren die Eier in die Sauce legen.
- In der Zwischenzeit dünsten Sie den Reis in 5 g Margarine an. Mit 120 ml Wasser auffüllen, eine Prise Salz dazugeben und garen lassen.
- Aus Öl, fein gehackten Zwiebeln, Essig, Salz, Pfeffer und Knoblauch bereiten Sie eine Salatsauce zu. Darin den Endiviensalat anmachen und mit geschnittener Tomate und den Salatkräutern garnieren.
- Für die Nachspeise rühren Sie den Magerquark mit dem Passionsfruchtsaft an.

natriumarm: geeignet
kaliumarm: geeignet

37

Apfel-Quark-Auflauf mit Vanillesauce

15 g	*Eigelb*
40 g	*Zucker*
100 g	*Magerquark*
20 g	*Weizengrieß*
2 g	*Backpulver*
10 g	*Rosinen*
10 g	*Mandeln, gerieben*
20 g	*Eiweiß*
100 g	*Apfelscheiben*
200 g	*Milch (3,5 % Fett)*
5 g	*Maisstärke*
	geriebene Zitronenschale, Vanillestange

30 g Eiweiß		
2731,0	**kJ**	**(651 kcal)**
29,1	g	Eiweiß
18,0	g	Fett
90,8	g	Kohlenhy.
5,5	g	Ballastst.
372,0	g	Wasser
423,0	mg	Natrium*
821,0	mg	Kalium
444,0	mg	Kalzium
723,0	mg	Phosphor

*ohne Salzzusatz

- Für den Auflauf rühren Sie Eigelb und 30 g Zucker schaumig. Dann den Magerquark, den Weizengrieß, das Backpulver und die Rosinen unterheben. Zuletzt Mandeln und etwas Zitronenschale zugeben.
- Das Eiweiß zu Schnee schlagen und unter die Masse heben.
- Fetten Sie eine Auflaufform und schichten Sie die Quarkmasse abwechselnd mit den Apfelscheiben hinein. 30–40 Minuten bei 200 °C backen.
- Inzwischen bereiten Sie die Vanillesauce zu. Dafür bringen Sie die Milch mit der Vanillestange zum Kochen, binden mit der Maisstärke und schmecken mit Zucker ab.

natriumarm: geeignet
kaliumarm: geeignet

Mittagessen mit 40 g Eiweiß

		Seite	natriumarm	kaliumarm	natrium-/ kaliumarm
38	Hacksteak mit Kartoffelbrei, Brokkoli, Obst	148	■	■	■
39	Käserollen in Tomatensauce, grüner Salat, Obst	149	■	■	■
40	Nudeleintopf mit Kalbfleisch Schoko-Bananen-Flammeri	150	■	■	■
41	Putenschnitzel mit Apfel-Curry-Sauce, Reis, Champignons, Obst	151	■	■	■
42	Schollenröllchen auf Gemüse, Petersilienkartoffeln, Salat, Eis	152	■	■	■
43	Eierragout, Kartoffeln, grüner Salat, Zitronenquark	153	■	■	■
44	Schweinebraten mit Kartoffelknödeln, Rotkohl, gefüllter Pfirsich	154	■	■	■

38

Hacksteak mit Kartoffelbrei

100 g	*Rinderhackfleisch*
20 g	*Magerquark*
15 g	*Ei*
20 g	*Zwiebeln*
10 g	*Petersilie*
3 g	*Öl*
150 g	*Kartoffeln*
70 g	*Milch (3,5 % Fett)*
10 g	*Margarine*
200 g	*Brokkoli*
100 g	*Birne*
	Salz, Pfeffer, Paprikapulver, Muskat, Majoran, Zitronensaft

40 g Eiweiß

2611,0	**kJ**	**(622 kcal)**
39,3	g	Eiweiß
31,1	g	Fett
45,7	g	Kohlenhy.
13,0	g	Ballastst.
570,0	g	Wasser
182,0	mg	Natrium*
2009,0	mg	Kalium
382,0	mg	Kalzium
593,0	mg	Phosphor

*ohne Salzzusatz

Zum Dessert Birne

- Geben Sie das Hackfleisch in eine Schüssel, fügen Sie Quark, Ei, 10 g gehackte Zwiebeln und Petersilie zu und bereiten daraus einen Teig. Mit Salz, Pfeffer, Paprikapulver, Muskat und Majoran würzen, kleine Küchlein formen und in Öl ausbacken.
- Für den Kartoffelbrei pressen Sie die gekochten Kartoffeln heiß durch, schlagen den Brei mit Milch auf und schmecken mit Salz und Muskat ab.
- Dünsten Sie 10 g fein gehackte Zwiebeln in Margarine an und geben dann den Brokkoli und ein wenig Wasser dazu. Nach dem Garen mit Salz, Pfeffer und Zitronensaft würzen.
- Als Nachtisch reichen Sie frische Birne oder Birnenkompott.

natriumarm:	geeignet
kaliumarm:	nur geeignet, wenn Sie Folgendes verändern: Keine Petersilie verwenden. Kartoffeln in Stücke schneiden, 24 Std. wässern und in viel frischem Wasser kochen. Das Kochwasser mehrmals erneuern, nicht verwenden. Tauschen Sie den Brokkoli gegen 150 g Erbsen (Dose) aus. Nehmen Sie anstelle der frischen Birne 100 g Birnenkompott.

39

Käserollen in Tomatensauce

110 g	*Magerquark*
30 g	*Parmesan*
30 g	*Ei*
55 g	*Weizenmehl (Type 405)*
10 g	*Margarine*
20 g	*Tomatenmark*
60 g	*Joghurt (3,5 % Fett)*
50 g	*Kopfsalat*
150 g	*Kirschen (frisch oder Glas)*
	Salz, Pfeffer, Knoblauch, Basilikum, Zitronensaft, Salatkräuter

30 g Eiweiß

2813,0	**kJ**	**(671 kcal)**
38,6	g	Eiweiß
25,4	g	Fett
69,0	g	Kohlenhy.
5,8	g	Ballastst.
367,0	g	Wasser
539,0	mg	Natrium*
1044,0	mg	Kalium
649,0	mg	Kalzium
666,0	mg	Phosphor

*ohne Salzzusatz

Zum Dessert Kirschen

- Den Quark in eine Schüssel geben und mit dem Parmesan, dem Ei und 50 g Weizenmehl zu einem Teig verarbeiten, mit Salz und Pfeffer würzen. Mit dem Esslöffel kleine Klöße abstechen und in heißem Wasser gar ziehen lassen.
- Aus Margarine und 5 g Weizenmehl eine Schwitze zubereiten, das Tomatenmark zugeben und mit Wasser ablöschen. Mit Salz, Pfeffer, Knoblauch und Basilikum abschmecken. Zum Schluss mit 20 g Joghurt legieren und diese Sauce über die Käserollen geben.
- Für den Salat eine Sauce aus 40 g Joghurt, Zitronensaft und Salz zubereiten. Den gewaschenen und zerteilten Kopfsalat und die frischen Salatkräuter darin anmachen.
- Als Nachspeise gibt es frische Kirschen oder Kirschen aus dem Glas.

natriumarm: geeignet
kaliumarm: geeignet

40

Nudeleintopf

100 g	*Kalbfleisch, gegart*
80 g	*Karotten*
30 g	*Lauch*
30 g	*Sellerie*
6 g	*Öl*
40 g	*Nudeln*
10 g	*Petersilie*
125 g	*Milch (3,5 % Fett)*
10 g	*Maisstärke*
5 g	*Kakaopulver*
10 g	*Zucker*
40 g	*Banane*
	Fleischbrühe, Salz, Muskat, Liebstöckel

40 g Eiweiß

2478,0	**kJ**	**(591 kcal)**
40,3	g	Eiweiß
17,3	g	Fett
67,2	g	Kohlenhy.
10,0	g	Ballastst.
345,0	g	Wasser
214,0	mg	Natrium*
1225,0	mg	Kalium
302,0	mg	Kalzium
521,0	mg	Phosphor

*ohne Salzzusatz

Zum Dessert Schoko-Bananen-flammeri

- Kochen Sie zunächst das Kalbfleisch und schneiden es anschließend in Würfel. Nun das Gemüse (Karotten, Lauch und Sellerie) in heißem Öl anbraten. Füllen Sie mit Fleischbrühe auf und lassen den Eintopf garen.
- Zwischenzeitlich die Nudeln kochen und mit den Fleischwürfeln in die Suppe geben. Schmecken Sie mit Salz, Muskat und Liebstöckel ab und bestreuen den Eintopf mit gehackter Petersilie.
- Für das Dessert verrühren Sie die Maisstärke, das Kakaopulver und den Zucker in etwas kalter Milch und gießen dies in die restliche kochende Milch. Aufkochen lassen und in eine Schüssel füllen. Die Banane in Scheiben schneiden und unterheben oder den Flammeri damit garnieren.

natriumarm:	geeignet
kaliumarm:	nur geeignet, wenn Sie Folgendes verändern: Lassen Sie Sellerie und Petersilie weg. Geben Sie in den Flammeri keine Banane, sondern garnieren Sie stattdessen mit 30 g Sahne (30 % Fett).

41

Putenschnitzel mit Apfel-Curry-Sauce

120 g	*Putenschnitzel*
3 g	*Öl*
30 g	*Apfelscheiben*
220 ml	*Wasser*
3 g	*Weizenmehl (Type 405)*
10 g	*Zitronensaft*
10 g	*Sahne (30 % Fett)*
60 g	*Reis, halb poliert*
15 g	*Margarine*
20 g	*Zwiebeln*
200 g	*Champignons (Dose)*
10 g	*Petersilie*
100 g	*Erdbeeren*
	Zucker, Salz, Curry, Pfeffer

40 g Eiweiß

2752,0	**kJ**	**(656 kcal)**
39,0	g	Eiweiß
25,6	g	Fett
65,9	g	Kohlenhy.
8,8	g	Ballastst.
433,0	g	Wasser
701,0	mg	Natrium*
1389,0	mg	Kalium
125,0	mg	Kalzium
605,0	mg	Phosphor

*ohne Salzzusatz

Zum Dessert Erdbeeren

- Das Putenschnitzel in heißem Öl von beiden Seiten anbraten. Die Apfelscheiben im Bratensatz andünsten und mit 100 ml Wasser auffüllen. Mit Mehl binden und mit Zitronensaft, etwas Zucker, Salz und Curry abschmecken. Sauce mit Sahne legieren und über das Schnitzel geben.
- Den Reis waschen und in 5 g Margarine andünsten, dann mit 120 ml Wasser auffüllen, eine Prise Salz zugeben und garen.
- Die fein gehackten Zwiebeln in 10 g Margarine andünsten. Nun die Champignons dazugeben, mit Salz und Pfeffer würzen und vor dem Servieren mit frischer Petersilie bestreuen.
- Als Nachspeise gibt es frische Erdbeeren.

natriumarm:	nur geeignet, wenn Sie Folgendes verändern: Tauschen Sie die Dosenchampignons gegen 200 g frische Champignons aus.
kaliumarm:	nur geeignet, wenn Sie Folgendes verändern: Verwenden Sie keine Petersilie. Statt frischer Erdbeeren nehmen Sie Kompott oder Saft.

42
Schollenröllchen auf Gemüse

20 g	*Karotten*
20 g	*Lauch*
20 g	*Sellerie*
8 g	*Öl*
180 g	*Schollenfilet*
10 g	*Zitronensaft*
30 g	*Sahne, sauer*
20 g	*Petersilie*
150 g	*Kartoffeln*
5 g	*Butter*
50 g	*Kopfsalat*
50 g	*Eis*
	Salz, Pfeffer, Pfefferkörner, Thymian, Lorbeer, Knoblauch, Essig, Salatkräuter

40 g Eiweiß

2467,0	**kJ**	**(590 kcal)**
40,5	g	Eiweiß
29,5	g	Fett
38,8	g	Kohlenhy.
7,1	g	Ballastst.
439,0	g	Wasser
267,0	mg	Natrium*
1653,0	mg	Kalium
278,0	mg	Kalzium
576,0	mg	Phosphor

*ohne Salzzusatz

Zum Dessert
Eis

- Schneiden Sie die Karotten, den Lauch und den Sellerie in sehr feine Streifen (Julienne) und lassen die Gemüse in 3 g Öl halb gar dünsten. Mit Salz, Pfefferkörnern, Thymian, Lorbeer und Knoblauch würzen.
- Danach säubern, säuern und salzen Sie das Schollenfilet und lassen es auf dem Gemüse garen. Fügen Sie den Zitronensaft hinzu, legieren mit saurer Sahne und überstreuen mit frischer Petersilie.
- Kartoffeln kochen und in der Butter schwenken. Mit 10 g Petersilie bestreuen.
- Den Kopfsalat machen Sie in einer Sauce aus 5 g Öl, Essig, Salz und Pfeffer an und geben die gehackten Salatkräuter hinzu.
- Als Dessert gibt es Eis.

natriumarm:	geeignet
kaliumarm:	nur geeignet, wenn Sie Folgendes verändern: Kochen Sie das Gemüse in viel Wasser und verwenden Sie das Kochwasser nicht. Tauschen Sie die Kartoffeln gegen 60 g Reis aus. Lassen Sie die Petersilie weg.

43
Eierragout

110 g	*Ei*
5 g	*Margarine*
5 g	*Weizenmehl (Type 405)*
100 g	*Milch (1,5 % Fett)*
25 g	*Schmelzkäse (30 % Fett i. Tr.)*
30 g	*Erbsen (tiefgefroren)*
10 g	*Petersilie*
150 g	*Kartoffeln*
50 g	*Kopfsalat*
5 g	*Öl*
60 g	*Magerquark*
30 g	*Joghurt (3,5 % Fett)*
30 g	*Buttermilch*
10 g	*Zucker*
10 g	*Zitronensaft*
	Salz, Pfeffer, Essig, Salatkräuter

40 g Eiweiß

2627,0	**kJ**	**(626 kcal)**
40,2	g	Eiweiß
27,7	g	Fett
52,0	g	Kohlenhy.
6,5	g	Ballastst.
464,0	g	Wasser
536,0	mg	Natrium*
1325,0	mg	Kalium
529,0	mg	Kalzium
914,0	mg	Phosphor

*ohne Salzzusatz

Zum Dessert Zitronenquark

- Schälen und schneiden Sie die hart gekochten Eier in Scheiben. Nun aus Margarine und Mehl eine Schwitze zubereiten, mit der Milch ablöschen und den Schmelzkäse darin zergehen lassen. Geben Sie dann die Eierscheiben und die Erbsen dazu, schmecken mit den Gewürzen ab und bestreuen das Gericht mit Petersilie.
- Die Kartoffeln waschen, in Stücke schneiden und kochen.
- Zwischenzeitlich bereiten Sie den Salat mit Öl, Essig, Salz, Pfeffer und den Salatkräutern zu.
- Für das Dessert rühren Sie den Quark mit Joghurt, Buttermilch und Zucker an und schmecken mit Zitronensaft ab.

natriumarm:	nur geeignet, wenn Sie Folgendes verändern: Tauschen Sie den Schmelzkäse gegen 15 g Edamer (45 % Fett i. Tr.) aus.
kaliumarm:	nur geeignet, wenn Sie Folgendes verändern: Kartoffeln in Stücke schneiden, 24 Std. wässern und in viel frischem Wasser kochen. Das Kochwasser mehrmals erneuern, nicht verwenden.

44 Schweinebraten mit Kartoffelknödeln

130 g	*Schweinekeule, sehr mager*
40 g	*Zwiebeln*
9 g	*Öl*
13 g	*Weizenmehl (Type 405)*
200 g	*Rotkohl*
30 g	*Apfel, geschält*
150 g	*Kartoffeln*
10 g	*Ei*
30 g	*Magerquark*
5 g	*Zucker*
50 g	*Pfirsichkompott*
	Salz, Pfeffer, Koriander, Kümmel, Zucker, Essig, Nelken, Lorbeer, Muskat, Vanille-Aroma

40 g Eiweiß

2642,0	**kJ**	**(631 kcal)**
41,0	g	Eiweiß
24,7	g	Fett
59,2	g	Kohlenhy.
11,3	g	Ballastst.
538,0	g	Wasser
143,0	mg	Natrium*
1661,0	mg	Kalium
156,0	mg	Kalzium
474,0	mg	Phosphor

*ohne Salzzusatz

Zum Dessert gefüllter Pfirsich

- Das Schweinefleisch und 30 g fein gehackte Zwiebeln in 3 g heißem Öl anbraten. Mit etwas Wasser auffüllen und mit Salz, Pfeffer, Koriander und Kümmel würzen. Nach dem Garen die Sauce mit 3 g Weizenmehl binden und nochmals abschmecken.
- Den fein geschnittenen Rotkohl in 3 g Öl andünsten, 10 g gehackte Zwiebeln und den geschnittenen Apfel mitdünsten lassen. Etwas Wasser zugießen und garen, mit Salz, Essig, Zucker, Pfeffer, Nelken und Lorbeer würzen.
- Für die Knödel die Kartoffeln kochen und durchpressen. Nach dem Erkalten mit Ei, 10 g Mehl, Salz und Muskat zu einem Teig verarbeiten, Klöße formen und in heißem Wasser gar ziehen lassen.
- Den Magerquark mit Zucker und Vanille abschmecken und in Pfirsichhälften füllen.

natriumarm:	geeignet
kaliumarm:	nur geeignet, wenn Sie Folgendes verändern: Tauschen Sie den Rotkohl gegen Chinakohlsalat (100 g Chinakohl, 10 g Zwiebeln, 3 g Öl, Essig), die Kartoffelknödel gegen 60 g Teigwaren aus.

Mittagessen mit 45 g Eiweiß

Nr.		Seite	natriumarm	kaliumarm	natrium-/ kaliumarm
45	Forelle, blau, Kartoffeln, grüner Salat, Karamelflammeri	157	□	□	□
46	Hühnerfrikassee mit Risotto, Spargel, Obstsalat	158	□	□	□
47	Geschnetzeltes Kalbfleisch, Nudeln, grüner Salat, Obst	159	□	□	□
48	Linseneintopf, Würstchen, Himbeerquark	160	□	□	□
49	Gefüllte Paprikaschoten, Tomatensauce, Kartoffeln, Buttermilchgelee	161	□	□	□
50	Pikante Quarkknödel mit Ratatouille, Brombeerjoghurt	162	□	□	□
51	Schinkenrührei mit Spinat, Kartoffelbrei, Bananenquark	163	□	□	□

45
Forelle, blau

175 g	*Forelle (ca. 350 g mit Kopf und Gräten)*
10 g	*Butter*
10 g	*Zitronensaft (30 g Zitrone)*
150 g	*Kartoffeln*
50 g	*Kopfsalat*
30 g	*Joghurt (1,5 % Fett)*
20 g	*Zucker*
150 g	*Milch (3,5 % Fett)*
10 g	*Maisstärke*
	Salz, Pfefferkörner, Essig, Salatkräuter

45 g Eiweiß

2608,0	**kJ**	**(622 kcal)**
45,2	g	Eiweiß
20,3	g	Fett
61,5	g	Kohlenhy.
4,4	g	Ballastst.
481,0	g	Wasser
365,0	mg	Natrium*
1482,0	mg	Kalium
275,0	mg	Kalzium
638,0	mg	Phosphor

*ohne Salzzusatz

Zum Dessert
Karamellflammeri

- Eine Gemüsebrühe mit Salz und Pfefferkörnern würzen und die Forelle darin garen. Den Fisch mit Butter und Zitronensaft servieren.
- Die Kartoffeln waschen, in Stücke schneiden und kochen.
- Eine Salatsauce aus Joghurt, Essig und Salz zubereiten und den Kopfsalat und die Salatkräuter darin anmachen.
- Für die Nachspeise den Zucker in einem Topf schmelzen lassen (karamellisieren) und mit der Milch ablöschen. Zum Schluss mit der Maisstärke binden und in Schälchen füllen.

natriumarm:	geeignet
kaliumarm:	nur geeignet, wenn Sie Folgendes verändern: Tauschen Sie die Forelle gegen 180 g Zander aus. Kartoffeln in Stücke schneiden, 24 Std. wässern und in viel frischem Wasser kochen. Das Kochwasser mehrmals erneuern, nicht verwenden.

46

Hühnerfrikassee mit Risotto

110 g	*Hähnchen, gegart*
10 g	*Margarine*
10 g	*Weizenmehl (Type 405)*
10 g	*Zitronensaft*
50 g	*Spargelstücke (Dose)*
10 g	*Sahne (30 % Fett)*
60 g	*Reis, halb poliert*
120 ml	*Wasser*
40 g	*Erbsen, tiefgefroren*
40 g	*Orange*
40 g	*Apfel*
30 g	*Weintrauben*
30 g	*Banane*
5 g	*Zucker*
	Salz, Pfeffer, Zitronensaft

45 g Eiweiß

3025,0	**kJ**	**(722 kcal)**
39,0	g	Eiweiß
22,8	g	Fett
87,7	g	Kohlenhy.
6,8	g	Ballastst.
332,0	g	Wasser
201,0	mg	Natrium*
896,0	mg	Kalium
82,0	mg	Kalzium
400,0	mg	Phosphor

*ohne Salzzusatz

Zum Dessert Obstsalat

- Zunächst kochen Sie die Hähnchenbrust in etwas Wasser gar. Dann bereiten Sie aus 5 g Margarine und dem Mehl eine Schwitze zu und löschen diese mit der Hühnerbrühe ab. Mit Salz und Zitronensaft würzen.
- Nun geben Sie die Spargelstücke und das Hühnerfleisch in die Sauce, erhitzen das Ganze und legieren mit Sahne.
- Für das Risotto den gewaschenen Reis in 120 ml Wasser garen. In der Zwischenzeit die Erbsen in 5 g Margarine andünsten, zum Reis geben und mit Salz und Pfeffer abschmecken.
- Für das Dessert das Obst (Orange, Apfel, Weintrauben und Banane) waschen und in kleine Stücke schneiden. Alles vermischen und mit Zucker und Zitronensaft abschmecken.

natriumarm:	geeignet
kaliumarm:	nur geeignet, wenn Sie den Obstsalat gegen 150 g Pfirsichkompott austauschen

47
Geschnetzeltes Kalbfleisch

160 g	*Kalbfleisch (aus der Keule)*
11 g	*Öl*
10 g	*Weizenmehl (Type 405)*
20 g	*Sahne, sauer*
60 g	*Teigwaren*
50 g	*Kopfsalat*
150 g	*Erdbeeren*
	Salz, Pfeffer, Rosmarin, Zitronensaft, Essig, Salatkräuter

45 g Eiweiß

2651,0	**kJ**	**(632 kcal)**
44,2	g	Eiweiß
24,3	g	Fett
57,3	g	Kohlenhy.
7,2	g	Ballastst.
326,0	g	Wasser
126,0	mg	Natrium*
1046,0	mg	Kalium
97,0	mg	Kalzium
540,0	mg	Phosphor

*ohne Salzzusatz

Zum Dessert Erdbeeren

- Zu Beginn schneiden Sie das Kalbfleisch in feine Streifen, braten es in 3 g Öl an und bestäuben es anschließend mit Mehl. Kurz anschwitzen lassen und dann mit etwas Wasser ablöschen. Mit Salz, Pfeffer, Rosmarin und Zitronensaft würzen, zuletzt mit saurer Sahne legieren.
- Die Nudeln in ausreichend Wasser kochen und danach mit 3 g Öl abschmelzen.
- Den Kopfsalat in einer Sauce aus 5 g Öl, Essig, Salz und Pfeffer anmachen und die frischen Salatkräuter dazugeben.
- Als Nachspeise gibt es frische Erdbeeren oder Erdbeerkompott.

natriumarm:	geeignet
kaliumarm:	nur geeignet, wenn Sie anstelle der frischen Erdbeeren 150 g Erdbeerkompott verwenden

48

Linseneintopf mit Würstchen

60 g	*Linsen*
20 g	*Zwiebeln*
40 g	*Porree*
50 g	*Möhren*
5 g	*Margarine*
3 g	*Suppenwürfel*
100 g	*Würstchen*
90 g	*Magerquark*
30 g	*Milch (1,5 % Fett)*
10 g	*Zucker*
30 g	*Himbeeren*
	Liebstöckel, Basilikum, Essig, Zitronensaft

45 g Eiweiß

2855,0	**kJ**	**(681 kcal)**
44,9	g	Eiweiß
32,2	g	Fett
51,3	g	Kohlenhy.
11,5	g	Ballastst.
304,0	g	Wasser
1836,0	mg	Natrium*
1257,0	mg	Kalium
279,0	mg	Kalzium
655,0	mg	Phosphor

*ohne Salzzusatz

Zum Dessert Himbeerquark

- Die Linsen in einem Topf mit kaltem Wasser aufsetzen und garen.
- Zwischenzeitlich Margarine erhitzen, die fein gehackten Zwiebeln und das geschnittene Gemüse (Porree und Karotten) darin andünsten und dann zu den fast fertigen Linsen geben. Alles mit dem Suppenwürfel, Liebstöckel, Basilikum und Essig würzen.
- Die Würstchen in der Suppe erhitzen.
- Für die Nachspeise den Magerquark mit der Milch und dem Zucker verrühren und mit Zitronensaft abschmecken. Die Himbeeren vorsichtig unterheben oder den Quark damit verzieren.

natriumarm:	nur geeignet, wenn Sie Folgendes verändern: Tauschen Sie die Linsen gegen 60 g weiße Bohnensamen, die Würstchen gegen 80 g Hammelkeule und den Suppenwürfel gegen 5 g natriumarme Gemüsebrühpaste aus.
kaliumarm:	nur geeignet, wenn Sie Folgendes verändern: Verwenden Sie keine Karotten, nehmen Sie stattdessen 10 g Magerquark zusätzlich zu der Quarkspeise.

49

Gefüllte Paprikaschoten

125 g	*Rinderhackfleisch*
20 g	*Ei*
10 g	*Zwiebeln*
10 g	*Semmelmehl*
20 g	*Magerquark*
150 g	*Paprikaschoten, ausgehöhlt*
3 g	*Öl*
50 g	*Tomate*
5 g	*Margarine*
5 g	*Weizenmehl (Type 405)*
5 g	*Tomatenmark*
15 g	*Kondensmilch (4 % Fett)*
200 g	*Kartoffeln*
100 g	*Buttermilch*
20 g	*Johannisbeernektar, rot*
5 g	*Zucker*
2 g	*Gelatine (1 Blatt)*
	Salz, Pfeffer, Paprikapulver, Muskat, Oregano

45 g Eiweiß

2897,0	**kJ**	**(691 kcal)**
44,0	g	Eiweiß
28,4	g	Fett
62,1	g	Kohlenhy.
11,5	g	Ballastst.
542,0	g	Wasser
255,0	mg	Natrium*
1814,0	mg	Kalium
241,0	mg	Kalzium
589,0	mg	Phosphor

*ohne Salzzusatz

Zum Dessert Buttermilchgelee

- Für die Füllung das Hackfleisch in einer Schüssel mit Ei, fein gehackten Zwiebeln, Semmelmehl und Magerquark vermengen. Mit Salz, Pfeffer, Paprikapulver, Muskat und Oregano kräftig würzen. Die Fleischmasse in die ausgehöhlten Paprikaschoten füllen.
- Paprikaschoten von allen Seiten in heißem Öl anbraten, mit wenig Wasser auffüllen und gewürfelte Tomate dazugeben. Das Gemüse mit Salz, Pfeffer und Paprikapulver würzen und garen.
- Aus Margarine und Weizenmehl wird nun eine Schwitze zubereitet und mit der durch ein Sieb gestrichenen Gemüsebrühe abgelöscht. Das Tomatenmark dazugeben, nochmals abschmecken und mit Kondensmilch legieren.
- Die Kartoffeln in Stücke schneiden und kochen.

- Für die Nachspeise zunächst die Buttermilch mit Zucker und dem roten Johannisbeernektar verrühren.
- Die Gelatine in kaltem Wasser einweichen und leicht ausdrücken. Dann erwärmen, bis sie geschmolzen ist (nicht kochen), und in das Milchgemisch einrühren.
- Die Masse in Schälchen füllen und kalt stellen.

natriumarm:	geeignet
kaliumarm:	nur geeignet, wenn Sie Folgendes verändern: Tauschen Sie den Paprika gegen 150 g Gurke aus und verwenden Sie für die Hackfleischmasse 30 g Magerquark. Lassen Sie die Tomate und das Tomatenmark weg. Kartoffeln in Stücke schneiden, 24 Std. wässern und in viel frischem Wasser kochen. Das Kochwasser mehrmals erneuern, nicht verwenden.

50

Pikante Quarkknödel mit Ratatouille

200 g	*Magerquark*
40 g	*Weizengrieß*
30 g	*Ei*
10 g	*Semmelmehl*
5 g	*Margarine*
100 g	*Zucchini*
50 g	*Tomate*
50 g	*Aubergine*
10 g	*Zwiebeln*
5 g	*Öl*
150 g	*Joghurt (1,5 % Fett)*
10 g	*Zucker*
50 g	*Brombeeren*
	Salz, Pfeffer, Muskat, geriebene Zitronenschale, Knoblauch, Rosmarin

45 g Eiweiß

2537,0	**kJ**	**(605 kcal)**
44,2	g	Eiweiß
16,6	g	Fett
65,0	g	Kohlenhy.
9,8	g	Ballastst.
561,0	g	Wasser
248,0	mg	Natrium*
1165,0	mg	Kalium
533,0	mg	Kalzium
691,0	mg	Phosphor

*ohne Salzzusatz

Zum Dessert Brombeerjoghurt

- Zuerst verrühren Sie den Magerquark mit dem Weizengrieß und dem Ei und schmecken mit Salz, Muskat und geriebener Zitronenschale ab.
- Formen Sie aus dieser Masse einen länglichen Laib und legen ihn in eine feuchte, kalte Stoffserviette. Die Serviette zubinden und in siedendem Wasser etwa 30 Minuten gar ziehen lassen. Vor dem Servieren in Scheiben schneiden. Das Semmelmehl in Margarine rösten und über den Quarkknödel streuen.
- Für das Ratatouille werden Zucchini, Tomate und Aubergine klein geschnitten und zusammen mit der fein gehackten Zwiebeln in Öl angedünstet. Mit sehr wenig Wasser auffüllen und garen. Zum Schluss mit Salz, Pfeffer, Knoblauch und Rosmarin würzen.
- Verrühren Sie für die Nachspeise den Joghurt mit Zucker und heben die Brombeeren vorsichtig unter.

natriumarm: geeignet
kaliumarm: geeignet

51
Schinkenrührei mit Spinat

30 g	*Schinken, gekocht*
3 g	*Öl*
110 g	*Ei (2 Stück)*
150 g	*Kartoffeln*
60 g	*Milch (3,5 % Fett)*
150 g	*Spinat*
5 g	*Margarine*
5 g	*Weizenmehl (Type 405)*
90 g	*Magerquark*
70 g	*Buttermilch*
30 g	*Banane*
5 g	*Zucker*
	Salz, Pfeffer, Muskat, Zitronensaft

45 g Eiweiß

2502,0	**kJ**	**(596 kcal)**
44,4	g	Eiweiß
24,0	g	Fett
47,7	g	Kohlenhy.
8,1	g	Ballastst.
568,0	g	Wasser
380,0	mg	Natrium*
2118,0	mg	Kalium
520,0	mg	Kalzium
730,0	mg	Phosphor

*ohne Salzzusatz

Zum Dessert Bananenquark

- Den klein geschnittenen Schinken in Öl anbraten und das verquirlte Ei darüber gießen. Mit Salz und Muskat würzen und stocken lassen.
- Die Kartoffeln nach dem Kochen heiß durchpressen. Milch, Salz und Muskat dazugeben und zu einem Brei schlagen.
- Den Spinat kochen und passieren. Aus Margarine und Mehl eine Schwitze zubereiten, mit Gemüsebrühe ablöschen und mit Salz, Pfeffer und Muskat abschmecken.
- Den Magerquark mit Buttermilch und Banane mixen und mit Zucker und Zitronensaft abschmecken.

natriumarm:	nur geeignet, wenn Sie Folgendes verändern: Tauschen Sie den Schinken gegen 30 g Krabben aus.
kaliumarm:	nur geeignet, wenn Sie Folgendes verändern: Tauschen Sie den Spinat gegen 150 g Lauch aus. Kochen Sie ihn in viel Wasser und verarbeiten Sie das Kochwasser nicht. Kartoffeln in Stücke schneiden, 24 Std. wässern und in viel frischem Wasser kochen. Das Kochwasser mehrmals erneuern, nicht verwenden. Nehmen Sie für die Quarkspeise anstatt der Banane 50 g Himbeerkompott.

Dessert

Dessert mit 1 g Eiweiß

		Seite	natriumarm	kaliumarm	natrium-/ kaliumarm
1	Banane in Schokoladensauce	169	■		
2	Birne Helene	169	■		
3	Bratapfel	170	■		
4	Karamellisierte Banane	170	■		
5	Flammeri	171	■	■	■
6	Fruchtcreme	171	■	■	■
7	Fruchtsahne	172	■	■	■
8	Grießflammeri mit Sirup	172	■	■	■
9	Herrencreme	173	■	■	■
10	Krokantcreme	173	■	■	■
11	Obstsalat	174	■		
12	Pfirsich Kardinal	174	■		
13	Rote Grütze mit Vanillesauce	175	■	■	■
14	Tuttifrutti	176	■		
15	Vanilleapfel	176	■		

1

Banane in Schokoladensauce

70 g	*Banane*
10 g	*Zitronensaft*
20 g	*Sahne (30 % Fett)*
50 ml	*Wasser*
3 g	*Maisstärke*
2 g	*Kakaopulver*
5 g	*Zucker*

1 g Eiweiß

711,0	**kJ**	**(169 kcal)**
1,8	g	Eiweiß
6,4	g	Fett
25,4	g	Kohlenhy.
2,2	g	Ballastst.
72,0	g	Wasser
7,0	mg	Natrium
351,0	mg	Kalium
26,0	mg	Kalzium
49,0	mg	Phosphor

- Die Banane in Scheiben schneiden und mit Zitronensaft beträufeln.
- Sahne und Wasser zum Kochen bringen und mit einem Gemisch aus Stärke, Kakaopulver und etwas kaltem Wasser binden. Schokoladensauce mit Zucker süßen und über die Bananenscheiben gießen.

natriumarm: geeignet — kaliumarm: nicht geeignet

2

Birne Helene

15 g	*Sahne (30 % Fett)*
50 ml	*Wasser*
5 g	*Maisstärke*
3 g	*Kakaopulver*
10 g	*Zucker*
80 g	*Birnenkompott, abgetropft*

1 g Eiweiß

735,0	**kJ**	**(176 kcal)**
1,4	g	Eiweiß
5,0	g	Fett
31,0	g	Kohlenhy.
3,1	g	Ballastst.
71,0	g	Wasser
6,0	mg	Natrium
141,0	mg	Kalium
24,0	mg	Kalzium
43,0	mg	Phosphor

- Sahne und Wasser zum Kochen bringen.
- Maisstärke und Kakaopulver in etwas kaltem Wasser anrühren und unter das Wasser-Sahne-Gemisch geben. Nochmals aufkochen lassen, mit Zucker süßen und über das Birnenkompott gießen.

natriumarm: geeignet — kaliumarm: nicht geeignet

3

Bratapfel

150 g	*Apfel*
10 g	*Honig*
5 g	*Haselnüsse*
15 g	*Rosinen*

1 g Eiweiß		
773,0	**kJ**	**(185 kcal)**
1,5	g	Eiweiß
3,7	g	Fett
35,1	g	Kohlenhy.
4,2	g	Ballastst.
133,0	g	Wasser
8,0	mg	Natrium
370,0	mg	Kalium
27,0	mg	Kalzium
51,0	mg	Phosphor

- Den Apfel waschen, aber nicht schälen. Das Gehäuse ausstechen und den Apfel mit Honig, Haselnüssen und Rosinen füllen.
- Im Backofen bei 220 °C etwa 30 Minuten garen.

natriumarm:	geeignet	kaliumarm:	nicht geeignet

4

Karamellisierte Banane

10 g	*Zucker*
50 ml	*Wasser*
15 g	*Sahne (30 % Fett)*
5 g	*Maisstärke*
50 g	*Banane*

1 g Eiweiß		
623,0	**kJ**	**(148 kcal)**
0,9	g	Eiweiß
4,5	g	Fett
24,4	g	Kohlenhy.
1,0	g	Ballastst.
47,0	g	Wasser
5,0	mg	Natrium
212,0	mg	Kalium
16,0	mg	Kalzium
24,0	mg	Phosphor

- Zucker in einem kleinen Topf karamellisieren. Mit Wasser und Sahne ablöschen und alles zum Kochen bringen.
- Maisstärke in etwas kaltem Wasser anrühren und unter das Wasser-Sahne-Gemisch geben. Nochmals aufkochen lassen und die Banane damit überziehen.

natriumarm:	geeignet	kaliumarm:	nicht geeignet

5
Flammeri *(Grundrezept)*

30 g	*Sahne (30 % Fett)*
80 ml	*Wasser*
10 g	*Maisstärke*
10 g	*Zucker*
	Kakao, Karamell, Mokka, Vanille, Rum, Zitronensaft

- Zunächst Sahne mit Wasser zum Kochen bringen. Maisstärke mit etwas kaltem Wasser anrühren, unter das Sahne-Wasser-Gemisch geben und nochmals aufkochen lassen.
- Abschließend mit Zucker süßen und mit den Geschmackszutaten abschmecken.

1 g Eiweiß		
678,0	**kJ**	**(162 kcal)**
0,7	g	Eiweiß
9,0	g	Fett
19,5	g	Kohlenhy.
0,1	g	Ballastst.
20,0	g	Wasser
9,0	mg	Natrium
30,0	mg	Kalium
24,0	mg	Kalzium
21,0	mg	Phosphor

natriumarm: geeignet   kaliumarm: geeignet

6
Fruchtcreme

100 ml	*Orangensaft, frisch gepresst*
10 g	*Maisstärke*
30 g	*Sahne (30 % Fett)*

- Den Orangensaft zum Kochen bringen. Die Maisstärke in etwas kaltem Wasser anrühren und unter die Masse geben. Aufkochen und erkalten lassen.
- Dann die Sahne steif schlagen und unter die Fruchtcreme ziehen.
- 100 ml Orangensaft können Sie austauschen durch 100 ml Traubensaft oder je 80 g Erdbeer-, Himbeer-, Pfirsich-, Aprikosen-, Heidelbeer- oder Ananaskompott.

1 g Eiweiß		
697,0	**kJ**	**(166 kcal)**
1,7	g	Eiweiß
9,1	g	Fett
18,3	g	Kohlenhy.
0,3	g	Ballastst.
108,0	g	Wasser
10,0	mg	Natrium
185,0	mg	Kalium
67,0	mg	Kalzium
45,0	mg	Phosphor

natriumarm: geeignet
kaliumarm: nur Heidelbeer- und Ananaskompott (je 80 g) sind geeignet

7
Fruchtsahne

70 g	*Kirschkompott*
30 g	*Sahne (30 % Fett)*

- Das Kirschkompott fein passieren. Die Sahne steif schlagen und unterziehen.
- 70 g Kirschkompott können Sie austauschen durch je 100 g Apfelmus, Birnen- oder Pfirsichkompott, 80 g Aprikosenkompott, 70 g Erdbeer- oder Himbeerkompott oder 50 g Heidelbeer- oder Preiselbeerkompott.

1 g Eiweiß		
621,0	**kJ**	**(148 kcal)**
1,2	g	Eiweiß
9,2	g	Fett
14,2	g	Kohlenhy.
0,6	g	Ballastst.
73,0	g	Wasser
10,0	mg	Natrium
77,0	mg	Kalium
31,0	mg	Kalzium
29,0	mg	Phosphor

natriumarm:	geeignet
kaliumarm:	nur Heidelbeer- und Preiselbeerkompott (je 50 g) sind geeignet

8
Grießflammeri mit Sirup

20 g	*Sahne (30 % Fett)*
60 ml	*Wasser*
10 g	*Weizengrieß*
10 g	*Zucker*
20 g	*Himbeersirup*
	Zitronenschale

- Sahne und Wasser zum Kochen bringen. Zitronenschale dazugeben, den Weizengrieß einrühren und garen lassen. Mit Zucker süßen.
- Den Grießbrei in ein mit kaltem Wasser ausgespültes Förmchen füllen und erkalten lassen. Dann stürzen und mit Himbeersirup übergießen.

1 g Eiweiß		
789,0	**kJ**	**(188 kcal)**
1,5	g	Eiweiß
6,1	g	Fett
31,6	g	Kohlenhy.
0,8	g	Ballastst.
20,0	g	Wasser
6,0	mg	Natrium
41,0	mg	Kalium
18,0	mg	Kalzium
21,0	mg	Phosphor

natriumarm:	geeignet	kaliumarm:	geeignet

9
Herrencreme

80 ml	*Wasser*
10 g	*Maisstärke*
10 g	*Zucker*
30 g	*Sahne (30 % Fett)*
5 g	*Schokolade (milchfrei), gerieben*
	Rum-Aroma

1 g Eiweiß

761,0	**kJ**	**(181 kcal)**
1,3	g	Eiweiß
9,9	g	Fett
21,8	g	Kohlenhy.
1,0–	g	Ballastst.
20,0	g	Wasser
9,0	mg	Natrium
83,0	mg	Kalium
27,0	mg	Kalzium
39,0	mg	Phosphor

- Das Wasser zum Kochen bringen und mit Maisstärke binden. Mit Zucker und Rum-Aroma abschmecken und erkalten lassen.
- Die Sahne steif schlagen und unter die Creme ziehen. Mit Schokoladeraspel garnieren.

natriumarm: geeignet kaliumarm: geeignet

10
Krokantcreme

20 g	*Zucker*
5 g	*Mandeln, geschält und gehackt*
30 g	*Sahne (30 % Fett)*
110 ml	*Wasser*
10 g	*Maisstärke*

1 g Eiweiß

967,0	**kJ**	**(230 kcal)**
1,7	g	Eiweiß
11,7	g	Fett
29,6	g	Kohlenhy.
0,8	g	Ballastst.
20,0	g	Wasser
9,0	mg	Natrium
72,0	mg	Kalium
36,0	mg	Kalzium
43,0	mg	Phosphor

- 10 g Zucker in einem Töpfchen karamellisieren und die geschälten und gehackten Mandeln unterrühren.
- Die Sahne und das Wasser zum Kochen bringen und mit der Maisstärke binden. Mit 10 g Zucker süßen und den Krokant unterheben.

natriumarm: geeignet kaliumarm: geeignet

11

Obstsalat

50 g	*Apfelsine*
25 g	*Banane*
50 g	*Apfel*
25 g	*Erdbeeren*
10 g	*Zucker*
10 g	*Sahne (30 % Fett)*
	Rum, Zitronensaft

1 g Eiweiß		
630,0	**kJ**	**(150 kcal)**
1,4	g	Eiweiß
3,4	g	Fett
27,3	g	Kohlenhy.
3,1	g	Ballastst.
133,0	g	Wasser
6,0	mg	Natrium
305,0	mg	Kalium
41,0	mg	Kalzium
36,0	mg	Phosphor

- Die Apfelsine und die Banane schälen. Den Apfel und die Erdbeeren waschen und putzen. Das Obst in Stücke schneiden und mit Zucker, Zitronensaft und Rum abschmecken.
- Die Sahne steif schlagen und den Obstsalat damit garnieren.

natriumarm:	geeignet	kaliumarm:	nicht geeignet

12

Pfirsich Kardinal

20 g	*Sahne (30 % Fett)*
10 g	*Himbeerkonfitüre*
100 g	*Pfirsichkompott*

1 g Eiweiß		
673,0	**kJ**	**(160 kcal)**
1,2	g	Eiweiß
6,0	g	Fett
24,9	g	Kohlenhy.
2,2	g	Ballastst.
94,0	g	Wasser
8,0	mg	Natrium
128,0	mg	Kalium
27,0	mg	Kalzium
32,0	mg	Phosphor

- Die Sahne steif schlagen und die Himbeerkonfitüre unterheben.
- Die Masse in die Pfirsichhälften spritzen.

natriumarm:	geeignet	kaliumarm:	nicht geeignet

13

Rote Grütze mit Vanillesauce

40 g	*Himbeersaft*
6 g	*Sago*
20 g	*Sauerkirschen*
20 g	*Sahne (30 % Fett)*
60 ml	*Wasser*
3 g	*Maisstärke*
10 g	*Zucker*
	Zimt, Nelke, Zitronensaft, Vanilleschote

1 g Eiweiß

659,0	**kJ**	**(162 kcal)**
1,1	g	Eiweiß
6,1	g	Fett
24,4	g	Kohlenhy.
0,2	g	Ballastst.
65,0	g	Wasser
7,0	mg	Natrium
96,0	mg	Kalium
37,0	mg	Kalzium
34,0	mg	Phosphor

- Zunächst den Himbeersaft zum Kochen bringen, Sago einrühren und garen. Die Sauerkirschen unterheben und mit Zimt, Nelke und Zitronensaft würzen.
- Die Sahne und das Wasser mischen und zum Kochen bringen. Mit Maisstärke binden und mit Zucker und Vanilleschote abschmecken.

natriumarm: geeignet   kaliumarm: geeignet

14

Tuttifrutti

30 g	*Maisgebäck, eiweißarm*
30 g	*Birne*
20 g	*Mandarine*
30 g	*Pfirsichkompott*
20 g	*Sahne (30 % Fett)*
50 ml	*Wasser*
5 g	*Maisstärke*
5 g	*Zucker*
	Vanille-Aroma

1 g Eiweiß		
898,0	**kJ**	**(214 kcal)**
1,1	g	Eiweiß
6,4	g	Fett
32,8	g	Kohlenhy.
2,2	g	Ballastst.
101,0	g	Wasser
9,0	mg	Natrium
170,0	mg	Kalium
24,0	mg	Kalzium
26,0	mg	Phosphor

- Das Gebäck und das Obst abwechselnd in ein Schälchen schichten.
- Aus Sahne, Wasser, Maisstärke, Zucker und Vanille-Aroma einen Flammeri kochen und über die Obst-Keks-Schicht gießen.

natriumarm: geeignet   kaliumarm: nicht geeignet

15

Vanilleapfel

100 g	*Apfel*
10 g	*Himbeerkonfitüre*
20 g	*Sahne (30 % Fett)*
80 ml	*Wasser*
5 g	*Maisstärke*
10 g	*Zucker*
	Vanille-Aroma

1 g Eiweiß		
813,0	**kJ**	**(194 kcal)**
0,9	g	Eiweiß
6,4	g	Fett
32,8	g	Kohlenhy.
2,3	g	Ballastst.
101,0	g	Wasser
9,0	mg	Natrium
170,0	mg	Kalium
24,0	mg	Kalzium
26,0	mg	Phosphor

- Den Apfel schälen, entkernen und in heißem Zitronenwasser gar ziehen lassen. Nach dem Abtropfen mit Himbeerkonfitüre füllen.
- Aus den restlichen Zutaten eine Vanillesauce zubereiten und den Apfel damit übergießen.

natriumarm: geeignet   kaliumarm: nicht geeignet

Abendessen

Abendessen mit 7 g Eiweiß

		Seite	natriumarm	kaliumarm	natrium-/kaliumarm
1	Belegtes Brot, Salat, Obst	181	■	■	■
2	Blumenkohlcremesuppe, belegtes Brot	182	■	■	■
3	Champignontoast, grüner Salat	183	■	■	■
4	Gemüsesuppe mit Nudeln, belegtes Brot	184	■	■	■
5	Legierte Grießsuppe, belegtes Brot, Obst	185	■	■	■
6	Hawaii-Toast, grüner Salat	186	■	■	■
7	Käsenudeln mit Tomatensauce, grüner Salat	187	■	■	■
8	Käsesuppe, Butterbrot	188	■	■	■
9	Kirschauflauf	189	■	■	■
10	Nudelsalat, Butterbrot	190	■	■	■

1

Belegtes Brot und Salat

100 g	*Kastanienbrot, eiweißarm*
20 g	*Butter*
20 g	*Schmelzkäse (45 % F. i. Tr.)*
3 g	*Eiweiß*
100 g	*Tomaten*
3 g	*Öl*
150 g	*Pfirsich*
10 g	*Zucker*
	Salz, Pfeffer, Essig, Basilikum

7 g Eiweiß

2487,0	**kJ**	**(593 kcal)**
7,5	g	Eiweiß
27,4	g	Fett
77,3	g	Kohlenhy.
4,4	g	Ballastst.
237,0	g	Wasser
848,0	mg	Natrium
759,0	mg	Kalium
127,0	mg	Kalzium
257,0	mg	Phosphor

Zum Dessert Pfirsich

- Bezüglich Eiweißzulage siehe auch Eiweiß-Austauschtabelle S.234 ff.
- Die Tomaten mit Öl und Gewürzen als Frischkost zubereiten.
- Als Nachspeise frischen Pfirsich oder Pfirsichkompott.
- Der Zucker ist für das Getränk vorgesehen.

natriumarm:	geeignet
kaliumarm:	nur geeignet, wenn Sie Folgendes verändern: Verwenden Sie keine Tomaten und nehmen Sie stattdessen 10 g Schmelzkäse (45 % F. i. Tr.) mehr. Tauschen Sie den Pfirsich gegen 100 g Pfirsichkompott aus.

2

Blumenkohlcremesuppe

100 g	*Blumenkohl*
15 g	*Margarine*
5 g	*Maisstärke*
200 ml	*Blumenkohlwasser*
30 g	*Milch (3,5 % Fett)*
10 g	*Sahne (30 % Fett)*
20 g	*Ei*
50 g	*eiweißarmes Brot*
10 g	*Butter*
50 g	*Tomate*
10 g	*Zucker*
	Salz, Muskat, Zitronensaft

7 g Eiweiß

1978,0	**kJ**	**(471 kcal)**
7,2	g	Eiweiß
29,0	g	Fett
45,3	g	Kohlenhy.
3,4	g	Ballastst.
190,0	g	Wasser
372,0	mg	Natrium
564,0	mg	Kalium
85,0	mg	Kalzium
173,0	mg	Phosphor

- Den Blumenkohl zerteilen und kochen, dann pürieren.
- In einem Topf die Margarine erhitzen und mit der Maisstärke eine Schwitze zubereiten. Ablöschen mit dem Blumenkohlwasser, den pürierten Blumenkohl und die Milch unterrühren. Zum Schluss mit Sahne und Ei legieren und mit Salz, Muskat und Zitronensaft abschmecken.
- Dazu gibt es Butterbrot und Tomate.
- Der Zucker ist für das Getränk bestimmt.

natriumarm:	geeignet
kaliumarm:	nur geeignet, wenn Sie Folgendes verändern: Tauschen Sie den Blumenkohl gegen 100 g Champignons (Dose) aus und bereiten Sie eine Champignoncremesuppe zu.

3
Champignontoast

60 g	*eiweißarmes Toastbrot*
10 g	*Butter*
10 g	*Öl*
10 g	*Zwiebeln*
100 g	*Champignons, frisch*
5 g	*Maisstärke*
10 g	*Sahne (30 % Fett)*
20 g	*Schmelzkäse (60 % F. i. Tr.)*
50 g	*Kopfsalat*
10 g	*Zucker*
	Salz, Pfeffer, Essig, Zitronensaft, Salatkräuter

7 g Eiweiß		
2050,0	**kJ**	**(488 kcal)**
6,9	g	Eiweiß
30,0	g	Fett
47,8	g	Kohlenhy.
3,0	g	Ballastst.
167,0	g	Wasser
617,0	mg	Natrium
607,0	mg	Kalium
152,0	mg	Kalzium
325,0	mg	Phosphor

- Schneiden Sie das Brot in 2 dünne Scheiben, etwas antoasten und mit Butter bestreichen.
- Nun dünsten Sie in 5 g Öl die fein gehackten Zwiebeln an und geben die geputzten und in Scheiben geschnittenen Champignons dazu. Mit etwas Wasser auffüllen und kurz garen. Abschließend mit Maisstärke binden, mit der Sahne legieren und mit Salz, Pfeffer und etwas Zitronensaft abschmecken.
- Geben Sie die Pilzmasse auf den Toast und setzen den Schmelzkäse in Flöckchen darauf, dann im heißen Backofen überbacken.
- Für den Salat bereiten Sie eine Sauce aus 5 g Öl, etwas Essig, Salz und Pfeffer zu. Den gewaschenen und zerteilten Kopfsalat sowie die frischen Salatkräuter darin anmachen.
- Für das Getränk dürfen Sie 10 g Zucker verwenden.

natriumarm:	geeignet
kaliumarm:	nur geeignet, wenn Sie Folgendes verändern: Verwenden Sie statt der frischen Champignons 100 g Champignons aus der Dose, ohne Gemüsewasser.

4

Gemüsesuppe mit Nudeln

20 g	*Lauch*
20 g	*Karotten*
10 g	*Sellerie*
10 g	*Margarine*
200 ml	*Wasser*
10 g	*eiweißarme Suppennudeln*
5 g	*Suppenwürfel*
50 g	*eiweißarmes Brot*
5 g	*Butter*
40 g	*Leberwurst*
10 g	*Zucker*
	Muskat, Liebstöckel

7 g Eiweiß		
2124,0	**kJ**	**(506 kcal)**
6,9	g	Eiweiß
32,1	g	Fett
47,8	g	Kohlenhy.
2,1	g	Ballastst.
839,0	g	Wasser
1867,0	mg	Natrium
280,0	mg	Kalium
55,0	mg	Kalzium
148,0	mg	Phosphor

- Das Gemüse (Lauch, Karotten und Sellerie) putzen, waschen und fein zerteilen. In einem Topf die Margarine erhitzen und die fein gehackten Zwiebeln und das Gemüse darin andünsten. Mit Wasser auffüllen und garen.
- Zwischenzeitlich die Suppennudeln weich kochen und zur Gemüsesuppe geben, zuletzt mit dem Suppenwürfel, Liebstöckel und Muskat abschmecken.
- Zur Suppe wird belegtes Brot gereicht. Der Zucker ist für das Getränk vorgesehen.

natriumarm:	nur geeignet, wenn Sie Folgendes verändern: Tauschen Sie den Suppenwürfel gegen 5 g natriumarme Gemüsebrühpaste aus.
kaliumarm:	geeignet

5

Legierte Grießsuppe

15 g	*Weizengrieß*
10 g	*Margarine*
2020 ml	*Wasser*
10 g	*Sahne (30 % Fett)*
60 g	*Kastanienbrot, eiweißarm*
10 g	*Butter*
25 g	*Doppelrahmfrischkäse*
50 g	*Tomate*
150 g	*Birne*
10 g	*Zucker*
	Salz, Muskat, Liebstöckel

7 g Eiweiß

2428,0	**kJ**	**(578 kcal)**
6,9	g	Eiweiß
29,6	g	Fett
71,2	g	Kohlenhy.
5,7	g	Ballastst.
197,0	g	Wasser
461,0	mg	Natrium
495,0	mg	Kalium
55,0	mg	Kalzium
126,0	mg	Phosphor

Zum Dessert Birne

- Für die Suppe wird zunächst der Weizengrieß in Margarine angeröstet, dann mit Wasser aufgießen und garen. Nun mit der Sahne legieren und mit Salz, Muskat und Liebstöckel würzen.
- Das Brot mit Butter und Frischkäse bestreichen. Dazu Tomate aufschneiden. Bezüglich des Doppelrahmfrischkäses siehe auch Eiweiß-Austauschtabelle 3 g Eiweiß S. 234.
- Als Nachspeise gibt es frische Birne oder Birnenkompott.
- Der Zucker ist für das Getränk bestimmt.

natriumarm:	geeignet
kaliumarm:	nur geeignet, wenn Sie Folgendes verändern: Tauschen Sie die frische Birne gegen 100 g Birnenkompott aus.

6

Hawaii-Toast

50 g	*eiweißarmes Toastbrot*
10 g	*Butter*
50 g	*Ananas (Dose)*
20 g	*Ketschup*
20 g	*Gouda (45 % F. i. Tr.)*
50 g	*Kopfsalat*
5 g	*Öl*
10 g	*Zucker*
	Salz, Pfeffer, Essig, Salatkräuter

7 g Eiweiß		
1786,0	**kJ**	**(425 kcal)**
6,8	g	Eiweiß
21,3	g	Fett
51,0	g	Kohlenhy.
1,6	g	Ballastst.
109,0	g	Wasser
650,0	mg	Natrium
325,0	mg	Kalium
193,0	mg	Kalzium
159,0	mg	Phosphor

- Das Brot in 2 dünne Scheiben schneiden und in Butter kurz anrösten. Mit Ananas belegen und mit Ketschup würzen. Den Gouda in Streifen schneiden, über den Toast legen und im Backofen überbacken.
- Inzwischen eine Salatsauce aus Öl, Essig, Salz und Pfeffer zubereiten und darin den Kopfsalat und die Salatkräuter anmachen.
- Der Zucker ist für das Getränk bestimmt.

natriumarm: geeignet

7
Käsenudeln mit Tomatensauce

70 g	*eiweißarme Teigwaren*
20 g	*Gouda (45 % F. i. Tr.)*
10 g	*Zwiebeln*
10 g	*Margarine*
20 g	*Tomatenmark*
5 g	*Maisstärke*
10 g	*Sahne (30 % Fett)*
30 g	*Kopfsalat*
3 g	*Öl*
10 g	*Zucker*
	Zucker, Salz, Pfeffer, Basilikum, Thymian, Knoblauch, Essig, Salatkräuter

7 g Eiweiß

2222,0	**kJ**	**(530 kcal)**
7,1	g	Eiweiß
20,0	g	Fett
79,7	g	Kohlenhy.
2,3	g	Ballastst.
77,0	g	Wasser
181,0	mg	Natrium
351,0	mg	Kalium
196,0	mg	Kalzium
173,0	mg	Phosphor

- Zunächst die Nudeln kochen, nach dem Abschütten den geriebenen Gouda dazugeben und zerlaufen lassen.
  Statt Gouda können auch ersatzweise 25 g gekochter Schinken oder 40 g Ei verwendet werden.
- Für die Tomatensauce Margarine erhitzen und die fein gehackten Zwiebeln andünsten. Das Tomatenmark hinzugeben und mit Wasser ablöschen. Anschließend mit Maisstärke binden, mit Sahne legieren und mit 1 Prise Zucker, Salz, Pfeffer, Basilikum, Thymian und Knoblauch abschmecken.
- Den Kopfsalat in einer Sauce aus Öl, Essig, Salz, Pfeffer und Salatkräutern anmachen.
- Den Zucker bitte für das Getränk verwenden.

natriumarm: geeignet
kaliumarm: geeignet

8
Käsesuppe

20 g	*Lauch*
20 g	*Karotten*
10 g	*Sellerie*
10 g	*Erbsen*
20 g	*Zwiebeln*
10 g	*Margarine*
5 g	*Suppenwürfel*
30 g	*Schmelzkäse (60 % F. i. Tr.)*
50 g	*eiweißarmes Brot*
10 g	*Butter*
10 g	*Zucker*
	Muskat, Pfeffer

7 g Eiweiß		
1847,0	**kJ**	**(440 kcal)**
7,0	g	Eiweiß
27,8	g	Fett
40,4	g	Kohlenhy.
2,4	g	Ballastst.
89,0	g	Wasser
1907,0	mg	Natrium
286,0	mg	Kalium
234,0	mg	Kalzium
340,0	mg	Phosphor

- Das Gemüse (Lauch, Karotten, Sellerie und Erbsen) waschen und klein schneiden. In einem Topf Margarine erhitzen und die fein gehackten Zwiebeln und das Gemüse darin andünsten. Mit Wasser auffüllen und kochen. Nun den Suppenwürfel hinzugeben und den Schmelzkäse in der Suppe schmelzen, zuletzt mit Muskat und Pfeffer abschmecken.
- Zur Suppe gibt es Butterbrot.
- Den Zucker für das Getränk verwenden.

natriumarm:	nur geeignet, wenn Sie Folgendes verändern: Tauschen Sie den Suppenwürfel gegen 5 g natriumarme Gemüsebrühpaste aus, den Schmelzkäse gegen 30 g Frischkäse.
kaliumarm:	geeignet

9

Kirschauflauf

60 g	*eiweißarmes Weißbrot*
20 g	*Sahne (30 % Fett)*
20 g	*Zucker*
20 g	*Eigelb*
100 g	*Kirschen (Dose)*
20 g	*Eiklar*
10 g	*Butter oder Margarine*
	Zimt, Zitronensaft

7 g Eiweiß

2189,0	**kJ**	**(521 kcal)**
7,1	g	Eiweiß
23,3	g	Fett
70,9	g	Kohlenhy.
0,0	g	Ballastst.
120,0	g	Wasser
412,0	mg	Natrium
243,0	mg	Kalium
59,0	mg	Kalzium
172,0	mg	Phosphor

- Das Brot in feine Streifen schneiden und in Sahne und Wasser einweichen.
- Nun 10 g Zucker mit dem Eigelb schaumig rühren und mit Zimt und Zitronensaft abschmecken. Die Masse zu dem aufgeweichten Brot geben und die Kirschen unterheben.
- Das Eiklar zu Schnee schlagen und vorsichtig unter die Masse ziehen. Dann in ein gefettetes Auflaufförmchen füllen, mit Butterflöckchen belegen und im Backofen bei 200 °C circa 20 Minuten überbacken.
- Die restlichen 10 g Zucker sind für das Getränk vorgesehen.

natriumarm: geeignet
kaliumarm: geeignet

10

Nudelsalat

40 g	*eiweißarme Teigwaren*
30 g	*Gurke*
30 g	*Tomate*
10 g	*Erbsen*
30 g	*Karotte*
15 g	*Majonäse*
5 g	*Ketschup*
35 g	*Ei, gekocht*
30 g	*eiweißarmes Brot*
10 g	*Butter oder Margarine*
10 g	*Zucker*
	Salz, Pfeffer, Essig, Schnittlauch

7 g Eiweiß		
2207,0	**kJ**	**(526 kcal)**
6,8	g	Eiweiß
26,1	g	Fett
65,8	g	Kohlenhy.
2,7	g	Ballastst.
128,0	g	Wasser
3829,0	mg	Natrium
335,0	mg	Kalium
50,0	mg	Kalzium
145,0	mg	Phosphor

- Die Nudeln kochen und kalt abspülen.
- Das klein geschnittene Gemüse (Gurke, Tomate und Karotte) und die Erbsen dazugeben. Mit Majonäse, Ketschup, Essig, Salz, Pfeffer und Schnittlauch zu einem Salat anmachen und zuletzt mit dem in Scheiben geschnittenen Ei garnieren.
- Dazu Butterbrot reichen.
- Der Zucker ist für das Getränk vorgesehen.

natriumarm: geeignet
kaliumarm: geeignet

Abendessen mit 10 g Eiweiß

		Seite	natriumarm	kaliumarm	natrium-/ kaliumarm
11	Belegtes Brot, grüner Salat, Obst	193	■	■	■
12	Bauernfrühstück, grüner Salat, Kompott	194	■		
13	Blumenkohlcremesuppe, belegtes Brot	195	■	■	■
14	Champignontoast, grüner Salat	196	■	■	■
15	Gemüsesuppe mit Nudeln, belegtes Brot	197	■	■	■
16	Grießbrei mit Apfelmus (Weizen-Ei)	198	■	■	■
17	Grießbrei mit Apfelmus (Weizen-Milch)	198	■		
18	Grießnockerln, Apfelmus	199	■	■	■
19	Legierte Grießsuppe, belegtes Brot, Obst	200	■	■	■
20	Hawaii-Toast, grüner Salat	201	■	■	■
21	Käsenudeln mit Tomatensauce, grüner Salat	202	■	■	■
22	Käsesuppe, belegtes Brot	203	■	■	■
23	Kartoffelcremesuppe, belegtes Brot	204	■	■	■
24	Kirschauflauf mit Vanillesauce	205	■	■	■

Abendessen mit 10 g Eiweiß

		Seite	natriumarm	kaliumarm	natrium-/kaliumarm
25	Krabbencocktail, Toast, Salat	206	■	■	■
26	Milch, belegte Brote	207	■		
27	Nudelsalat, Butterbrot	208	■	■	■
28	Spätzle, Tomatensauce, grüner Salat	209	■	■	■
29	Schweizer Käsesuppe, Kompott	210	■	■	■
30	Tomatenkuchen, grüner Salat	211	■	■	■

11

Belegtes Brot und Salat

25 g	*Weizenmischbrot*
60 g	*eiweißarmes Kastanienbrot*
20 g	*Butter oder Margarine*
25 g	*Camembert (45 % F. i. Tr.)*
100 g	*Tomaten*
3 g	*Öl*
150 g	*Pfirsich*
10 g	*Zucker*
	Salz, Pfeffer, Essig, Basilikum

10 g Eiweiß		
2369,0	**kJ**	**(565 kcal)**
10,5	g	Eiweiß
27,7	g	Fett
67,2	g	Kohlenhy.
5,3	g	Ballastst.
250,0	g	Wasser
670,0	mg	Natrium
718,0	mg	Kalium
157,0	mg	Kalzium
217,0	mg	Phosphor

Zum Dessert Pfirsich

- Für den Camembert kann auch eine andere Eiweißzulage mit 5 g Eiweiß, siehe Eiweiß-Austauschtabelle S. 234 ff., gewählt werden.
- Die Tomaten mit Öl und Gewürzen als Frischkost zubereiten.
- Als Nachspeise frischen Pfirsich oder Pfirsichkompott.
- Der Zucker ist für das Getränk vorgesehen.

natriumarm:	geeignet
kaliumarm:	nur geeignet, wenn Sie Folgendes verändern: Tauschen Sie die Tomaten gegen 25 g Weizenmischbrot aus. Tauschen Sie den Pfirsich gegen 100 g Pfirsichkompott aus.

12

Bauernfrühstück *(Kartoffel-Ei-Gemisch)*

200 g	*Kartoffeln*
20 g	*Zwiebeln*
15 g	*Öl*
30 g	*Ei*
50 g	*Kopfsalat*
150 g	*Aprikosenkompott*
10 g	*Zucker*
	Salz, Pfeffer, Paprikapulver, Majoran, Essig, Salatkräuter

10 g Eiweiß

2046,0	**kJ**	**(489 kcal)**
9,4	g	Eiweiß
18,7	g	Fett
68,3	g	Kohlenhy.
7,4	g	Ballastst.
365,0	g	Wasser
55,0	mg	Natrium
1055,9	mg	Kalium
70,0	mg	Kalzium
198,0	mg	Phosphor

Zum Dessert
Aprikosenkompott

- Die Kartoffeln müssen Sie zunächst kochen, dann pellen und in Scheiben schneiden. In einer Pfanne erhitzen Sie 10 g Öl und rösten darin die fein gehackten Zwiebeln goldbraun.
- Verquirlen Sie nun das Ei und geben es über die Kartoffeln. Das Ganze stocken lassen und mit Salz, Pfeffer, Paprikapulver und Majoran würzen.
- Bereiten Sie für den Kopfsalat eine Sauce aus 5 g Öl, Essig, Salz, Pfeffer und den Salatkräutern zu.
- Als Nachtisch reichen Sie Aprikosenkompott.
- Der Zucker ist für das Getränk bestimmt.

natriumarm: geeignet
kaliumarm: nicht geeignet

13

Blumenkohlcremesuppe

100 g	*Blumenkohl*
15 g	*Margarine*
5 g	*Maisstärke*
200 ml	*Blumenkohlwasser*
30 g	*Milch (3,5 % Fett)*
10 g	*Sahne (30 % Fett)*
20 g	*Ei*
50 g	*eiweißarmes Brot*
10 g	*Butter*
50 g	*Tomate*
30 g	*Quark (40 % F. i. Tr.)*
10 g	*Zucker*
	Salz, Muskat, Zitronensaft

10 g Eiweiß		
2157,0	**kJ**	**(514 kcal)**
9,9	g	Eiweiß
32,0	g	Fett
46,3	g	Kohlenhy.
3,4	g	Ballastst.
213,0	g	Wasser
384,0	mg	Natrium
600,0	mg	Kalium
118,0	mg	Kalzium
223,0	mg	Phosphor

- Zunächst den Blumenkohl putzen, kochen und pürieren.
- Bereiten Sie aus Margarine und Maisstärke eine Schwitze zu und löschen diese mit dem Blumenkohlwasser ab. Dann den pürierten Blumenkohl und Milch unterrühren, mit Sahne und Ei legieren und abschließend mit Salz, Muskat und Zitronensaft würzen.
- Die Tomate aufschneiden und zusammen mit dem Quark, Butter und Brot zur Suppe reichen.
- Für das Getränk dürfen Sie 10 g Zucker verwenden.

natriumarm:	geeignet
kaliumarm:	nur geeignet, wenn Sie Folgendes verändern: Tauschen Sie den Blumenkohl gegen 100 g Champignons (Dose) aus und bereiten Sie eine Champignoncremesuppe zu, verwenden Sie keine Tomaten.

14

Champignontoast

60 g	*eiweißarmes Toastbrot*
10 g	*Butter*
10 g	*Öl*
10 g	*Zwiebeln*
5 g	*Champignons, frisch*
10 g	*Maisstärke*
10 g	*Sahne (30 % Fett)*
25 g	*Gouda (45 % F. i. Tr.)*
50 g	*Kopfsalat*
10 g	*Zucker*
	Salz, Pfeffer, Zitronensaft, Essig, Salatkräuter

10 g Eiweiß		
2146,0	**kJ**	**(511 kcal)**
10,6	g	Eiweiß
31,3	g	Fett
46,8	g	Kohlenhy.
3,0	g	Ballastst.
168,0	g	Wasser
527,0	mg	Natrium
612,0	mg	Kalium
242,0	mg	Kalzium
313,0	mg	Phosphor

- Schneiden Sie das Brot in 2 dünne Scheiben, toasten es kurz und bestreichen es mit Butter.
- In einer kleinen Pfanne 5 g Öl erhitzen und die fein gehackten Zwiebeln darin andünsten. Die geputzten und in Scheiben geschnittenen Champignons dazugeben, mit etwas Wasser auffüllen und garen. Anschließend mit Maisstärke binden, mit der Sahne legieren und mit Salz, Pfeffer und Zitronensaft abschmecken.
- Die Pilzmasse geben Sie nun auf den Toast und legen den Käse in Streifen darüber. Den Toast im heißen Backofen überbacken.
- Für den Kopfsalat eine Sauce aus 5 g Öl, Essig, Salz, Pfeffer und den Salatkräutern zubereiten und anmachen.
- Der Zucker ist für das Getränk vorgesehen.

natriumarm:	geeignet
kaliumarm:	nur geeignet, wenn Sie Folgendes verändern: Verwenden Sie statt der frischen Champignons 100 g Champignons aus der Dose, ohne Gemüsewasser.

15

Gemüsesuppe mit Nudeln

20 g	*Lauch*
20 g	*Karotten*
10 g	*Sellerie*
20 g	*Zwiebeln*
5 g	*Margarine*
200 ml	*Wasser*
10 g	*Suppennudeln*
5 g	*Suppenwürfel*
50 g	*eiweißarmes Brot*
10 g	*Butter*
40 g	*Schmelzkäse (60 % F. i. Tr.)*
50 g	*Tomate*
10 g	*Zucker*
	Muskat, Liebstöckel

10 g Eiweiß		
2052,0	**kJ**	**(488 kcal)**
9,3	g	Eiweiß
28,7	g	Fett
47,4	g	Kohlenhy.
2,9	g	Ballastst.
136,0	g	Wasser
2074,0	mg	Natrium
411,0	mg	Kalium
331,0	mg	Kalzium
481,0	mg	Phosphor

- Das Gemüse (Lauch, Karotten und Sellerie) putzen, waschen und fein zerteilen. In einem Topf die Margarine erhitzen und die fein gehackten Zwiebeln und das Gemüse darin andünsten. Mit Wasser auffüllen und garen.
- Zwischenzeitlich die Suppennudeln weich kochen und zur Gemüsesuppe geben, zuletzt mit dem Suppenwürfel, Liebstöckel und Muskat abschmecken.
- Zur Suppe wird Brot, Käse und Tomate gereicht.
- Der Zucker ist für das Getränk vorgesehen.

natriumarm: nur geeignet, wenn Sie Folgendes verändern: Tauschen Sie den Suppenwürfel gegen 5 g natriumarme Gemüsebrühpaste aus.

kaliumarm: nur geeignet, wenn Sie Folgendes verändern: Tauschen Sie die Tomaten gegen 100 g Heidelbeerkompott aus, den Schmelzkäse gegen 50 g Frischkäse.

16

Grießbrei mit Apfelmus *(Weizen-Ei-Gemisch)*

40 g	*Sahne (30 % Fett)*
200 ml	*Wasser*
35 g	*Weizengrieß*
40 g	*Ei*
20 g	*Zucker*
150 g	*Apfelmus (Dose)*

- Sahne und Wasser zum Kochen bringen. Den Weizengrieß einrühren und garen. Mit Ei legieren und 10 g Zucker süßen.
- Für das Getränk 10 g Zucker verwenden.

10 g Eiweiß		
1808,0	**kJ**	**(431 kcal)**
9,9	g	Eiweiß
17,2	g	Fett
58,7	g	Kohlenhy.
4,7	g	Ballastst.
192,0	g	Wasser
72,0	mg	Natrium
274,0	mg	Kalium
71,0	mg	Kalzium
152,0	mg	Phosphor

natriumarm: geeignet
kaliumarm: geeignet

17

Grießbrei mit Apfelmus *(Weizen-Milch-Gemisch)*

200 g	*Milch (3,5 % Fett)*
50 g	*Wasser*
25 g	*Weizengrieß*
30 g	*Sahne (30 % Fett)*
20 g	*Zucker*
150 g	*Apfelmus (Dose)*
	abgeriebene Zitronenschale

- Milch und Wasser zum Kochen bringen, Weizengrieß einrühren und garen. Mit Sahne legieren, 10 g Zucker und etwas abgeriebene Zitronenschale dazugeben.
- Dazu Apfelmus servieren. Für das Getränk 10 g Zucker verwenden.

10 g Eiweiß		
1830,0	**kJ**	**(436 kcal)**
10,1	g	Eiweiß
16,6	g	Fett
60,7	g	Kohlenhy.
4,0	g	Ballastst.
330,0	g	Wasser
112,0	mg	Natrium
494,0	mg	Kalium
278,0	mg	Kalzium
237,0	mg	Phosphor

natriumarm: geeignet
kaliumarm: nicht geeignet

18

Grießnockerln *(Weizen-Ei-Gemisch)*

40 g	*Sahne (30 % Fett)*
100 ml	*Wasser*
35 g	*Weizengrieß*
20 g	*Zucker*
40 g	*Ei*
10 g	*Maisstärke*
5 g	*Butter*
150 g	*Apfelmus (Dose)*
	Zimt

10 g Eiweiß		
2110,0	**kJ**	**(504 kcal)**
9,9	g	Eiweiß
21,3	g	Fett
67,3	g	Kohlenhy.
4,8	g	Ballastst.
194,0	g	Wasser
73,0	mg	Natrium
276,0	mg	Kalium
71,0	mg	Kalzium
156,0	mg	Phosphor

- Kochen Sie die Sahne und das Wasser zusammen auf, streuen den Weizengrieß ein und kochen einen dicken Brei. Mit 10 g Zucker süßen, dann das Ei und die Maisstärke unterrühren.
- Mit einem Löffel stechen Sie nun aus der Masse kleine Nockerln ab und lassen diese in heißem Wasser ziehen. Vor dem Servieren mit zerlassener Butter abschmelzen.
- Das Apfelmus in einer Schüssel anrichten und mit Zimt abschmecken.
- Die restlichen 10 g Zucker für das Getränk verwenden.

natriumarm: geeignet
kaliumarm: geeignet

19

Legierte Grießsuppe

15 g	*Weizengrieß*
10 g	*Margarine*
200 ml	*Wasser*
10 g	*Sahne (30 % Fett)*
30 g	*Kastanienbrot, eiweißarm*
25 g	*Weizenmischbrot*
10 g	*Butter*
25 g	*Camembert (45 % F. i. Tr.)*
50 g	*Tomate*
150 g	*Birne*
10 g	*Zucker*
	Salz, Muskat, Liebstöckel

10 g Eiweiß

2302,0	**kJ**	**(549 kcal)**
10,6	g	Eiweiß
26,8	g	Fett
66,8	g	Kohlenhy.
6,7	g	Ballastst.
207,0	g	Wasser
495,0	mg	Natrium
483,0	mg	Kalium
163,0	mg	Kalzium
193,0	mg	Phosphor

Zum Dessert Birne

- In einem Topf die Margarine erhitzen und darin den Weizengrieß anrösten. Mit Wasser auffüllen und garen. Dann mit Sahne legieren und zuletzt mit Salz, Muskat und Liebstöckel würzen.
- Zur Suppe gibt es Brot, Butter, Käse und Tomaten.
- Als Nachspeise frische Birne oder Birnenkompott servieren.
- Den Zucker für das Getränk verwenden.

natriumarm:	geeignet
kaliumarm:	nur geeignet, wenn Sie Folgendes verändern: Tauschen Sie die frische Birne gegen 100 g Birnenkompott

20

Hawaii-Toast

50 g	*eiweißarmes Toastbrot*
10 g	*Butter oder Margarine*
100 g	*Ananas (Dose)*
20 g	*Ketschup*
35 g	*Scheiblettenkäse (45 % F. i. Tr.)*
50 g	*Kopfsalat*
5 g	*Öl*
10 g	*Zucker*
	Salz, Pfeffer, Essig, Salatkräuter

10 g Eiweiß

2130,0	**kJ**	**(507 kcal)**
10,0	g	Eiweiß
24,3	g	Fett
61,1	g	Kohlenhy.
2,2	g	Ballastst.
155,0	g	Wasser
776,0	mg	Natrium
391,0	mg	Kalium
305,0	mg	Kalzium
218,0	mg	Phosphor

- Das Brot in 2 dünne Scheiben schneiden und in Butter oder Margarine anrösten. Mit Ananas belegen und mit Ketschup würzen. Den Scheiblettenkäse in Streifen schneiden und darüber legen. Den Toast im heißen Backofen überbacken.
- Aus Öl, Essig, Salz und Pfeffer eine Salatsauce zubereiten und den Kopfsalat und die Salatkräuter darin anmachen.
- Der Zucker ist für das Getränk vorgesehen.

natriumarm: geeignet
kaliumarm: geeignet

21

Käsenudeln mit Tomatensauce

70 g	*eiweißarme Teigwaren*
30 g	*Gouda (45 % F. i. Tr.)*
10 g	*Zwiebeln*
10 g	*Margarine*
20 g	*Tomatenmark*
5 g	*Weizenmehl (Type 405)*
10 g	*Sahne (30 % Fett)*
30 g	*Kopfsalat*
3 g	*Öl*
10 g	*Zucker*
	Zucker, Salz, Pfeffer, Basilikum, Thymian, Knoblauch, Essig, Salatkräuter

10 g Eiweiß

2372,0	**kJ**	**(566 kcal)**
10,1	g	Eiweiß
23,0	g	Fett
79,0	g	Kohlenhy.
2,5	g	Ballastst.
81,0	g	Wasser
241,0	mg	Natrium
366,0	mg	Kalium
277,0	mg	Kalzium
230,0	mg	Phosphor

- Zunächst die Nudeln kochen, nach dem Abschütten den geriebenen Gouda dazugeben und zerlaufen lassen.
  Statt Gouda können Sie auch ersatzweise 25 g gekochten Schinken oder 40 g Ei verwenden.
- Für die Tomatensauce Margarine erhitzen und die fein gehackten Zwiebeln andünsten. Das Tomatenmark hinzugeben und mit Wasser ablöschen. Anschließend mit Weizenstärke binden, mit Sahne legieren und mit 1 Prise Zucker, Salz, Pfeffer, Basilikum, Thymian und Knoblauch abschmecken.
- Den Kopfsalat in einer Sauce aus Öl, Essig, Salz, Pfeffer und Salatkräuter anmachen.
- Den Zucker bitte für das Getränk verwenden.

natriumarm: geeignet
kaliumarm: geeignet

22

Käsesuppe

20 g	*Lauch*
20 g	*Karotten*
10 g	*Sellerie*
10 g	*Erbsen, tiefgekühlt*
20 g	*Zwiebeln*
10 g	*Margarine*
5 g	*Suppenwürfel*
20 g	*Schmelzkäse (60 % F. i. Tr.)*
50 g	*eiweißarmes Brot*
10 g	*Butter*
25 g	*Lyoner*
10 g	*Zucker*
	Muskat, Pfeffer

10 g Eiweiß		
1730,0	**kJ**	**(412 kcal)**
10,5	g	Eiweiß
23,1	g	Fett
40,4	g	Kohlenhy.
2,5	g	Ballastst.
100,0	g	Wasser
2092,0	mg	Natrium
359,0	mg	Kalium
177,0	mg	Kalzium
303,0	mg	Phosphor

- Das Gemüse (Lauch, Karotten und Sellerie) waschen und klein schneiden. In einem Topf Margarine erhitzen und die fein gehackten Zwiebeln, das Gemüse und die Erbsen darin andünsten. Mit Wasser auffüllen und kochen. Nun den Suppenwürfel hinzugeben und den Schmelzkäse in der Suppe schmelzen, zuletzt mit Muskat und Pfeffer abschmecken.
- Zur Suppe gibt es Brot, Butter und Lyoner.
- Den Zucker für das Getränk verwenden.

natriumarm:	nur geeignet, wenn Sie Folgendes verändern: Tauschen Sie den Suppenwürfel gegen 5 g natriumarme Gemüsebrühpaste aus und den Schmelzkäse gegen 30 g Frischkäse.
kaliumarm:	geeignet

23

Kartoffelcremesuppe

150 g	*Kartoffeln*
20 g	*Zwiebeln*
20 g	*Lauch*
20 g	*Karotten*
10 g	*Sellerie*
5 g	*Suppenwürfel*
15 g	*Ei*
10 g	*fetten Speck*
10 g	*Margarine*
50 g	*Kastanienbrot, eiweißarm*
5 g	*Butter*
15 g	*Schmelzkäse (60 % F. i. Tr.)*
10 g	*Zucker*
	Pfeffer, Muskat, Majoran

10 g Eiweiß		
2271,0	**kJ**	**(541 kcal)**
10,3	g	Eiweiß
28,1	g	Fett
60,5	g	Kohlenhy.
5,4	g	Ballastst.
206,0	g	Wasser
1768,0	mg	Natrium
860,0	mg	Kalium
159,0	mg	Kalzium
322,0	mg	Phosphor

- Das Gemüse (Kartoffeln, Zwiebeln, Lauch, Karotten und Sellerie) zuerst waschen, putzen und grob zerkleinern, dann kochen und passieren. Mit etwas Wasser auffüllen und den Suppenwürfel dazugeben. Danach mit dem Ei legieren und mit Pfeffer, Muskat und Majoran abschmecken.
- Den Speck in Würfel schneiden und in Margarine auslassen, abschließend zur Suppe geben.
- Dazu Brot, Butter und Käse reichen.
- Der Zucker ist für das Getränk vorgesehen.

natriumarm:	nur geeignet, wenn Sie Folgendes verändern: Tauschen Sie den Suppenwürfel gegen 5 g natriumarme Gemüsebrühpaste aus.
kaliumarm:	nur geeignet, wenn Sie Folgendes verändern: Schneiden Sie die Kartoffeln klein, legen Sie sie 24 Std. in viel Wasser und kochen Sie die Kartoffeln in viel frischem Wasser. Das Kochwasser einmal erneuern und nicht verwenden. Verwenden Sie keine Zwiebeln. Kochen Sie Sellerie, Lauch und Möhren in viel Wasser und verwenden Sie das Gemüsewasser nicht.

24

Kirschauflauf mit Vanillesauce

60 g	*eiweißarmes Weißbrot*
20 g	*Sahne (30 % Fett)*
25 g	*Zucker*
20 g	*Eigelb*
100 g	*Kirschen (Dose)*
20 g	*Eiklar*
100 g	*Milch (3,5 % Fett)*
5 g	*Vanillepuddingpulver*
	Zimt, Zitronenschale, Vanille

10 g Eiweiß		
2306,0	**kJ**	**(548 kcal)**
10,4	g	Eiweiß
18,5	g	Fett
84,9	g	Kohlenhy.
0,0	g	Ballastst.
206,0	g	Wasser
462,0	mg	Natrium
391,0	mg	Kalium
178,0	mg	Kalzium
263,0	mg	Phosphor

- Das Brot in feine Scheiben schneiden und in Sahne und etwas Wasser einweichen.
- Nun 10 g Zucker mit dem Eigelb schaumig rühren und mit Zimt und Zitronenschale abschmecken. Die Masse zu dem aufgeweichten Brot geben und die Kirschen unterheben.
- Das Eiklar zu Schnee schlagen und vorsichtig unter die Masse ziehen. Dann in ein gefettetes Auflaufförmchen füllen und im Backofen bei 200 °C circa 20 Minuten überbacken.
- Zwischenzeitlich die Milch zum Kochen bringen und mit Vanillepuddingpulver binden. Die Sauce mit 5 g Zucker und Vanille abschmecken.
- Die restlichen 10 g Zucker sind für das Getränk vorgesehen.

natriumarm: geeignet
kaliumarm: geeignet

25

Krabbencocktail

30 g	*Toastbrot*
20 g	*Butter*
20 g	*Majonäse*
30 g	*Krabben*
50 g	*Gurke, frisch*
50 g	*Tomate*
50 g	*Spargel (Dose)*
100 g	*Ananaskompott*
10 g	*Zucker*
	Zitronensaft, Dill

10 g Eiweiß

2329,0	**kJ**	**(556 kcal)**
10,2	g	Eiweiß
34,9	g	Fett
50,0	g	Kohlenhy.
2,9	g	Ballastst.
258,0	g	Wasser
409,0	mg	Natrium
465,0	mg	Kalium
82,0	mg	Kalzium
168,0	mg	Phosphor

Zum Dessert
Ananaskompott

- Zuerst schneiden Sie die Gurke, die Tomate und den Spargel in Würfel und vermengen alles mit der Majonäse und den Krabben. Mit einer Prise Zucker, etwas Zitronensaft und Dill abschmecken.
- Nun toasten Sie das Brot und reichen Butter dazu.
- Als Nachspeise gibt es Ananaskompott.
- Der restliche Zucker ist für das Getränk vorgesehen.

natriumarm:	geeignet
kaliumarm:	nur geeignet, wenn Sie Folgendes verändern: Verwenden Sie keine Tomate.

26

Milch und belegte Brote *(Milch-Weizen-Gemisch)*

200 g	*Milch (3,5% Fett)*
25 g	*Weißbrot*
50 g	*Kastanienbrot, eiweißarm*
20 g	*Butter oder Margarine*
50 g	*Tomate*
30 g	*Radieschen*
30 g	*Honig*

10 g Eiweiß		
2357,0	**kJ**	**(561 kcal)**
10,4	g	Eiweiß
25,6	g	Fett
72,2	g	Kohlenhy.
1,6	g	Ballastst.
270,0	g	Wasser
540,0	mg	Natrium
655,0	mg	Kalium
265,0	mg	Kalzium
263,0	mg	Phosphor

- Die Milch können Sie kalt oder warm zum Abendessen trinken.
- Das Brot mit Butter oder Margarine und Honig bestreichen bzw. mit Tomate und Radieschen belegen.

natriumarm: geeignet
kaliumarm: nicht geeignet

27

Nudelsalat

40 g	*eiweißarme Teigwaren*
30 g	*Gurke, frisch*
30 g	*Tomate, frisch*
10 g	*Erbsen, tiefgekühlt*
30 g	*Karotten, gekocht*
15 g	*Majonäse*
5 g	*Ketschup*
40 g	*Schinken, gekocht*
30 g	*eiweißarmes Brot*
10 g	*Butter oder Margarine*
10 g	*Zucker*
	Salz, Pfeffer, Essig, Curry, Schnittlauch

10 g Eiweiß

2190,0	**kJ**	**(522 kcal)**
10,6	g	Eiweiß
24,0	g	Fett
65,6	g	Kohlenhy.
2,7	g	Ballastst.
131,0	g	Wasser
347,0	mg	Natrium
349,0	mg	Kalium
31,0	mg	Kalzium
118,0	mg	Phosphor

- Die Nudeln kochen und kalt abspülen.
- Das klein geschnittene Gemüse (Gurke, Tomate und Karotte) und die Erbsen dazugeben. Mit Majonäse, Ketschup, Essig, Salz, Pfeffer, Curry und Schnittlauch zu einem Salat anmachen. Den Schinken in Würfel schneiden und unter den Salat mischen.
- Dazu Butterbrot reichen.
- Der Zucker ist für das Getränk vorgesehen.

natriumarm:	geeignet
kaliumarm:	nur geeignet, wenn Sie Folgendes verändern: Verwenden Sie keinen Ketschup für die Zubereitung.

28

Spätzle mit Tomatensauce *(Ei-Weizen-Gemisch)*

40 g	*Ei*
40 g	*Weizenmehl (Type 405)*
40 g	*eiweißarmes Mehl*
10 g	*Butter*
20 g	*Tomatenmark*
100 ml	*Wasser*
5 g	*Maisstärke*
10 g	*Sahne (30 % Fett)*
30 g	*Kopfsalat*
3 g	*Öl*
10 g	*Zwiebeln*
10 g	*Zucker*
	Salz, Pfeffer, Basilikum, Thymian, Knoblauch, Essig, Salatkräuter

10 g Eiweiß

2296,0	**kJ**	**(546 kcal)**
11,0	g	Eiweiß
19,4	g	Fett
81,4	g	Kohlenhy.
2,8	g	Ballastst.
96,0	g	Wasser
121,0	mg	Natrium
439,0	mg	Kalium
61,0	mg	Kalzium
176,0	mg	Phosphor

- Für die Spätzle stellen Sie einen Teig aus dem Ei, dem Weizenmehl, dem Daminmehl und einer Prise Salz her. Schaben oder pressen Sie sodann die Spätzle in kochendes Wasser, garen lassen und mit Butter abschmelzen.
- Für die Tomatensauce in einem Topf das Wasser mit dem Tomatenmark verrühren und aufkochen lassen. Mit Maisstärke binden und mit Sahne legieren. Schmecken Sie mit Salz, Pfeffer, Basilikum, Thymian und Knoblauch ab.
- Den Kopfsalat in einer Sauce aus Öl, fein gehackter Zwiebel, Essig, Salz, Pfeffer und Salatkräutern anmachen.
- Den Zucker bitte für das Getränk verwenden.

natriumarm:	geeignet
kaliumarm:	nur geeignet, wenn Sie Folgendes verändern: Verwenden Sie für die Tomatensauce nur 10 g Tomatenmark.

29

Schweizer Käsesuppe

10 g	*Speck, durchwachsen*
10 g	*Zwiebeln*
200 ml	*Emmentaler (45 % F. i. Tr.)*
5 g	*Suppenwürfel*
40 g	*Sahne (30 % Fett)*
50 g	*Weißwein*
30 g	*eiweißarmes Brot*
100 g	*Kirschkompott*
10 g	*Zucker*
	Pfeffer, Thymian, Petersilie

10 g Eiweiß

2218,0	**kJ**	**(528 kcal)**
10,4	g	Eiweiß
28,8	g	Fett
48,5	g	Kohlenhy.
0,7	g	Ballastst.
167,0	g	Wasser
1531,0	mg	Natrium
217,0	mg	Kalium
335,0	mg	Kalzium
266,0	mg	Phosphor

Zum Dessert Kirschkompott

- Zunächst den in Würfel geschnittenen Speck in einer Pfanne auslassen und die fein gehackten Zwiebeln darin andünsten. Dies nun in einen Topf geben und mit Wasser auffüllen, den geriebenen Emmentaler darin schmelzen und den Suppenwürfel hinzugeben. Mit Pfeffer, Thymian und Petersilie abschmecken und kurz vor dem Servieren den Weißwein dazugeben.
- Das Brot in Würfel schneiden, in der Speckpfanne rösten und auf die fertige Suppe geben.
- Als Dessert gibt es Kirschkompott.
- Den Zucker für das Getränk verwenden.

natriumarm:	nur geeignet, wenn Sie Folgendes verändern: Tauschen Sie den Suppenwürfel gegen 5 g natriumarme Gemüsebrühpaste aus.
kaliumarm:	geeignet

30

Tomatenkuchen *(Ei-Weizen-Gemisch)*

35 g	*Ei*
30 g	*Weizenmehl (Type 405)*
30 g	*Maisstärke*
2 g	*Backpulver*
10 g	*Margarine*
20 g	*Tomatenmark*
100 g	*Tomaten*
20 g	*Zwiebeln*
13 g	*Öl*
20 g	*Sauerrahm*
30 g	*Kopfsalat*
10 g	*Zucker*
	Salz, Pfeffer, Basilikum, Estragon, Majoran, Essig, Salatkräuter

10 g Eiweiß		
2380,0	**kJ**	**(568 kcal)**
10,6	g	Eiweiß
29,1	g	Fett
65,1	g	Kohlenhy.
3,8	g	Ballastst.
207,0	g	Wasser
361,0	mg	Natrium
686,0	mg	Kalium
108,0	mg	Kalzium
356,0	mg	Phosphor

- Stellen Sie aus 20 g Ei, Weizenmehl, Maisstärke, Backpulver, Margarine, etwas Wasser und einer Prise Salz einen Teig her. Eine kleine runde Kuchenform fetten und mit dem Teig auslegen.
- Den Teig nun mit Tomatenmark bestreichen und mit in Scheiben geschnittenen Tomaten und 10 g in Ringe geschnittenen Zwiebeln belegen. Mit Salz, Pfeffer und den Kräutern (Basilikum, Estragon und Majoran) würzen. Den Kuchen mit 10 g Öl beträufeln. 15 g Ei mit Sauerrahm verquirlen und darüber gießen. Bei 200 °C circa 20 Minuten backen.
- Den Kopfsalat in einer Sauce aus 3 g Öl, 10 g fein gehackter Zwiebel, Essig, Salz, Pfeffer und Salatkräutern anmachen.
- Den Zucker bitte für das Getränk verwenden.

natriumarm:	geeignet
kaliumarm:	nur geeignet, wenn Sie Folgendes verändern: Verwenden Sie keine Tomaten, kein Tomatenmark und keine Zwiebeln, nehmen Sie stattdessen 130 g Champignons (Dose) und bereiten Sie einen Champignonkuchen zu.

Abendessen mit 15 g Eiweiß

		Seite	natriumarm	kaliumarm	natrium-/kaliumarm
31	Belegtes Brot, Frischkost	213	■	■	■
32	Bratkartoffeln mit Ei, Salat	214	■		
33	Nudelsalat, Obst	215	■	■	■
34	Pellkartoffeln mit Quark, Gurkensalat	216	■		
35	Reisbrei mit Pflaumenkompott	217	■		
36	Schinken-Käse-Toast, grüner Salat, Kompott	218	■	■	■
37	Zwiebelsuppe, belegtes Brot	219	■	■	■

31

Belegtes Brot und Frischkost

80 g	*Weizenmischbrot*
20 g	*Butter oder Margarine*
40 g	*Camembert (45 % F. i. Tr.)*
100 g	*Tomaten*
10 g	*Zucker für das Getränk*

15 g Eiweiß

2077,0	**kJ**	**(496 kcal)**
15,1	g	Eiweiß
26,6	g	Fett
48,5	g	Kohlenhy.
4,1	g	Ballastst.
150,0	g	Wasser
693,0	mg	Natrium
431,0	mg	Kalium
234,0	mg	Kalzium
274,0	mg	Phosphor

natriumarm: nur geeignet, wenn Sie Folgendes verändern: Verwenden Sie statt Camembert 70 g Schichtkäse (20 % F. i. Tr.) oder 65 g Quark (20 % F. i. Tr.) oder 30 g Emmentaler (45 % F. i. Tr.) oder 35 g kalten Braten (ohne Salz zubereitet) oder 65 g Ei.

kaliumarm: nur geeignet, wenn Sie Folgendes verändern: Tauschen Sie die Tomaten gegen 100 g Pfirsichkompott aus.

32

Bratkartoffeln mit Ei

200 g	*Kartoffeln*
30 g	*Speck, durchwachsen*
30 g	*Zwiebeln*
13 g	*Öl*
55 g	*Ei*
50 g	*Endiviensalat*
50 g	*Rettich*
10 g	*Zucker*
	Salz, Pfeffer, Majoran, Paprikapulver, Knoblauch, Salatkräuter

15 g Eiweiß		
2555,0	**kJ**	**(609 kcal)**
14,3	g	Eiweiß
42,6	g	Fett
42,1	g	Kohlenhy.
7,0	g	Ballastst.
327,0	g	Wasser
126,0	mg	Natrium
1149,0	mg	Kalium
97,0	mg	Kalzium
277,0	mg	Phosphor

- Die Kartoffeln müssen Sie zunächst kochen, dann pellen und in Scheiben schneiden. In einer Pfanne 5 g Öl erhitzen und darin den in Würfel geschnittenen Speck auslassen. 20 g fein gehackte Zwiebeln und die Kartoffelscheiben dazugeben und anrösten.
- Verquirlen Sie nun das Ei und geben es über die Kartoffeln. Das Ganze stocken lassen und mit Salz, Pfeffer, Paprikapulver und Majoran würzen.
- Bereiten Sie für den Endiviensalat eine Sauce aus 8 g Öl, 10 g fein gehackten Zwiebeln, Salz, Pfeffer, Knoblauch und den Salatkräutern zu.
- Der Zucker ist für das Getränk bestimmt.

natriumarm: geeignet
kaliumarm: nicht geeignet

33
Nudelsalat

40 g	*Teigwaren*
20 g	*Essiggurke*
30 g	*Tomate*
20 g	*Erbsen (Dose)*
20 g	*Majonäse*
10 g	*Ketschup*
55 g	*Ei, gekocht*
150 g	*Bier, hell*
100 g	*Apfel*
	Salz, Pfeffer, Essig, Salatkräuter

15 g Eiweiß

2198,0	**kJ**	**(524 kcal)**
15,2	g	Eiweiß
24,3	g	Fett
49,6	g	Kohlenhy.
5,3	g	Ballastst.
339,0	g	Wasser
402,0	mg	Natrium
541,0	mg	Kalium
74,0	mg	Kalzium
282,0	mg	Phosphor

Zum Dessert
Apfel

- Zu Beginn die Nudeln kochen und kalt abspülen. Die Essiggurke und die Tomate in Würfel schneiden und zu den Nudeln geben. Nun die Erbsen, die Majonäse und das Ketschup hinzufügen und alles zu einem Salat verarbeiten. Mit Salz, Pfeffer, Essig und Salatkräutern abschmecken.
- Vor dem Servieren mit dem gekochten Ei garnieren.
- Dazu gibt es als Getränk helles Bier.
- Als Nachspeise gibt es frischen Apfel oder Apfelmus.

natriumarm:	geeignet
kaliumarm:	nur geeignet, wenn Sie Folgendes verändern: Verwenden Sie kein Ketschup und keine Tomate. Tauschen Sie den Apfel gegen 100 g Apfelmus aus.

34
Pellkartoffeln mit Quark

200 g	*Kartoffeln*
20 g	*Butter oder Margarine*
100 g	*Speisequark (40 % F. i. Tr.)*
30 g	*Milch (3,5 % Fett)*
150 g	*Gurke*
5 g	*Öl*
10 g	*Zucker*
	Salz, Pfeffer, Kümmel, Paprika, Essig, Dill

15 g Eiweiß		
2317,0	**kJ**	**(553 kcal)**
15,0	g	Eiweiß
33,4	g	Fett
46,6	g	Kohlenhy.
5,4	g	Ballastst.
408,0	g	Wasser
72,0	mg	Natrium
1061,0	mg	Kalium
183,0	mg	Kalzium
340,0	mg	Phosphor

- Die Kartoffeln waschen und kochen, mit Butter oder Margarine reichen.
- Den Speisequark mit Milch anrühren und mit Salz, Pfeffer, Kümmel und Paprika abschmecken.
- Für den Gurkensalat eine Sauce aus 5 g Öl, Essig, Salz, Pfeffer und Dill zubereiten, die in Scheiben geschnittene Gurke dazugeben und anmachen.
- Der Zucker ist für das Getränk vorgesehen.

natriumarm: geeignet
kaliumarm: nicht geeignet

35

Reisbrei mit Pflaumenkompott

250 g	*Milch (3,5 % Fett)*
35 g	*Reis, poliert*
20 g	*Zucker*
20 g	*Eigelb*
200 g	*Pflaumenkompott*
	Zimt

15 g Eiweiß

2496,0	**kJ**	**(594 kcal)**
14,5	g	Eiweiß
15,5	g	Fett
97,6	g	Kohlenhy.
2,3	g	Ballastst.
390,0	g	Wasser
139,0	mg	Natrium
641,0	mg	Kalium
348,0	mg	Kalzium
412,0	mg	Phosphor

- Die Milch in einem Topf zum Kochen bringen, den Reis einrühren und vorsichtig garen. Mit 10 g Zucker und Zimt abschmecken und abschließend mit Eigelb legieren.
- Zum Reisbrei das Pflaumenkompott reichen.
- Der Zucker ist für das Getränk vorgesehen.

natriumarm: geeignet
kaliumarm: nicht geeignet

36

Schinken-Käse-Toast

60 g	*Toastbrot*
10 g	*Butter oder Margarine*
25 g	*Schinken, gekocht*
40 g	*Apfelscheiben*
15 g	*Emmentaler Käse (45 % F. i. Tr.)*
50 g	*Kopfsalat*
5 g	*Öl*
100 g	*Pfirsichkompott (Dose)*
10 g	*Zucker*
	Salz, Pfeffer, Essig, Salatkräuter

15 g Eiweiß

2123,0	**kJ**	**(507 kcal)**
15,5	g	Eiweiß
21,3	g	Fett
62,7	g	Kohlenhy.
4,4	g	Ballastst.
207,0	g	Wasser
366,0	mg	Natrium
408,0	mg	Kalium
215,0	mg	Kalzium
250,0	mg	Phosphor

Zum Dessert Pfirsichkompott

- Das Toastbrot toasten und mit Butter oder Margarine bestreichen. Den gekochten Schinken und die Apfelscheiben darauf legen und mit geriebenem Emmentaler Käse bestreuen. Im heißen Backofen überbacken.
- Eine Salatsauce aus Öl, Essig, Salz und Pfeffer zubereiten und den Kopfsalat und die Salatkräuter darin anmachen.
- Als Nachspeise Pfirsichkompott reichen.
- Für das Getränk 10 g Zucker verwenden.

natriumarm:	geeignet
kaliumarm:	nur geeignet, wenn Sie Folgendes verändern: Verwenden Sie kein Kompott, stattdessen können Sie 10 g Butter zusätzlich nehmen.

37

Zwiebelsuppe

50 g	*Zwiebeln*
3 g	*Öl*
200 ml	*Wasser*
5 g	*Suppenwürfel*
50 g	*Weißwein*
20 g	*Weißbrot*
15 g	*Emmentaler Käse (45 % F. i. Tr.)*
40 g	*Weizenmischbrot*
5 g	*Butter oder Margarine*
30 g	*Salami*
10 g	*Zucker*
	Pfeffer, Thymian

15 g Eiweiß		
2039,0	**kJ**	**(487 kcal)**
15,3	g	Eiweiß
25,0	g	Fett
42,0	g	Kohlenhy.
3,0	g	Ballastst.
135,0	g	Wasser
1999,0	mg	Natrium
335,0	mg	Kalium
216,0	mg	Kalzium
284,0	mg	Phosphor

- Das Öl in einem Topf erhitzen und die fein gehackten Zwiebeln darin andünsten. Mit Wasser auffüllen und den Suppenwürfel dazugeben. Die Suppe aufkochen lassen und mit Weißwein, Thymian und Pfeffer abschmecken.
- Nun die Suppe in eine feuerfeste Suppentasse füllen. Das Weißbrot kurz toasten und auf die Suppe geben, mit geriebenem Emmentaler Käse bestreuen und im Ofen überbacken.
- Dazu Weizenmischbrot, Butter und Salami reichen.
- Die restlichen 10 g Zucker bitte für das Getränk verwenden.

natriumarm:	nur geeignet, wenn Sie Folgendes verändern: Tauschen Sie den Suppenwürfel gegen 5 g natriumarme Gemüsebrühpaste aus. Tauschen Sie die Salami gegen 40 g Mortadella aus.
kaliumarm:	geeignet

Abendessen mit 20 g Eiweiß

		Seite	natriumarm	kaliumarm	natrium-/kaliumarm
38	Belegtes Brot, Frischkost	221	□	□	□
39	Geflügelsalat, Toast	222	□	□	□
40	Kaiserschmarren, belegtes Brot	223	□	□	□
41	Kartoffelcremesuppe mit Würstchen, Obst	224	□	□	□
42	Polenta mit Käsesauce, grüner Salat	225	□	□	□
43	Reissalat mit Fisch, belegtes Brot	226	□	□	□
44	Schinkennudeln, Tomatensauce, grüner Salat	227	□	□	□

38

Belegtes Brot und Frischkost

80 g	*Weizenmischbrot*
10 g	*Butter oder Margarine*
65 g	*Camembert (45 % F. i. Tr.)*
100 g	*Tomaten*
10 g	*Zucker für das Getränk*

20 g Eiweiß		
2068,0	**kJ**	**(494 kcal)**
20,3	g	Eiweiß
24,0	g	Fett
48,5	g	Kohlenhy.
4,1	g	Ballastst.
162,0	g	Wasser
867,0	mg	Natrium
466,0	mg	Kalium
358,0	mg	Kalzium
359,0	mg	Phosphor

natriumarm:	nur geeignet, wenn Sie Folgendes verändern: Verwenden Sie statt Camembert: 110 g Schichtkäse (20 % F. i. Tr.) oder 110 g Quark (20 % F. i. Tr.) oder 100 g Magerquark oder 55 g kalten Braten (ohne Salz zubereitet) oder 110 g Ei.
kaliumarm:	nur geeignet, wenn Sie Folgendes verändern: Tauschen Sie die Tomaten gegen 110 g Pfirsich kompott aus.

39

Geflügelsalat

50 g	*Suppenhuhn, gegart*
50 g	*Ananas (Dose)*
50 g	*Spargel (Dose)*
20 g	*Champignons (Dose)*
30 g	*Joghurt (3,5 % Fett)*
10 g	*Zitronensaft*
60 g	*Toastbrot*
10 g	*Butter oder Margarine*
	Zucker, Salz, Curry

20 g Eiweiß		
2075,0	**kJ**	**(495 kcal)**
19,8	g	Eiweiß
21,6	g	Fett
54,2	g	Kohlenhy.
3,3	g	Ballastst.
187,0	g	Wasser
539,0	mg	Natrium
475,0	mg	Kalium
93,0	mg	Kalzium
244,0	mg	Phosphor

- Verwenden Sie entweder gekochtes Hühnerfleisch oder kochen Sie zunächst das rohe Suppenhuhnfleisch gar. Das Fleisch anschließend in Stücke schneiden. Ananas und Spargel ebenfalls in Stücke schneiden und zusammen mit den Champignons zum Fleisch geben.
- Aus Joghurt und Zitronensaft eine Sauce zubereiten und mit 1 Prise Zucker, Salz und Curry abschmecken. Damit den Geflügelsalat anmachen.
- Reichen Sie dazu gebutterten Toast.

natriumarm: geeignet
kaliumarm: geeignet

40

Kaiserschmarren

55 g	*Ei*
70 g	*Milch (3,5 % Fett)*
50 g	*Weizenmehl (Type 405)*
10 g	*Öl (haftend)*
10 g	*Rosinen*
10 g	*Puderzucker*
8 g	*Knäckebrot*
5 g	*Butter oder Margarine*
20 g	*Cornedbeef (deutsch)*

20 g Eiweiß		
2292,0	**kJ**	**(547 kcal)**
20,1	g	Eiweiß
24,1	g	Fett
61,6	g	Kohlenhy.
2,8	g	Ballastst.
126,0	g	Wasser
347,0	mg	Natrium
390,5	mg	Kalium
130,0	mg	Kalzium
278,0	mg	Phosphor

- Für den Pfannkuchenteig verrühren Sie das Ei, die Milch, das Weizenmehl und eventuell etwas Wasser.
- In einer Pfanne erhitzen Sie das Öl und backen den Pfannkuchen. Mit einer Gabel in kleinere Stücke zerteilen, die Rosinen dazugeben und kurz mitbacken. Den fertigen Schmarren mit Puderzucker bestreuen.
- Außerdem gibt es Knäckebrot mit Butter oder Margarine und deutschem Cornedbeef.

natriumarm: geeignet
kaliumarm: geeignet

41

Kartoffelcremesuppe mit Würstchen

150 g	*Kartoffeln*
10 g	*Zwiebeln*
10 g	*Lauch*
20 g	*Karotten*
3 g	*Suppenwürfel*
10 g	*Sahne (30 % Fett)*
100 g	*Wiener Würstchen*
100 g	*Grapefruit*
10 g	*Zucker*
	Pfeffer, Muskat, Majoran

20 g Eiweiß

2239,0	**kJ**	**(534 kcal)**
20,0	g	Eiweiß
29,8	g	Fett
43,5	g	Kohlenhy.
5,3	g	Ballastst.
302,0	g	Wasser
1749,0	mg	Natrium
1059,0	mg	Kalium
74,0	mg	Kalzium
260,0	mg	Phosphor

Zum Dessert Grapefruit

- Das Gemüse (Kartoffeln, Zwiebeln, Lauch und Karotten) waschen, putzen und in Stücken geschnitten in Wasser gar kochen. Dann passieren und mit dem Suppenwürfel und Pfeffer, Muskat und Majoran würzen. Zuletzt mit Sahne legieren.
- Das Würstchen in der Suppe erhitzen.
- Als Nachspeise gibt es frische Grapefruit.
- Der Zucker ist für das Getränk vorgesehen.

natriumarm:	nur geeignet, wenn Sie Folgendes verändern: Tauschen Sie den Suppenwürfel gegen 5 g natriumarme Gemüsebrühpaste aus. Tauschen Sie die Würstchen gegen 110 g Ei aus.
kaliumarm:	nur geeignet, wenn Sie Folgendes verändern: Tauschen Sie die Kartoffeln gegen 30 g Gerstengraupen aus. Tauschen Sie die Grapefruit gegen 25 g Marshmellows aus.

42

Polenta mit Käsesauce

60 g	*Maisgrieß*
5 g	*Suppenwürfel*
10 g	*Parmesan*
10 g	*Margarine*
5 g	*Weizenmehl (Type 405)*
30 g	*Emmentaler (45 % F. i. Tr.)*
50 g	*Kopfsalat*
10 g	*Zwiebeln*
5 g	*Öl*
	Salz, Pfeffer, Muskat, Essig, Zitronensaft, Knoblauch, Salatkräuter

20 g Eiweiß

2116,0	**kJ**	**(505 kcal)**
19,8	g	Eiweiß
25,2	g	Fett
49,3	g	Kohlenhy.
4,1	g	Ballastst.
80,0	g	Wasser
1450,0	mg	Natrium
247,0	mg	Kalium
507,0	mg	Kalzium
410,0	mg	Phosphor

- In einem Topf etwa 250 ml Wasser erhitzen, den Maisgrieß einstreuen und zu einem dicken Brei kochen. Mit dem Suppenwürfel würzen und anschließend den Teig auf ein Blech streichen. Vor dem Überbacken im Ofen noch mit Parmesan bestreuen.
- Zwischenzeitlich aus Margarine und Weizenmehl eine Schwitze zubereiten und mit Wasser ablöschen. Den geriebenen Emmentaler Käse in die Sauce geben und schmelzen lassen. Mit Salz, Pfeffer, Muskat und Zitronensaft abschmecken.
- Für den Salat eine Sauce aus fein gehackten Zwiebeln, Öl, Essig, Salz, Pfeffer und Knoblauch zubereiten. Den Kopfsalat und die Salatkräuter darin anmachen.

natriumarm:	nur geeignet, wenn Sie Folgendes verändern: Tauschen Sie den Suppenwürfel gegen 5 g natriumarme Gemüsebrühpaste aus.
kaliumarm:	geeignet

43
Reissalat mit Fisch

40 g	*Reis, poliert*
5 g	*Öl*
50 g	*Erbsen, tiefgekühlt*
50 g	*Karotten, gekocht*
40 g	*Thunfisch in Öl, abgetropft*
8 g	*Knäckebrot*
5 g	*Butter oder Margarine*
25 g	*Schmelzkäse (45 % F. i. Tr.)*
10 g	*Zucker*
	Salz, Pfeffer, Essig, Estragon

20 g Eiweiß		
2071,0	**kJ**	**(494 kcal)**
19,6	g	Eiweiß
20,9	g	Fett
56,3	g	Kohlenhy.
5,4	g	Ballastst.
126,0	g	Wasser
691,0	mg	Natrium
461,0	mg	Kalium
175,0	mg	Kalzium
380,0	mg	Phosphor

- Den Reis zunächst kochen und erkalten lassen. Dann Öl, Erbsen und geschnittene Karotten dazugeben und vermischen. Mit Salz, Pfeffer, Essig und Estragon würzen.
- Zum Salat Knäckebrot, Butter oder Margarine und Schmelzkäse reichen.
- Für das Getränk 10 g Zucker verwenden.

natriumarm:	geeignet
kaliumarm:	nur geeignet, wenn Sie Folgendes verändern: Verwenden Sie keine Karotten und nehmen Sie stattdessen zusätzlich 30 g Erbsen aus der Dose.

44 Schinkennudeln mit Tomatensauce

50 g	*Teigwaren*
50 g	*Schinken, gekocht*
10 g	*Öl*
10 g	*Margarine*
5 g	*Weizenmehl (Type 405)*
20 g	*Tomatenmark*
20 g	*Sahne, sauer*
50 g	*Kopfsalat*
	Zucker, Salz, Pfeffer, Knoblauch, Basilikum, Thymian, Essig, Salatkräuter

20 g Eiweiß		
2167,0	**kJ**	**(517 kcal)**
19,2	g	Eiweiß
25,4	g	Fett
52,4	g	Kohlenhy.
4,0	g	Ballastst.
122,0	g	Wasser
94,0	mg	Natrium
544,0	mg	Kalium
64,0	mg	Kalzium
213,0	mg	Phosphor

- Die Nudeln kochen und kalt abspülen. Den gekochten Schinken in Würfel schneiden und zusammen mit den Nudeln in 5 g Öl anbraten.
- Bereiten Sie aus Margarine und Weizenmehl eine Schwitze zu und löschen mit Wasser und Tomatenmark ab. Mit saurer Sahne legieren und mit 1 Prise Zucker, Salz, Pfeffer, Knoblauch, Basilikum und Thymian abschmecken.
- Den Kopfsalat und die frischen Salatkräuter in 5 g Öl, Essig, Salz und Pfeffer anmachen.

natriumarm:	geeignet
kaliumarm:	nur geeignet, wenn Sie Folgendes verändern: Tauschen Sie das Tomatenmark gegen 20 g Emmentaler (45 % F. i. Tr.) aus und bereiten Sie eine Käsesauce zu. Verwenden Sie statt 50 g Schinken nur noch 30 g gekochten Schinken.

Zum Nachschlagen: Tabellen und Fakten

Angaben für gebräuchliche Haushaltsmaße

Produkt	1 flacher Kaffeelöffel, gestrichen	1 flacher Esslöffel, gestrichen	1 Stück	1 Scheibe
	g	g	g	g
Butter	5	12		
Honig	6	15		
Kakao	2	6		
Ketschup	5	15		
Knäckebrot, einfach				8
Knäckebrot, spezial				10
Kondensmilch	5	10		
Konfitüre, glatt	6	15		
Margarine	5	12		
Majonäse	6	12		
Mehl	3	6		
Mondamin	3	6		
Öl	3	6		
Senf	5	10		
Tomatenmark	5	15		
Würfelzucker			3	
Zucker	5	10		
Sahne, flüssig	5	10		

Austauschtabelle für Kuchen, Gebäck und Süßigkeiten

3 g Eiweiß entsprechen:	
1 Stück Amerikaner	kcal 145/kJ 609
1 Stück Apfelstrudel von Iglo 120 g	kcal 276/kJ 1159
1 Stück Apfeltasche	kcal 170/kJ 714
*1 Stück Berliner	kcal 220/kJ 924
*1 Stück Biskuitrolle mit Konfitüre 65 g	kcal 180/kJ 756
*1 Stück Biskuitrolle mit Zitronencreme 90 g	kcal 210/kJ 882
1 Stück Frankfurter Kranz 55 g	kcal 290/kJ 1218
*1 Stück Hefeteilchen mit Zuckerguss	kcal 135/kJ 567
1 Stück Kekskuchen „Kalter Hund“ 40 g	kcal 260/kJ 1092
1 Stück Obstbiskuittorte 125 g	kcal 115/kJ 483
1 Stück Obsthefekuchen 100 g	kcal 165/kJ 693
*1 1/2 Stück Plunderstückchen	kcal 430/kJ 1806
*1 Stück Schweinsöhrchen	kcal 360/kJ 1512
1 Stück Spitzkuchen	kcal 190/kJ 798
*3 Stück Baiser 75 g	kcal 330/kJ 1386
3 Stück Butterkekse	kcal 60/kJ 252
50 g gemischtes Kleingebäck	kcal 255/kJ 1017
natriumarm: geeignet	**kaliumarm**: mit * geeignet

Fortsetzung Austauschtabelle für Kuchen, Gebäck und Süßigkeiten

3 g Eiweiß entsprechen:	
3 Stück Waffeln mit Schokoladenüberzug	kcal 180/kJ 756
3 Stück Anisplätzchen 30 g	kcal 120/kJ 504
3 Stück Basler Leckerli 75 g	kcal 300/kJ 1260
*3 Stück Buttergebäck 30 g	kcal 120/kJ 504
3 Stück Makronen 36 g	kcal 180/kJ 756
3 Stück Printen 60 g	kcal 195/kJ 819
3 Stück Schwarz-weiß-Gebäck 30 g	kcal 120/kJ 504
3 Stück Spekulatius 30 g	kcal 150/kJ 630
*3 Stück Springerle 30 g	kcal 120/kJ 504
3 Stück Zimtsterne 45 g	kcal 180/kJ 756
3 Stück Pralinen i. D.	kcal 180/kJ 756
*75 g Eiscreme	kcal 150/kJ 630
1 Brauner Bär von Langnese	kcal 160/kJ 672
1 Carnaby Kirsch von Langnese	kcal 180/kJ 756
1 Cherry von Langnese	kcal 220/kJ 924
1 Cornetto Nuss von Langnese	kcal 185/kJ 777
1 Malagena von Langnese	kcal 145/kJ 609
1 Mozart-Becher von Langnese	kcal 150/kJ 630
1 Nougatti von Langnese	kcal 235/kJ 987
1 Rumba von Langnese	kcal 210/kJ 756

5 g Eiweiß entsprechen:	
1 Stück Apfeltasche	kcal 320/kJ 1344
1 Stück Bienenstich, 75 g	kcal 305/kJ 1281
*1 Stück Blätterteigstückchen	kcal 260/kJ 1092
*5 Stück Butterkekse	kcal 100/kJ 420
1 Stück Marmorkuchen, 70 g	kcal 275/kJ 1155
1 Stück Napfkuchen, 75 g	kcal 295/kJ 1239
1 Stück Nusskuchen mit Schokolade, 60 g	kcal 320/kJ 1344
*1 Stück Rührkuchen, 85 g	kcal 267/kJ 1122
1 Stück Schwarzwälder Kirschtorte, 140 g	kcal 440/kJ 1848
2 Stück Torteletts, 50 g	kcal 250/kJ 1050
5 Stück Aachener Printen, 100 g	kcal 425/kJ 1785
*5 Stück Anisplätzchen, 50 g	kcal 200/kJ 840
5 Stück Basler Leckerli, 125 g	kcal 500/kJ 2100
*5 Stück Buttergebäck, 50 g	kcal 200/kJ 840
5 Stück Makronen, 60 g	kcal 300/kJ 1260
5 Stück Spekulatius, 50 g	kcal 250/kJ 1050
*5 Stück Springerle, 50 g	kcal 200/kJ 840
5 Stück Zimtsterne, 75 g	kcal 300/kJ 1260
5 Stück Pralinen i. D.	kcal 275/kJ 1155

natriumarm: geeignet **kaliumarm**: mit * geeignet

Austauschtabelle für Obst

1 g Eiweiß entsprechen:		
220 g	Ananas	kcal 122/kJ 509
290 g	Apfel	kcal 156/kJ 647
110 g	Aprikose	kcal 49/kJ 207
90 g	Banane	kcal 70/kJ 297
210 g	Birne	kcal 96/kJ 396
*80 g	Brombeeren	kcal 40/kJ 167
100 g	Cashew-Apfel	kcal 58/kJ 246
70 g	Ebereschenfrucht	kcal 58/kJ 243
120 g	Erdbeeren	kcal 39/kJ 165
80 g	Feigen	kcal 47/kJ 198
140 g	Granatapfel	kcal 107/kJ 449
170 g	Grapefruit	kcal 68/kJ 285
110 g	Guave	kcal 39/kJ 162
30 g	Hagebutten	kcal 25/Kj 106
*170 g	Heidelbeeren	kcal 143/kJ 602
80 g	Himbeeren	kcal 24/kJ 100
40 g	Holunderbeeren	kcal 16/kJ 66
90 g	Jackfrucht	kcal 61/kJ 255
90 g	Johannisbeeren, rot	kcal 34/kJ 141
90 g	Johannisbeeren, schwarz	kcal 38/kJ 158
110 g	Johannisbeeren, weiß	kcal 44/kJ 188
160 g	Khakifrucht	kcal 108/kJ 453
110 g	Kirschen, sauer	kcal 56/kJ 233
110 g	Kirschen, süß	kcal 64/kJ 268
100 g	Kiwi	kcal 51/kJ 213
200 g	Limone	kcal 64/kJ 266
110 g	Litchi	kcal 82/kJ 346
140 g	Mandarinen	kcal 66/kJ 274
170 g	Mango	kcal 93/kJ 393
140 g	Mirabellen	kcal 88/kJ 368
290 g	Moosbeeren	kcal 111/kJ 469
50 g	Okra	kcal 9/kJ 37
100 g	Opuntie	kcal 36/kj 151
100 g	Orange	kcal 44/kJ 183
190 g	Papaya	kcal 23/kJ 100
40 g	Passionsfrucht	kcal 28/kJ 117
130 g	Pfirsich	kcal 51/kJ 213
170 g	Pflaumen	kcal 87/kJ 360
360 g	Preiselbeeren	kcal 100/kJ 414
240 g	Quitte	kcal 95/kJ 393

Austauschtabelle für Obst

1 g Eiweiß entsprechen (Fortsetzung):		
130 g	Reineclaude	kcal 72/kJ 303
70 g	Sanddornbeeren	kcal 65/kJ 273
130 g	Stachelbeeren	kcal 58/kJ 241
170 g	Wassermelone	kcal 58/kJ 245
150 g	Weintrauben	kcal 103/kJ 431
110 g	Zuckermelone	kcal 60/kJ 251
25 g	Kokosnuss	kcal 96/kJ 402
70 g	Apfel, getrocknet	kcal 193/kJ 809
20 g	Aprikose, getrocknet	kcal 51/kJ 215
50 g	Datteln, getrocknet	kcal 148/kJ 617
30 g	Feige, getrocknet	kcal 68/kJ 286
30 g	Pfirsich, getrocknet	kcal 92/kJ 385
40 g	Pflaume, getrocknet	kcal 103/kJ 430
40 g	Rosinen	kcal 114/kJ 476
460 g	Apfelmus, Konserve	kcal 359/kJ 1495
250 g	Ananaskompott	kcal 210/kJ 800
200 g	Aprikosenkompott	kcal 142/kJ 594
370 g	Birnenkompott	kcal 267/kJ 1122
180 g	Erdbeerkompott	kcal 133/kJ 560
*110 g	Heidelbeerkompott	kcal 93/kJ 391
*140 g	Himbeerkompott	kcal 110/kJ 461
150 g	Kirschkompott	kcal 119/kJ 501
240 g	Pfirsichkompott	kcal 162/kJ 679
210 g	Pflaumenkompott	kcal 148/kJ 619
*190 g	Preiselbeerkompott	kcal 339/kJ 1417
250 g	Ananassaft	kcal 140/kJ 588
1430 g	Apfelsaft	kcal 686/kJ 2857
190 g	Grapefruitsaft	kcal 91/kJ 381
320 g	Himbeersaft	kcal 97/kJ 403
50 g	Holunderbeersaft	kcal 19/kJ 79
250 g	Johannisbeernektar, rot	kcal 155/kJ 645
230 g	Johannisbeernektar, schwarz	kcal 144/kJ 600
110 g	Mandarinensaft	kcal 48/kJ 201
150 g	Orangensaft	kcal 69/kJ 291
130 g	Passionsfruchtsaft	kcal 76/kJ 319
110 g	Sanddornsaft	kcal 48/kJ 199
330 g	Sauerkirschsaft	kcal 220/kJ 920
480 g	Traubensaft	kcal 324/kJ 324

alle Werte beziehen sich auf den essbaren Anteil
natriumarm: geeignet **kaliumarm**: mit * geeignet

Eiweißaustauschtabelle

~3 g Eiweiß oder Protein sind enthalten in:

Milchprodukte

- 90 g Milch, 3,5 % Fett
- 95 g Buttermilch
- 90 g Joghurt, 3,5 % Fett

Käse

- 25 g Brie, 70 % F. i. Tr.
- 25 g Camembert, 70 % F. i. Tr.
- 30 g Doppelrahmfrischkäse
- 20 g Edelpilzkäse, 65–85 % F. i. Tr.
- 20 g Feta
- 25 g Hüttenkäse
- 25 g Kochkäse Rahmstufe
- 10 g Parmesan
- 30 g Ricotta, 45 % F. i. Tr.
- 25 g Schichtkäse, 20 % F. i. Tr
- 30 g Schichtkäse, 40 % F. i. Tr.
- 20 g Schmelzkäse, 45 % F. i. Tr.
- 25 g Schmelzkäse, 60 % F. i. Tr.
- 30 g Speisequark, 20 % F. i. Tr.
- 35 g Speisequark, 40 % F. i. Tr.

Fleischwaren

- 25 g Bierwurst
- 20 g Cabanossi
- 20 g Fleischkäse
- 20 g Fleischwurst
- 25 g Gelbwurst
- 20 g Krakauer
- 20 g Leberwurst
- 20 g Lyoner
- 20 g Mettwurst
- 65 g Schinkenspeck
- 15 g Salami
- 20 g Zwiebelwurst

Fischwaren

- 15 g Kaviar, Ersatz
- 20 g Lachs in Öl, Konserve

Vegetabile Pasten

- 70 g Hefeaufstrichpaste mit Champignons
- 25 g Nussmus
- 25 g vegetarische Paste

~5 g Eiweiß oder Protein sind enthalten in:

Milchprodukte

- 155 g Buttermilch
- 150 g Joghurt
- 150 g Milch

Käse

- 20 g Amsterdamer
- 20 g Appenzeller
- 20 g Bel paese
- 20 g Brick
- 30 g Brie 60 % F. i. Tr.
- 25 g Butterkäse 50 % F. i. Tr.
- 25 g Camembert 45 % F. i. Tr.
- 40 g Camembert 70 % F. i. Tr.
- 20 g Cheddar
- 20 g Chester 50 % F. i. Tr.
- 20 g Danbo
- 50 g Doppelrahmfrischkäse
- 20 g Edamer 45 % F. i. Tr.
- 20 g Edelpilzkäse 50 % F. i. Tr.
- 20 g Emmentaler 45 % F. i. Tr.
- 20 g Esrom
- 20 g Fontina
- 20 g Geheimratskäse
- 25 g Gorgonzola
- 20 g Gouda 45 % F. i. Tr.
- 20 g Havarti
- 45 g Hüttenkäse
- 20 g Jerome
- 40 g Kochkäse 45 % F. i. Tr.
- 20 g Limburger 40% F. i. Tr.
- 25 g Münsterkäse 50 % F. i. Tr.
- 15 g Parmesan
- 25 g Rahmfrischkäse 50 % F. i. Tr.
- 20 g Raclettekäse
- 25 g Romadur 50 % F. i. Tr.

Eiweißaustauschtabelle

~5 g Eiweiß oder Protein sind enthalten in:

Käse
- 30 g Schafskäse, Feta
- 50 g Schichtkäse, 40 % F. i. Tr.
- 30 g Schmelzkäse, 45 % F. i. Tr.
- 50 g Schmelzkäse, 60 % F. i. Tr.
- 45 g Speisequark, 40 % F. i. Tr.
- 20 g Steppenkäse
- 20 g Tilsiter, 45 % F. i. Tr.
- 20 g Trappistenkäse, 45 % F. i. Tr.

Hühnerei
- 40 g Ei

Fleisch
- 45 g Brät
- 30 g Hackfleisch, gemischt
- 20 g Kalbfleisch, gegart
- 20 g Lamm, gegart
- 15 g Rindfleisch, mager, gegart
- 20 g Rindfleisch, fett, gegart
- 15 g Schweinefleisch, mager, gegart
- 20 g Schweinefleisch, fett, gegart

Innereien
- 30 g Herz, gegart
- 50 g Hirn (Kalb), gegart
- 25 g Leber, gegart
- 30 g Kutteln (Kalb), gegart
- 25 g Zunge, gegart

Wild und Geflügel
- 20 g Brathähnchen, gegart
- 15 g Reh, gegart
- 20 g Ente, gegart
- 20 g Gans, gegart
- 20 g Hirsch, gegart
- 20 g Kaninchen, gegart
- 25 g Truthahn, gegart
- 20 g Wildschwein, gegart

Fleischwaren
- 25 g Bierschinken
- 45 g Bierwurst
- 30 g Blutwurst
- 40 g Bratwurst
- 35 g Cabanossi
- 25 g Cervelatwurst
- 25 g Corned Beef
- 35 g Debreziner
- 35 g Fleischkäse
- 35 g Fleischwurst
- 45 g Gelbwurst
- 30 g Jagdwurst
- 25 g Kassler
- 35 g Krakauer
- 35 g Landjäger
- 35 g Leberpastete
- 40 g Leberwurst
- 30 g Lyoner
- 30 g Mettwurst
- 30 g Mortadella
- 30 g Münchner Weißwurst
- 35 g Pfälzer Saumagen
- 30 g Salami
- 35 g Schinkenwurst
- 35 g Schwartenmagen
- 105 g Speck, durchwachsen
- 25 g Schinken, gekocht
- 25 g Schinken, roh
- 35 g Teewurst
- 35 g Würstchen
- 35 g Zungenblutwurst
- 30 g Zwiebelwurst

Fisch und Fischwaren
- 25 g Barsch, gegart
- 25 g Heilbutt, gegart
- 25 g Hering, gegart
- 25 g Kabeljau, gegart
- 25 g Rotbarsch, gegart
- 25 g Schellfisch, gegart
- 25 g Scholle, gegart
- 25 g Seelachs/Lachs, gegart
- 25 g Thunfisch
- 25 g Tintenfisch, gebraten
- 25 g Forelle
- 30 g Karpfen
- 35 g pan. Fischstäbchen, TK
- 30 g Aal, geräuchert
- 35 g Anchosen
- 35 g Brathering
- 25 g Bückling

Eiweißaustauschtabelle

~5 g Eiweiß oder Protein sind enthalten in:

Fisch und Fischwaren

25 g Garnelen, Krabben
35 g Hering inTomatensauce
30 g Hering, mariniert
35 g Kaviarersatz
30 g Krebsfleisch in Dosen
25 g Makrele, geräuchert
30 g Matjeshering
125 g Miesmuscheln, gegart m. Schalen
30 g Ölsardinen
25 g Sardellen
35 g Sardellenpaste
25 g Thunfisch in Öl

~7 g Eiweiß oder Protein sind enthalten in:

Milchprodukte

220 g Buttermilch
210 g Joghurt
210 g Milch

Käse

30 g Amsterdamer
30 g Appenzeller
30 g Bel paese
30 g Brick
40 g Brie, 60 % F. i. Tr.
30 g Butterkäse,50 % F. i. Tr.
35 g Camemebert, 45 % F. i. Tr.
55 g Camembert, 70 % F. i. Tr.
30 g Cheddar
25 g Chester, 50 % F. i. Tr.
30 g Danbo
75 g Doppelrahmfrischkäse
30 g Edamer, 45 % F. i. Tr.
30 g Edelpilzkäse, 50 % F. i. Tr.
25 g Emmentaler, 45 % F. i. Tr.
30 g Esrom
30 g Fontina
30 g Geheimratskäse
35 g Gorgonzola
25 g Gouda, 45 % F. i. Tr.
30 g Havarti
55 g Hüttenkäse
30 g Jerome
55 g Kochkäse, 45 % F. i. Tr.
30 g Limburger, 40 % F. i. Tr.
35 g Münsterkäse, 50 % F. i. Tr.
20 g Parmesan
50 g Rahmfrischkäse, 50 % F. i. Tr.
30 g Raclettekäse
35 g Romadur, 50 % F. i. Tr.
40 g Schafskäse, Feta
70 g Schichtkäse, 40 % F. i. Tr.
45 g Schmelzkäse, 45 % F. i. Tr.
70 g Schmelzkäse, 60 % F. i. Tr.
65 g Speisequark, 40 % F. i. Tr.
30 g Steppenkäse
30 g Tilsiter, 45 % F. i. Tr.
30 g Trappistenkäse, 45 % F. i. Tr.

Hühnerei

55 g Ei

Fleisch

60 g Brät
45 g Hackfleisch, gemischt
25 g Kalbfleisch, gegart
30 g Lamm, gegart
25 g Rindfleisch, mager, gegart
25 g Rindfleisch, fett, gegart
25 g Schweinefleisch, mager, gegart
25 g Schweinefleisch, fett, gegart

Innereien

35 g Herz, gegart
70 g Hirn (Kalb), gegart
30 g Leber, gegart
40 g Kutteln (Kalb), gegart
40 g Zunge, gegart

Wild, Geflügel

25 g Brathähnchen, gegart
25 g Reh, gegart

Eiweißaustauschtabelle

~7 g Eiweiß oder Protein sind enthalten in:

Wild, Geflügel

25 g Ente, gegart
30 g Gans, gegart
25 g Hirsch, gegart
25 g Kaninchen, gegart
25 g Truthahn, gegart
25 g Wildschwein, gegart

Wurst und Fleischwaren

40 g Bierschinken
60 g Bierwurst
40 g Blutwurst
60 g Bratwurst
50 g Cabanossi
35 g Cervelatwurst
30 g Cornedbeef
50 g Debreziner
45 g Fleischkäse
50 g Fleischwurst
60 g Gelbwurst
40 g Jagdwurst
30 g Kassler
50 g Krakauer
50 g Landjäger
50 g Leberpastete
55 g Leberwurst
40 g Lyoner
40 g Mettwurst
40 g Mortadella
45 g Münchner Weißwurst
50 g Pfälzer Saumagen
40 g Salami
45 g Schinkenwurst
50 g Schwartenmagen
150 g Speck, durchwachsen
35 g Schinken, gekocht
35 g Schinken, roh
50 g Teewurst
45 g Würstchen
50 g Zungenblutwurst
40 g Zwiebelwurst

Fische und Fischwaren

45 g Aal, geräuchert
50 g Anchosen
35 g Barsch, gegart
50 g Brathering
35 g Bückling
30 g Forelle, gegart
40 g Garnelen, Krabben
35 g Heilbutt, gegart
35 g Hering, gegart
45 g Hering, mariniert
45 g Hering in Tomatensoße
35 g Kabeljau, gegart
35 g Karpfen
40 g Krebsfleisch in Dosen
40 g Kaviarersatz
35 g Makrele, geräuchert
40 g Matjeshering
175 g Miesmuscheln, gegart m. Schalen
40 g Ölsardinen
50 g pan. Fischstäbchen TK
35 g Rotbarsch, gegart
35 g Sardelle
45 g Sardellenpaste
35 g Schellfisch, gegart
35 g Scholle, gegart
35 g Seelachs, Lachs, gegart
35 g Thunfisch
40 g Tintenfisch, gebraten

Die Werte beziehen sich auf den essbaren Anteil und das Rohgewicht. Berechnungsunterlagen Prodi 4.4 (Kluthe, B. 1996, Wissenschaftl. Verlagsgesellschaft Stuttgart)

Eiweißarme Lebensmittel, ihre Hersteller und die Bezugsquellen

Produkt	Handelsname	Bezugsquelle
Eiweißarme Brote und Mehle		
Delf´s Brot hell (1,1% Eiweiß)	H. Ch. Delfs Constantinerstr. 11 30177 Hannover	Direktversand Verkauf Reformhaus
Aproten Zwieback (< 1% Eiweiß) Waffelbrot (0,4% Eiweiß) Toastbrot mit u. ohne Salz (0,8% Eiweiß) Pfälzerweißbrot (0,8% Eiweiß) Baguette (0,8% Eiweiß) Aproten-Knusperbrot (1,7% Eiweiß) Kastanienbrot mit Hefe (2% Eiweiß) Kastanienbrot ohne Salz (2% Eiweiß) Kastanienbrot mit Sauerteig (2% Eiweiß) Rosinenbrot (2% Eiweiß) Weißbrot ohne Salz (1% Eiweiß) Mehlmischung (0,5% Eiweiß) Kastanienmehl (6% Eiweiß) Nudelmehl (1,7% Eiweiß)	Hammermühle Diät GmbH Haupstr. 181 67487 Maikammer/Kirrweiler	Direktversand Reformhaus Apotheke
Damin eiweißarm/Backmischung (0,2% Eiweiß)	SHS-Gesellschaft für klinische Ernährung mbH Postfach 30 61 74072 Heilbronn	Direktversand Apotheke Reformhaus
Oberländer Brot (0,3% Eiweiß) Bauernlaib (0,4% Eiweiß) Hirtenbrot (0,3% Eiweiß) Sauerteigbrot (0,3% Eiweiß) Toastbrot (0,3% Eiweiß) Zwiebelbrot, Teebrot (0,3% Eiweiß) Stangenbrot (0,3% Eiweiß) Morresnetter Brot (0,3 % Eiweiß) Gitterbrot (0,3% Eiweiß) Weißbrot (0,3%Eiweiß) Ardenner Brot ohne Salz Brötchen (0,3% Eiweiß) Brötchen zum Aufbacken (0,3% Eiweiß) Mini-Baguettes zum Aufbacken (0,3% Eiweiß) Poensgen Mehl „eiweißarm“	Poensgen Special Diät Bäckerei Dreiers Gärten 28 52249 Eschweiler	Direktversand

Eiweißarme Lebensmittel, ihre Hersteller und die Bezugsquellen

Produkt	Handelsname	Bezugsquelle
Sibylle Diät Waffelbrot (0,4 % Eiweiß)	Sibylle Diät GmbH Hauptstr. 181 67489 Kirrweiler	Reformhaus
Eiweißfreies Fertigmehl (0,3 % Eiweiß)	Heinz Wiechert Rathausstr. 12 20095 Hamburg	Direktversand Apotheke Reformhaus
Eiweißarme Backwaren		
Aprotenkekse (0,6 % Eiweiß)	Hammermühle Diät GmbH Hauptstr. 181 67487 Maikammer/Kirrweiler	Direktversand Reformhaus Apotheke
Plätzchen (0,3 % Eiweiß) Vanilla-Cream-Waffeln (0,1 % Eiweiß) Gebäcktaler (0,3 % Eiweiß) Biskuits mit Schokofüllung (0,5 % Eiweiß) Schokowaffeln (0,1 % Eiweiß) Fruchtwaffeln (0,2 % Eiweiß) Sandgebäck mit Schokolade (1,5 % Eiweiß) Waffelschälchen (0,4 % Eiweiß) Sandgebäck (0,5 % Eiweiß) Vanilla-Kekse (0,3 % Eiweiß) Gebäckzungen (0,3 % Eiweiß) Anis-Ringe (0,3 % Eiweiß)	Hammermühle Diät GmbH Hauptstr. 181 67487 Maikammer/Kirrweiler	Direktversand Reformhaus Apotheke
Süßer Stuten (0,3 % Eiweiß) Rosinenstuten (0,4 % Eiweiß) Rosinenbrötchen (0,4 % Eiweiß) Kirschkuchen (0,5 % Eiweiß) Apfelstrudel (0,3 % Eiweiß) Berliner (0,3 % Eiweiß) Apfelberliner (0,2 % Eiweiß) Apfeltaschen, Vanillekekse (0,1 % Eiweiß) Zuckerplätzchen (0,1 % Eiweiß) Butterkekse (0,2 % Eiweiß) Kekse nach Löffelbiskuitart Süße Hörnchen (0,3 % Eiweiß) Kirschtaschen Pflaumentaschen Aprikosenteilchen Apfelsandtorte Kirschsandtorte Wochenendstuten (0,3 % Eiweiß)	Poensgen Special Diät Bäckerei Dreiers Gärten 28 52249 Eschweiler	Direktversand

Eiweißarme Lebensmittel, ihre Hersteller und die Bezugsquellen

Produkt	Handelsname	Bezugsquelle
Eiweißarme Teigwaren		
Aproten Nudeln (0,6 % Eiweiß) Form: Band, Ring, Hörnchen, Spaghetti Aglutella Reis (0,5 % Eiweiß) Hammermühle Teigwaren Form: Band, Hörnchen, Faden, Spiral (0,7 % Eiweiß) Form: Spaghetti, Makkaroni, Hütle, Muscheln (1,6 % Eiweiß) Spinatnudeln (1,4 % Eiweiß)	Hammermühle Diät GmbH Haupstr. 181 67487 Maikammer/Kirrweiler	Apotheke Direktversand Reformhaus
Sibylle Diät-Teigwaren Form: Spiralen (0,8 % Eiweiß) Spaghetti (1,7 % Eiweiß)	Sibylle Diät GmbH Hauptstr. 181 67489 Kirrweiler	Reformhaus
Eiweißarme Bindemittel und andere Zutaten		
Alevita bindefix (4,8 % Eiweiß) Nestargel (5,8 % Eiweiß)	Nestle Alete GmbH Postfach 80 01 26 81677 München	Lebensmittelhandel Apotheke
Maizena (0,3 % Eiweiß)	Maizena Markenartikel GmbH Postfach 27 60 74072 Heilbronn	Lebensmittelhandel
Tartex Biobin (5,8 % Eiweiß)	Tartex GmbH Prinzregentenstr. 155 81677 München	Reformhaus
Ei-Ersatz (1,7 % Eiweiß) Special Grieß (0,7 % Eiweiß) Paniermehl (0,4 % Eiweiß) Backoblaten (0,4 % Eiweiß) Pizzaböden (1 % Eiweiß)	Hammermühle Diät GmbH Haupstr. 181 67487 Maikammer/Kirrweiler	Direktversand Reformhaus
Paniermehl Juvel-Mehl Pizzaböden	Poensgen Special Diät Bäckerei Dreiers Gärten 28 52249 Eschweiler	Direktversand

Eiweißarme Lebensmittel, ihre Hersteller und die Bezugsquellen

Produkt	Handelsname	Bezugsquelle
Vegetabile Brotaufstrichpasteten (Fortsetzung)		
Genovita Creme de Provence (1,9 % Eiweiß) Hausmacher Art (6,8 % Eiweiß) Sandwich-Pastete Getreide pik (3,7 % Eiweiß) Grünkern mild (4 % Eiweiß) Holsteiner Liesl (0,8 % Eiweiß)	De-vau-GE Gesundkostwerk Postfach 16 60 21339 Lüneburg	Reformhaus
Tartex Paprika (9 % Eiweiß) Kräuter (8 % Eiweiß) Ungarische Art (6 % Eiweiß) Delikatess (8 % Eiweiß) Exquisit (7 % Eiweiß) natriumarm (85 % Eiweiß) Champignons (7 % Eiweiß) Winzer (8 % Eiweiß) Knoblauch, Tomabella (7,5 % Eiweiß) Primabella (6 % Eiweiß)	Tartex GmbH Prinzregentenstr. 155 81677 München	Reformhaus
Alevita Le Parfait, natriumarm (7 % Eiweiß) Pastete „ungarische Art" natriumarm (6,5 % Eiweiß) Champignons (5 % Eiweiß) Knoblauch (7 % Eiweiß) Kräuter (5,5 % Eiweiß)	Nestle Alete GmbH Postfach 80 01 26 81677 München	Lebensmittelhandel Drogerie
Eiweißarme, kalorienreiche Zusatzprodukte Malto-dextrin 19	SHS-Gesellschaft für klinische Ernährung mbH Postfach 30 61 74072 Heilbronn	Apotheke Drogerie Reformhaus

Gewürz- und Kräutertabelle

	Suppen	Fleisch	Geflügel	Wild	Fisch	Saucen	Gemüse	Blattsalate	Süßspeisen	Backwaren
Anis									•	•
Curry	•	•	•	•	•					
Ingwer		•	•			•			•	•
Knoblauch	•	•	•	•		•	•	•		
Koriander		•		•		•	•			•
Muskat	•					•	•			
Kümmel	•	•					•			•
Lorbeer		•	•	•	•	•	•			
Nelken		•		•	•				•	•
Paprika	•	•	•	•	•	•	•			
Pfeffer	•	•	•	•	•	•	•	•		
Piment		•		•					•	•
Senfkörner		•		•	•					
Vanilleschote									•	•
Wacholder		•		•	•					
Zimt									•	•
Basilikum	•	•			•	•	•	•		
Dill	•	•	•		•	•	•	•		
Estragon		•			•	•	•	•		
Petersilie	•				•	•	•	•		
Schnittlauch	•				•	•	•	•		
Thymian		•	•	•	•	•	•	•		

Natriumgehalt von Mineralwässern

Mineralwasser	mg Natrium/l	mg Chlor/l	mg Kalzium/l
Natriumgehalt unter 20 mg/Liter			
Brückenauer Wernarzer Brunnen	2,4	4,2	348,0
Evian	5,6	3,6	79,9
Contrex	7,5	7,2	471,0
Volvic	8,0	7,5	10,4
Rietenauer Heiligenthalquelle	10,0	18,5	546,0
Fürst-Bismarck-Quelle	11,8	18,3	82,0
Perrier	14,0	30,9	140,2
Römerquelle	15,2	4,5	171,1
Herzer Grauhof	18,4	28,9	113,0
Natriumgehalt 20–200 mg/Liter			
S. Pellegrino	41,5	70,9	207,0
Franken Brunnen	53,4	27,6	193,7
Alwa	66,1	6,9	256,0
Gerolsteiner Stern	128,2	38,9	363,7
Neuselters Mineralwasser	148,1	131,7	118,7
Peterstaler Mineralwasser	180,0	24,6	177,0
Natriumgehalt über 200 mg/Liter			
Rippoldsauer Mineralwasser	201,0	30,0	321,0
Teinacher Hirschquelle	220,0	32,0	216,5
Freyersbacher Mineralwasser	260,0	28,1	305,0
Kisslegger	315,0	184,4	4,0
Göppinger Christoph-Quelle	331,9	32,5	323,0
Göppinger Mineralwasser	438,0	32,5	323,0
Odenwald-Quelle	372,0	764,0	170,0
Remstal-Elisabethen-Quelle	496,7	790,8	465,2
Apollinaris	504,0	168,2	94,3
Staatl. Fachingen	602,0	150,7	122,0
Heppinger Heilwasser	856,0	244,7	115,9
Emser Kränchen	955,3	512,6	56,6
Überkinger	1015,0	88,6	56,1
Staatl. Selters	1031,0	1091,0	89,2

Mineralwasser, das in 1 Liter weniger als 20 mg Natrium enthält, ist nach den EG-Richtlinien natriumarm.

Kaliumgehalt von Getränken

Mineralwasser	in der Regel kaliumarm, < 50 ml/l
Apfelsaft	126 mg K/100 ml
Orangensaft, Handelsware	155 mg K/100 ml
Sauerkirschsaft	98 mg K/100 ml
Cola-Getränke	1 mg K/100 ml
Limonade	1 mg K/100 ml
Nährbier	35 mg K/100 ml
Karottensaft	270 mg K/100 ml
Tomatensaft	87 mg K/100 ml
Bier, hell	38 mg K/100 ml
Bier, dunkel	50 mg K/100 ml
Weißwein, mittlere Qualität	88 mg K/100 ml
Rotwein, mittlere Qualität	105 mg K/100 ml
Bohnenkaffee	66 mg K/100 ml
Malzkaffee	24 mg K/100 ml
Schwarztee, Kräutertee	17 mg K/100 ml
Früchtetee	9 mg K/100 ml
Milch	150 mg K/100 ml
Kakaogetränk	170 mg K/100 ml

Nährwerttabelle

Auszug aus: Prodi 4.5 (Kluthe, B. 1998, Wiss. Verlagsgesellschaft Stuttgart)
Herstellerinformationen

g	= Gramm	Kcal	= Kilokalorien
mg	= Milligramm	KJ	= Kilojoule
–	= es sind keine Analysen vorhanden	E	= Eiweiß
F. i. Tr.	= Fett in der Trockenmasse	F	= Fett
+	= Spuren	KH	= Kohlehydrate
org. S.	= organische Säure	Bst	= Ballaststoffe
		K	= Kalium
		Ca	= Kalzium
		P	= Phosphor

Nährwerttabelle siehe folgende Seiten (S. 245–269)

In 100 g/ml Lebensmittel Essbarer Anteil:	kcal	kJ	E (g)	F (g)	KH (g)	Bst (g)	Na (mg)	K (mg)	Ca (mg)	P (mg)	Wasser (g)
Alkoholische Getränke											
Apfelwein	66	276	0,0	0	7	0,0	2	97	5	9	87
Bier, alkoholfrei (‹ 0,5 Gew.% Alkohol)	26	107	0,4	0	5	0,0	3	40	5	20	94
Bier, Alt (Vollbier), obergärig	41	173	0,5	0	4	0,0	6	49	4	29	92
Bier, dunkel	37	156	0,4	0	3	0,0	3	50	3	25	93
Bier, hell	39	163	0,5	0	3	0,0	5	38	4	28	93
Klare Branntweine	185	774	0,0	0	0	0,0	1	1	0	6	73
Malzbier	55	231	0,5	0	11	0,0	4	35	3	11	87
Rotwein (Qualitätswein)	66	277	0,2	0	2	0,0	3	105	9	20	89
Weinbrand	237	994	0,0	0	2	0,0	2	2	0	0	65
Weißsekt	79	330	0,2	0	4	0,0	3	50	10	10	87
Weißwein, trocken	72	302	0,2	0	0	0,0	2	95	10	15	89
Whisky	250	1046	0,0	0	0	0,0	1	3	2	5	64
Brot und Kleingebäck											
Baguette	252	1053	7,8	1	51	3,0	544	130	19	95	35
Brötchen	252	1053	7,8	1	51	3,0	544	130	19	95	35
Fladenbrot	239	1001	7,4	1	48	2,8	517	124	18	90	38
Grahambrot	218	911	7,8	1	43	5,3	512	212	28	230	40
Graubrot-Roggenbrot	211	884	6,0	1	44	5,5	441	218	19	148	42
Graubrot-Roggenmischbrot	213	890	5,9	1	45	4,6	445	168	24	130	42
Graubrot-Weizenbrot	236	987	8,6	2	45	4,3	516	241	20	207	37
Graubrot mit Sonnenblumenkernen	235	983	7,8	3	43	4,0	485	182	26	152	39
Knäckebrot	358	1498	11,1	2	73	4,2	774	186	27	135	7
Pumpernickel	187	784	6,5	1	37	8,5	562	289	22	232	44
Vollkornbrot	187	784	6,5	1	37	8,5	562	289	22	232	44
Vollkornbrot-Roggenvollkornbrot	187	784	6,5	1	37	8,5	562	289	22	232	44
Vollkornbrot-Weizenvollkornbrot	212	888	7,7	1	41	6,2	512	220	31	249	41
Weißbrot-Weizenbrot	239	1001	7,4	1	48	2,8	517	124	18	90	38

In 100 g/ml Lebensmittel Essbarer Anteil:	kcal	kJ	E (g)	F (g)	KH (g)	Bst (g)	Na (mg)	K (mg)	Ca (mg)	P (mg)	Wasser (g)
Diätetische Lebensmittel											
eiweißarmes Brot, hell	233	977	1,0	1	54	1,6	920	20	55	350	40
eiweißarmes Kastanienbrot	177	742	1,3	1	41	1,6	208	77	11	49	55
Kochsalzersatz streng natriumarm	0	0	0,0	0	0	0,0	40	45000	0	0	10
Konfitüre m. Zuckeraustauschstoff/Süßst.	70	292	0,3	0	18	1,9	7	29	8	5	79
Mehlmischung, eiweißarm	350	1464	0,4	0	85	1,6	2	18	3	20	12
Plätzchen, eiweißarm	235	985	0,3	0	57	1,2	175	13	22	137	41
Teigwaren, eiweißarm	355	1487	0,4	0	87	1,5	3	9	5	30	11
Toastbrot, eiweißarm	288	1204	0,5	5	60	1,9	3	21	15	26	33
Waffeln, eiweißarm	370	1549	0,4	3	83	1,3	3	236	2	29	11
Weißbrot, eiweißarm	243	1017	1,1	2	55	1,6	280	23	13	45	40
Eier und Teigwaren											
Eierteigwaren	352	1474	12,3	3	68	5,0	17	164	27	191	11
Hühnerei, Eigelb, frisch	348	1459	16,1	32	0	0,0	51	138	140	590	50
Hühnerei, Eiweiß, frisch	50	208	11,1	0	1	0,0	170	154	11	21	87
Hühnerei, Vollei, frisch	154	646	12,9	11	1	0,0	144	147	56	216	74
Teigwaren, eifrei	348	1455	12,5	1	70	5,1	5	200	22	165	10
Teigwaren mit hohem Eigehalt	357	1496	13,5	3	68	3,4	18	177	29	206	11
Vollkornteigwaren	323	1351	13,4	2	61	11,5	5	390	34	370	10
Fisch, Krusten-, Schalen-, Weichtiere											
Aal, gegart	266	1115	18,0	22	0	0,0	62	194	22	242	59
Aal, geräuchert	290	1215	15,7	26	0	0,0	68	180	19	209	58
Anchosen	323	1354	14,7	30	0	0,0	2897	324	69	236	47
Barsch, Flussbarsch, gegart	93	389	21,4	1	0	0,0	43	286	25	208	77
Bismarckhering, Konserve	153	640	13,2	10	2	0,4	493	222	66	174	72
Brathering, Konserve	162	677	12,4	9	8	0,7	465	204	62	161	68
Bückling	217	909	19,1	16	0	0,0	123	299	63	236	64

In 100 g/ml Lebensmittel Essbarer Anteil:	kcal	kJ	E (g)	F (g)	KH (g)	Bst (g)	Na (mg)	K (mg)	Ca (mg)	P (mg)	Wasser (g)
Fisch, Krusten-, Schalen-, Weichtiere (Fortsetzung)											
Fischstäbchen, paniert, tiefgefroren	152	637	14,0	1	21	1,5	2030	255	36	236	56
Flusskrebs, Konserve	71	296	14,6	1	1	0,0	804	215	25	205	81
Forelle, gegart	123	513	23,8	3	0	0,0	58	357	15	257	72
Forelle, geräuchert	120	502	21,8	4	0	0,0	67	346	13	232	73
Garnele, frisch	102	425	20,3	2	1	0,0	148	185	52	205	76
Hecht, gegart	93	391	21,4	1	0	0,0	69	263	25	226	77
Heilbutt, geräuchert	102	429	21,3	2	0	0,0	89	218	16	181	76
Heilbutt, gegart	112	470	23,2	2	0	0,0	95	232	17	193	73
Hering, gegart	237	992	20,5	17	0	0,0	129	313	66	247	61
Heringsfilet in Tomatensoße	184	771	14,9	13	2	0,5	107	351	53	210	68
Heringsfilet, Matjesart	209	877	17,8	16	0	0,0	3299	392	82	284	57
Kabeljau (Dorsch), gegart	90	375	20,3	1	0	0,0	88	288	19	187	78
Karpfen, gegart	122	512	21,0	4	0	0,0	29	337	78	261	74
Kaviarersatz	102	426	17,8	3	2	0,0	5263	178	51	420	63
Köhler (Blaufisch Seelachs), gegart	96	402	21,3	1	0	0,0	98	320	17	194	76
Krabben	91	382	18,6	1	1	0,0	146	266	92	224	78
Lachs, Konserve in Öl, abgetropft	169	709	16,3	12	0	0,0	811	294	15	214	69
Lachs (Salm)	131	547	18,4	6	0	0,0	51	371	13	266	74
Makrele, gegart	210	879	21,5	14	0	0,0	105	346	14	241	63
Matjeshering, Konserve, abgetropft	270	1130	17,9	22	0	0,0	913	327	43	171	56
Miesmuschel (See-Pfahlmuschel), gegart	70	292	10,3	1	4	0,0	309	289	28	206	82
Rotbarsch (Goldbarsch), gegart	125	524	21,5	4	0	0,0	90	275	26	204	73
Sardelle (Anschovis)	102	427	20,1	2	0	0,0	104	383	82	233	76
Sardellenpaste	195	817	15,4	11	8	0,1	1930	293	74	188	59
Sardine, Konserve in Öl, abgetropft	166	693	17,0	11	0	0,0	841	331	72	205	69
Schellfisch, gegart	91	381	20,8	1	0	0,0	132	271	22	180	77
Scholle (Goldbutt), gegart	104	437	20,8	2	0	0,0	118	279	61	201	76
Seezunge, gegart	97	407	20,4	2	0	0,0	114	278	35	199	77

In 100 g/ml Lebensmittel Essbarer Anteil:	kcal	kJ	E (g)	F (g)	KH (g)	Bst (g)	Na (mg)	K (mg)	Ca (mg)	P (mg)	Wasser (g)
Fisch, Krusten-, Schalen-, Weichtiere (Fortsetzung)											
Sprotte, geräuchert	225	944	17,6	17	0	0,0	105	249	94	188	63
Thunfisch, gegart	252	1056	24,6	17	0	0,0	40	351	33	218	57
Thunfisch, Konserve in Öl, abgetropft	222	929	20,5	16	0	0,0	841	339	30	188	61
Tintenfisch, gegart	95	397	18,4	1	2	0,0	368	254	48	200	76
Zander (Hechtbarsch), gegart	96	402	22,3	1	0	0,0	47	326	33	200	7
Fleisch, Geflügel, Wild, Innereien											
Cornedbeef, deutsch, Konserve	126	528	23,5	3	0	0,0	840	282	12	171	70
Fleischextrakt	172	721	38,0	1	3	0,0	4800	1200	40	590	39
Fleisch, gegart	223	933	27,6	12	1	0,0	45	209	7	163	58
Kalbfleisch, fett	165	690	18,2	10	0	0,0	85	286	21	193	71
Kalbfleisch, gegart	187	784	25,8	9	0	0,0	65	195	26	189	64
Kalbfleisch, frisch	107	447	19,8	3	0	0,0	92	311	22	208	76
Kalbfleisch, gegart	137	573	27,9	3	0	0,0	69	210	27	202	68
Kalbfleisch, mittelfett	125	523	19,3	5	0	0,0	90	302	22	203	74
Kalbfleisch, gegart	152	638	27,2	5	0	0,0	68	204	27	198	67
Kalb-Hinterhaxe, frisch	123	513	20,7	4	0	0,0	62	362	5	217	74
Rindfleisch, fett	187	784	18,9	13	0	0,0	48	274	4	194	68
Rindfleisch, mittelfett	155	651	19,6	9	0	0,0	49	288	4	203	71
Rindfleisch, mager	121	507	20,6	4	0	0,0	66	360	6	190	74
Rindfleisch, gegart	180	755	27,6	8	0	0,0	37	195	4	198	64
Rinder-Hackfleisch, frisch	202	846	19,7	14	0	0,0	60	310	6	168	65
Rinder-/Schweine-Hackfleisch, frisch	221	926	18,9	16	0	0,0	55	317	5	165	64
Schaf Bratenfleisch, frisch	139	582	19,5	7	0	0,0	70	274	15	184	73
Schafsfleisch, gegart	270	1130	23,3	20	0	0,0	55	192	20	190	56
Schweinebauch	259	1083	17,8	21	0	0,0	59	160	1	55	60
Schwein, Eisbein, gepökelt	148	621	17,0	9	1	0,0	2980	188	30	79	65
Schweinefleisch, fett	215	900	19,1	16	0	0,0	58	279	10	133	64

In 100 g/ml Lebensmittel Essbarer Anteil:	kcal	kJ	E (g)	F (g)	KH (g)	Bst (g)	Na (mg)	K (mg)	Ca (mg)	P (mg)	Wasser (g)
Fleisch, Geflügel, Wild, Innereien (Fortsetzung)											
Schweinefleisch, gegart	256	1073	26,7	17	0	0,0	42	220	7	124	55
Schweinefleisch, mager	136	568	21,2	6	0	0,0	75	300	2	170	72
Schweinefleisch, gegart	175	734	29,9	6	0	0,0	55	240	1	161	63
Schweinefleisch, mittelfett	177	740	19,9	11	0	0,0	73	282	9	147	68
Schweinefleisch, gegart	217	910	28,0	12	0	0,0	54	224	7	139	59
Schweine-Hackfleisch, frisch	250	1045	17,8	20	0	0,0	46	327	3	160	61
Tatar (Schabefleisch), frisch	113	475	21,4	3	0	0,0	66	360	6	190	74
Geflügel und Wild											
Baby-Pute, frisch	151	632	22,4	7	0	0,0	66	315	11	200	70
Brathähnchen, Brust, frisch	102	426	23,5	1	0	0,0	72	330	14	210	75
Brathähnchen, gegart	189	790	26,0	9	0	0,0	69	255	12	157	63
Brathähnchen, Leber, gegart	147	614	20,8	4	6	0,0	82	242	17	290	67
Brathähnchen, Schenkel, frisch	173	723	18,1	11	0	0,0	95	250	15	190	70
Ente, gegart	174	727	26,4	8	0	0,0	42	230	16	219	65
Froschschenkel, gegart	69	288	16,4	0	0	0,0	58	328	19	159	82
Gans, gegart	279	1168	23,4	21	0	0,0	97	470	13	201	54
Hase, gegart	153	639	29,9	4	0	0,0	46	289	15	217	66
Hauskaninchen, gegart	188	787	26,9	9	0	0,0	40	290	12	187	63
Hirsch	113	474	20,6	3	0	0,0	62	306	10	197	75
Pferdefleisch	115	481	21,4	3	0	0,0	44	332	13	185	74
Poularde, frisch	240	1004	19,0	18	0	0,0	45	300	11	183	62
Pute, Brust, frisch	107	446	24,1	1	0	0,0	46	330	13	200	74
Pute, Schenkel, frisch	155	647	18,9	9	0	0,0	86	289	17	180	71
Pute, Truthahn, gegart	253	1060	27,0	16	0	0,0	60	284	24	214	56
Rebhuhn, frisch	222	928	35,0	9	0	0,0	100	400	45	300	55
Reh, gegart	160	670	30,3	4	0	0,0	87	351	26	226	64
Suppenhuhn, gegart	276	1155	24,8	20	0	0,0	98	293	10	175	55
Suppenhuhn, frisch	257	1074	19,0	20	0	0,0	100	300	11	178	60

In 100 g/ml Lebensmittel Essbarer Anteil:	kcal	kJ	E (g)	F (g)	KH (g)	Bst (g)	Na (mg)	K (mg)	Ca (mg)	P (mg)	Wasser (g)
Geflügel und Wild (Fortsetzung)											
Taube,gegart	245	1026	21,6	18	0	0,0	90	327	45	217	59
Wachtelfleisch mit Haut, frisch	175	732	22,4	10	0	0,0	46	280	15	180	67
Wildente, gegart	225	944	22,9	15	0	0,0	55	246	5	166	61
Wildkaninchen, gegart	145	606	29,7	3	0	0,0	52	394	12	234	66
Wildschweinfleisch, frisch	109	457	19,5	3	0	0,0	94	359	10	167	76
Ziegenfleisch, gegart	191	801	27,1	9	0	0,0	44	263	9	162	63
Innereien											
Kalbsbries, gegart	105	438	19,0	3	0	0,0	1	424	4	547	76
Kalbsherz, gegart	110	460	19,0	4	0	0,0	76	256	5	207	76
Kalbshirn, gegart	117	488	11,5	8	1	0,0	126	312	10	347	79
Kalbsleber, gegart	146	613	21,9	4	6	0,0	60	283	8	310	67
Kalbsmagen/Gekröse, gegart	135	567	16,6	8	0	0,0	49	99	15	99	75
Kalbsniere, gegart	116	487	17,4	5	1	0,0	174	267	11	237	76
Kalbszunge, gegart	173	726	18,2	10	2	0,0	86	211	9	191	68
Rinderherz, gegart	102	429	19,2	2	1	0,0	105	280	9	209	77
Rinderleber, gegart	147	615	22,2	3	6	0,0	112	282	7	347	67
Rinderzunge, gegart	188	786	16,9	11	4	0,0	80	255	11	160	66
Schweineleber, gegart	123	516	21,3	3	3	0,0	75	311	10	353	72
Schweineniere, gegart	115	480	18,2	4	1	0,0	169	238	7	255	75
Früchte, Obst und Obsterzeugnisse											
Ananas, frisch	59	246	0,5	0	13	1,4	2	173	16	9	84
Ananas, Fruchtnektar	70	294	0,2	0	17	0,0	1	75	10	5	83
Ananas, Konserve, abgetropft	87	365	0,4	0	20	1,3	2	102	18	8	77
Apfel, frisch	52	217	0,3	0	11	2,0	3	144	7	11	85
Apfel, frisch, gegart	51	212	0,3	0	11	2,0	2	118	7	10	85
Apfel, Fruchtsaft	49	207	0,3	0	11	0,0	3	126	7	11	88
Apfel, getrocknet	278	1165	1,8	2	61	10,7	16	541	38	59	20

In 100 g/ml Lebensmittel Essbarer Anteil:	kcal	kJ	E (g)	F (g)	KH (g)	Bst (g)	Na (mg)	K (mg)	Ca (mg)	P (mg)	Wasser (g)
Früchte, Obst und Obsterzeugnisse (Fortsetzung)											
Aprikose, frisch	42	177	0,9	0	9	1,9	2	280	17	20	86
Aprikose, getrocknet	249	1044	5,3	1	50	11,2	12	1654	100	118	20
Aprikose, Konfitüre	272	1137	0,3	0	66	0,7	1	104	7	7	32
Aprikose, Konserve, abgetropft	78	328	0,7	0	18	1,7	2	163	18	16	78
Avocado	217	909	1,9	24	0	3,3	3	503	10	38	70
Banane, frisch	95	398	1,1	0	21	2,0	1	393	9	28	74
Banane, getrocknet	290	1216	3,5	1	65	6,1	3	1201	27	86	20
Birne, frisch	52	219	0,5	0	12	2,8	2	125	9	15	83
Birne, Fruchtsaft	54	226	0,5	0	13	0,0	2	110	9	16	86
Birne, Konserve, abgetropft	84	350	0,4	0	20	2,5	2	74	11	13	76
Brombeere, frisch	30	125	1,2	1	3	6,6	3	190	45	30	86
Brombeere, Konserve, abgetropft	74	308	1,0	1	14	5,7	3	108	42	24	76
Cashewapfel/-birne	55	229	1,0	1	11	2,5	6	150	12	28	84
Cherimoya	65	272	1,5	0	13	7,0	13	400	13	32	76
Clementine, frisch	46	192	0,7	0	9	2,0	2	180	35	20	86
Dattel, frisch	280	1174	2,0	0	65	8,7	5	648	65	60	21
Dattel, getrocknet	285	1194	2,0	1	66	8,8	5	659	66	61	20
Erdbeere, frisch	32	134	0,8	0	6	2,0	3	145	25	25	90
Erdbeere, Konserve, abgetropft	66	276	0,4	0	15	1,2	3	57	19	14	82
Erdbeerkonfitüre	268	1121	0,3	0	65	0,7	1	55	10	9	33
Feige, frisch	63	264	1,3	0	13	2,0	2	240	54	32	82
Feige, getrocknet	284	1190	5,9	2	58	9,2	9	1082	244	144	20
Granatapfel	78	326	0,7	1	17	2,2	7	290	8	17	78
Grapefruit, frisch	50	209	0,6	0	9	0,6	2	180	18	17	86
Grapefruit, Fruchtsaft	48	199	0,5	0	8	0,1	2	154	18	17	87
Guave	38	158	0,9	0	7	5,2	4	290	17	31	85
Hagebutte, Konfitüre	296	1238	1,3	0	70	2,2	31	130	56	57	24
Heidelbeere, frisch	42	176	0,6	1	7	4,9	1	73	13	13	85

In 100 g/ml Lebensmittel Essbarer Anteil:	kcal	kJ	E (g)	F (g)	KH (g)	Bst (g)	Na (mg)	K (mg)	Ca (mg)	P (mg)	Wasser (g)
Früchte, Obst und Obsterzeugnisse (Fortsetzung)											
Heidelbeere, Konfitüre	271	1136	0,2	0	66	1,8	0	28	5	5	31
Heidelbeere, Konserve, abgetropft	74	308	0,4	0	16	3,5	2	35	13	9	78
Himbeere, frisch	34	142	1,3	0	5	6,7	1	170	40	45	84
Himbeere, Konfitüre	268	1124	0,5	0	65	2,5	0	64	15	17	31
Himbeere, Konserve, abgetropft	68	283	0,7	0	15	3,9	2	66	28	24	79
Holunderbeere, Fruchtsaft	50	209	2,3	0	8	0,0	1	268	38	58	87
Johannisbeere, rot, frisch	43	181	1,1	0	7	7,4	2	240	30	30	81
Johannisbeere, rot, Fruchsaft	67	282	0,2	0	16	0,0	1	47	10	7	83
Johannisbeere, schwarz, frisch	57	239	1,3	0	10	6,8	2	341	53	40	78
Johannisbeere, schwarz, Fruchtnektar	70	294	0,3	0	16	0,0	1	66	15	9	83
Johannisbeere, weiß, frisch	51	213	0,9	0	9	6,1	2	267	30	23	80
Kaki, frisch	69	290	0,6	0	16	3,0	3	140	8	25	80
Kaktusbirne	37	154	1,0	0	7	1,8	4	90	28	27	89
Kantalupe	26	110	0,9	0	5	1,0	12	309	14	20	92
Kapstachelbeere	76	319	2,3	1	13	0,5	5	170	12	39	81
Kiwi, frisch	61	255	1,0	1	11	3,9	4	295	38	31	81
Kumquat	68	286	0,6	0	15	3,7	111	198	16	44	79
Limette, frisch	47	195	0,5	2	2	1,0	2	82	13	11	89
Litschi	76	319	0,9	0	17	1,6	3	180	9	33	79
Mandarine, frisch	50	210	0,7	0	10	1,7	1	210	33	20	85
Mandarine, Konserve, abgetropft	83	348	0,6	0	19	1,5	2	124	34	16	78
Mango	60	252	0,6	0	13	1,7	5	190	12	13	83
Mangostane	74	309	0,6	1	16	1,4	1	47	15	11	81
Mirabelle, frisch	64	269	0,7	0	14	1,3	0	230	12	33	82
Mirabelle, Konserve, abgetropft	91	381	0,6	0	21	1,2	0	137	13	26	76
Nektarine, frisch	57	238	0,9	0	12	2,2	9	212	4	22	83
Netzanone	103	430	1,7	1	22	12,0	4	379	30	21	63
Orange, frisch	47	197	1,0	0	9	2,2	1	177	42	23	86

In 100 g/ml Lebensmittel Essbarer Anteil:	kcal	kJ	E (g)	F (g)	KH (g)	Bst (g)	Na (mg)	K (mg)	Ca (mg)	P (mg)	Wasser (g)
Früchte, Obst und Obsterzeugnisse (Fortsetzung)											
Orange, Fruchtsaft	45	188	0,9	0	9	0,2	1	155	43	24	88
Orange, Konfitüre	273	1144	0,4	0	66	0,8	0	66	16	8	32
Papaya	13	54	0,5	0	2	1,9	3	211	21	16	94
Passionsfrucht, Fruchtsaft	80	334	2,2	0	14	0,0	25	295	18	57	79
Passionsfrucht (Maracuja)	80	335	2,4	0	13	1,5	28	340	17	57	78
Pfirsich, frisch	41	170	0,8	0	9	2,3	1	176	7	25	87
Pfirsich, getrocknet	247	1035	4,9	1	54	14,0	6	1073	43	152	20
Pfirsich, Konserve, abgetropft	76	320	0,7	0	18	2,0	2	102	10	19	79
Pflaume, frisch	47	197	0,6	0	10	1,7	2	220	14	18	86
Pflaume, getrocknet	261	1092	3,3	1	56	9,4	11	1218	78	100	20
Pflaumen, Konfitüre	273	1144	0,2	0	67	0,6	1	82	6	7	32
Pflaumen, Konserve, abgetropft	81	340	0,5	0	19	1,5	2	130	14	16	78
Preiselbeere, Konserve, abgetropft	76	320	0,2	0	17	2,5	2	41	14	10	79
Quitte, Konfitüre	270	1131	0,1	0	66	2,1	1	75	4	7	31
Reineclauden, frisch	63	264	0,8	0	14	2,3	1	245	13	25	81
Reineclauden, Konserve, abgetropft	91	379	0,7	0	21	2,1	2	146	15	20	75
Rhabarber, frisch	13	55	0,6	0	1	2,3	2	270	52	24	94
Rhabarber, frisch, gegart	13	54	0,6	0	1	2,3	2	221	52	23	94
Sanddornbeere, Fruchtsaft	87	366	1,3	6	6	0,0	3	117	43	9	85
Sapote	96	404	1,4	0	21	5,5	6	226	31	25	70
Satsuma, frisch	46	193	0,8	0	9	0,7	1	215	4	17	87
Sauerkirsche, frisch	58	241	0,9	0	11	1,0	2	115	8	19	84
Sauerkirsche, Fruchtsaft	58	243	0,8	0	11	0,0	2	98	8	19	85
Sauerkirsche, Konfitüre	277	1160	0,3	0	67	0,4	1	44	4	7	31
Sauerkirsche, Konserve, abgetropft	88	370	0,7	0	19	0,9	2	68	10	16	77
Stachelbeere, frisch	44	184	0,8	0	8	2,9	2	200	30	30	86
Stachelbeere, Konserve, abgetropft	79	332	0,7	0	18	2,6	2	117	29	24	77
Sultaninen	298	1247	2,5	1	66	5,4	21	782	31	110	19

In 100 g/ml Lebensmittel Essbarer Anteil:	kcal	kJ	E (g)	F (g)	KH (g)	Bst (g)	Na (mg)	K (mg)	Ca (mg)	P (mg)	Wasser (g)
Früchte, Obst und Obsterzeugnisse (Fortsetzung)											
Wassermelone, frisch	38	160	0,6	0	8	0,2	1	158	11	11	90
Weintrauben, rot, frisch	71	297	0,7	0	16	0,8	2	190	18	20	81
Weintrauben, rot, Fruchtsaft	70	294	0,6	0	16	0,0	2	163	18	21	82
Weintrauben, weiß, frisch	71	297	0,7	0	16	0,8	2	190	18	20	81
Weintrauben, weiß, Fruchtsaft	70	294	0,6	0	16	0,0	2	163	18	21	82
Weintrauben, getrocknet	304	1271	3,0	1	67	3,4	9	813	77	86	20
Wintermelone	28	117	0,9	0	6	1,0	12	210	5	7	92
Zitrone, frisch	56	235	0,7	1	8	1,3	3	149	11	16	84
Zitrone, Fruchtsaft	100	419	0,6	0	20	0,1	2	111	10	14	74
Zitrone, Konzentrat	253	1060	3,3	3	34	0,0	15	665	56	86	32
Zuckermelone, frisch	26	110	0,9	0	5	1,0	12	309	14	20	92
Zwetschgen, frisch	43	181	0,6	0	9	2,3	2	240	13	23	86
Gemüse und Gemüseerzeugnisse											
Artischocken, gegart	20	84	2,4	0	2	11,2	39	195	56	130	83
Artischocken, frisch	22	93	2,4	0	3	10,8	47	350	53	130	83
Aubergine (Eierfrucht), gegart	17	73	1,2	0	2	2,9	2	187	13	21	93
Aubergine, frisch	17	72	1,2	0	2	2,8	3	224	13	21	93
Bleichsellerie, frisch	17	70	1,2	0	2	2,5	132	344	80	48	92
Bleichsellerie, gegart	14	58	1,1	0	2	2,4	102	177	78	44	93
Blumenkohl, frisch	23	95	2,5	0	2	2,9	16	328	20	54	91
Blumenkohl, gegart	20	82	2,4	0	2	2,9	13	261	21	52	92
Bohnen, dick, Konserve, abgetropft	72	303	6,7	0	10	2,9	247	209	27	81	78
Bohnen, grün, gegart	25	106	2,4	0	3	3,1	2	206	63	38	88
Bohnen, grün, Konserve, abgetropft	21	90	2,2	0	2	2,9	217	140	55	33	89
Brennnessel, frisch	49	206	5,5	1	5	4,2	80	400	200	120	83
Brokkoli, frisch	26	110	3,3	0	3	3,0	19	373	105	82	90
Brokkoli, gegart	23	97	3,2	0	2	3,0	15	298	112	79	90

In 100 g/ml Lebensmittel Essbarer Anteil:	kcal	kJ	E (g)	F (g)	KH (g)	Bst (g)	Na (mg)	K (mg)	Ca (mg)	P (mg)	Wasser (g)
Gemüse und Gemüseerzeugnisse (Fortsetzung)											
Brunnenkresse, frisch	19	78	1,6	0	2	3,0	12	276	180	64	92
Buschbohnen, grün, Konserve, abgetropft	21	90	2,2	0	2	2,9	217	140	55	33	89
Chicorée, frisch	17	72	1,3	0	2	1,3	4	194	26	26	92
Chinakohl, frisch	14	57	1,2	0	1	1,9	19	144	40	30	94
Chinakohl, gegart	12	50	1,1	0	1	1,9	15	76	40	29	95
Cornichons, Sauerkonserve, abgetropft	11	46	0,5	0	2	0,4	406	79	19	22	95
Eisbergsalat, frisch	13	55	1,0	0	2	1,8	12	160	19	20	95
Endivien, frisch	11	46	1,8	0	0	1,2	53	346	54	54	95
Erbsen, grün, gegart	82	342	6,5	0	12	5,2	2	253	27	108	74
Erbsen, grün, Konserve, abgetropft	70	294	6,2	0	10	4,9	222	17	26	94	77
Feldsalat, frisch	14	60	1,8	0	1	1,8	4	420	35	49	94
Fenchel, frisch	25	103	2,4	0	3	4,2	86	494	109	51	88
Fenchel, frisch, gegart	22	93	2,4	0	2	4,4	73	276	116	51	89
Gemüsepaprika, grün, frisch	20	85	1,2	0	3	3,6	3	177	11	29	91
Gemüsepaprika, rot, frisch	37	154	1,3	0	6	3,6	5	260	10	30	87
Grünkohl (Braunkohl), gegart	28	119	3,5	1	2	3,5	29	221	181	70	89
Gurke, frisch	12	51	0,6	0	2	0,5	8	141	15	23	96
Gurke, frisch, gegart	12	52	0,6	0	2	0,6	7	118	16	23	96
Gurke, milchsauer	8	32	0,3	0	1	0,3	868	77	16	16	95
Kichererbsen, getrocknet	325	1361	17,8	6	48	11,9	37	108	124	192	10
Kichererbsen, Konserve, abgetropft	125	522	7,3	3	17	5,0	240	33	57	80	64
Knoblauch, frisch	142	593	6,1	0	28	1,8	19	530	38	134	62
Knollensellerie, frisch	19	81	1,7	0	2	4,2	77	321	68	80	90
Knollensellerie (Wurzelsellerie), gegart	15	64	1,5	0	2	3,9	35	142	64	71	92
Kohlrabi, frisch	25	103	2,0	0	4	1,5	32	380	68	50	92
Kohlrabi, gegart	20	85	1,9	0	3	1,5	15	182	69	48	93
Kohlrübe (Steckrübe), gegart	22	92	1,1	0	4	2,4	5	109	49	30	92
Kopfsalat, frisch	12	49	1,2	0	1	1,6	10	224	37	33	95

In 100 g/ml Lebensmittel Essbarer Anteil:	kcal	kj	E (g)	F (g)	KH (g)	Bst (g)	Na (mg)	K (mg)	Ca (mg)	P (mg)	Wasser (g)
Gemüse und Gemüseerzeugnisse (Fortsetzung)											
Kresse, frisch	38	159	4,2	1	2	3,0	5	550	214	38	87
Kürbis	27	112	1,4	0	5	0,8	7	351	27	43	92
Löwenzahn, frisch	54	228	2,6	1	9	2,6	76	440	158	70	83
Mangold, frisch, gegart	21	89	2,0	0	2	2,5	70	195	101	36	91
Meerrettich, frisch	64	266	2,8	0	12	7,5	9	554	105	65	75
Mohrrübe, frisch	26	108	1,0	0	5	3,6	60	290	41	35	89
Mohrrübe, gegart	21	87	0,9	0	4	3,6	29	140	42	34	91
Mohrrübe, Gemüsesaft	22	91	0,9	0	4	0,4	419	270	43	36	93
Mohrrübe, Konserve, abgetropft	21	89	0,9	0	4	3,5	253	164	41	31	90
Okra, gegart	20	84	2,1	0	2	5,1	2	238	89	75	89
Palmenherz, Konserve, abgetropft	30	126	2,3	0	5	4,0	242	201	47	77	87
Paprikaschote, gesäuert	11	45	0,6	0	1	1,8	157	79	9	15	95
Pastinake, gegart	17	72	1,1	0	2	3,9	4	205	47	64	91
Perlzwiebel, Konserve, abgetropft	62	259	1,4	0	13	1,8	225	145	40	45	82
Petersilienblatt, frisch	53	220	4,4	0	7	4,2	33	1000	245	128	81
Pickles, süß, milchsauer	1	6	0,1	0	0	0,1	464	14	9	4	98
Porree, frisch	26	107	2,2	0	3	2,2	5	235	87	46	90
Porree, gegart	23	96	2,3	0	3	2,3	4	132	93	46	91
Portulak, gegart	23	98	1,5	0	3	2,6	2	219	101	36	91
Radicchio, frisch	14	57	1,2	0	2	1,6	10	240	40	27	95
Radieschen, frisch	15	61	1,0	0	2	1,6	17	255	34	26	94
Radieschen „Weiße Eiszapfen“, frisch	14	58	1,1	0	2	1,6	16	280	27	28	94
Rettich, frisch	14	57	1,0	0	2	2,5	18	322	33	29	94
Rosenkohl, gegart	30	125	4,0	0	2	4,1	8	193	29	76	88
Rote Rübe, frisch	42	175	1,5	0	8	2,5	58	336	29	45	86
Rote Rübe, Gemüsesaft	35	147	1,3	0	7	0,3	416	313	30	46	89
Rote Rübe (Rote Bete), gegart	32	135	1,4	0	6	2,4	27	157	29	43	89
Rotkohl (Blaukraut), gegart	18	76	1,4	0	3	2,4	3	138	34	28	93

In 100 g/ml Lebensmittel Essbarer Anteil:	kcal	kJ	E (g)	F (g)	KH (g)	Bst (g)	Na (mg)	K (mg)	Ca (mg)	P (mg)	Wasser (g)
Gemüse und Gemüseerzeugnisse (Fortsetzung)											
Rotkohl, Konserve, gegart	19	79	1,4	0	3	2,4	218	151	34	26	92
Sauerampfer, frisch	22	93	2,3	0	2	2,6	4	362	54	71	91
Sauerkraut, abgetropft, frisch	17	70	1,5	0	1	3,5	355	288	48	43	90
Sauerkraut, frisch, gegart	16	69	1,5	0	1	3,6	290	157	50	43	90
Sauerkraut, Konserve, abgetropft	16	65	1,4	0	1	3,3	431	163	47	36	90
Sauerkraut, Saft	15	64	1,3	0	1	0,4	688	267	50	44	93
Schnittlauch, frisch	27	114	3,6	1	2	6,0	3	434	129	75	86
Schnittsalat, frisch	20	84	1,3	0	3	1,6	9	264	68	25	93
Schwarzwurzel, gegart	15	62	1,3	0	1	4,2	2	153	53	72	89
Schwarzwurzel, Konserve, abgetropft	15	61	1,3	0	1	4,1	218	180	50	64	88
Sellerie, frisch	17	70	1,2	0	2	2,5	132	344	80	48	92
Sojabohnen, getrocknet	416	1742	35,1	17	29	8,9	6	628	346	531	6
Sojabohnen, Konserve, abgetropft	131	547	11,4	6	8	3,0	235	148	122	175	70
Spargel, frisch	18	74	1,9	0	2	1,4	4	203	26	46	94
Spargel, weiß, gegart	15	61	1,7	0	1	1,3	3	103	25	41	95
Spinat, frisch	17	73	2,5	0	1	2,6	65	633	126	55	92
Spinat, frisch, gegart	16	67	2,3	0	0	2,5	50	326	123	51	93
Spinat, Gemüsesaft	15	64	2,2	0	0	0,3	416	581	125	55	94
Spinat, tiefgefroren, gegart	17	70	2,4	0	0	2,6	48	308	116	48	92
Tomaten, frisch	17	73	0,9	0	3	0,9	6	242	14	26	94
Tomaten, frisch, gegart	20	82	1,1	0	3	1,1	6	226	16	29	94
Tomaten, Gemüsesaft	15	61	0,8	0	2	0,1	358	220	15	26	95
Tomaten, Konserve	11	47	0,6	0	2	0,6	201	135	11	16	96
Tomaten, Konzentrat	175	733	9,8	2	25	1,2	60	2655	155	299	50
Wachsbohnen, gegart	32	132	1,7	0	5	3,1	6	202	50	43	89
Weiße Rübe, gegart	21	86	1,0	0	3	3,5	28	114	51	30	91
Weißkohl, frisch	25	104	1,4	0	4	3,0	12	208	46	28	90
Weißkohl, gegart	20	83	1,3	0	3	2,8	9	108	46	26	92

In 100 g/ml Lebensmittel Essbarer Anteil:	kcal	kJ	E (g)	F (g)	KH (g)	Bst (g)	Na (mg)	K (mg)	Ca (mg)	P (mg)	Wasser (g)
Gemüse und Gemüseerzeugnisse (Fortsetzung)											
Wirsingkohl, gegart	22	92	2,8	0	2	2,4	7	129	46	51	92
Wurzelpetersilie, frisch	37	155	2,9	0	5	4,3	12	399	39	57	85
Zucchini, frisch	19	80	1,6	0	2	1,1	1	200	30	23	94
Zucchini, gegart	19	80	1,6	0	2	1,1	1	167	32	23	94
Zuckererbsen	59	249	4,0	0	10	5,0	4	300	20	80	80
Zuckermais, frisch	89	374	3,3	1	16	2,8	1	300	6	114	75
Zuckermais (Gemüsemais), gegart	89	374	3,3	1	16	2,9	1	250	7	114	75
Zuckermais, Konserve	57	238	2,2	1	10	1,8	199	168	6	68	84
Zwiebeln, frisch	28	117	1,2	0	5	1,8	9	135	31	42	91
Zwiebeln, frisch gegart	24	100	1,3	0	4	1,9	8	76	33	43	92
Zwiebeln, getrocknet	293	1227	13,6	3	51	19,7	87	1250	304	413	5
Getreide und Getreideprodukte											
Buchweizengrütze	339	1420	7,5	2	73	3,2	1	218	12	150	13
Buchweizenmehl, hell	346	1447	5,1	1	78	2,8	1	315	11	88	12
Cornflakes	355	1488	7,2	1	79	4,0	938	120	13	59	6
Cornflakes mit Zucker/Honig, geröstet	353	1479	6,5	1	79	3,6	851	114	12	55	7
Gerste, Graupen	339	1421	9,6	1	71	4,6	5	190	14	189	12
Gerste, Vollkorn	320	1338	9,8	2	64	9,8	18	444	38	342	11
Grünkern, Mehl	344	1442	9,6	2	71	6,0	3	349	20	300	10
Grünkern, Schrot	324	1358	10,8	3	63	8,8	3	447	22	411	12
Grünkern, Vollkorn	324	1358	10,8	3	63	8,8	3	447	22	411	12
Haferflocken	370	1548	12,5	7	63	5,4	7	348	54	391	10
Hafer, ganzes Korn	353	1478	11,7	7	60	5,6	8	355	80	342	13
Hirseflocken	354	1481	9,8	4	69	3,8	3	43	20	310	11
Hirse, ganzes Korn	331	1384	9,6	4	64	13,0	3	430	20	310	7
Maismehl	354	1482	8,3	3	73	3,0	1	120	18	256	12
Maisstärke	351	1469	0,4	0	86	1,0	3	7	0	30	13

In 100 g/ml Lebensmittel Essbarer Anteil:	kcal	kJ	E (g)	F (g)	KH (g)	Bst (g)	Na (mg)	K (mg)	Ca (mg)	P (mg)	Wasser (g)
Getreide und Getreideprodukte (Fortsetzung)											
Mais, Vollkorn	331	1385	8,5	4	65	9,2	6	330	15	256	12
Puffreis	390	1632	7,5	2	84	2,0	3	110	6	100	2
Puffreis mit Zucker/Honig, geröstet	383	1605	6,8	2	83	1,8	3	104	6	92	4
Reis, geschält	349	1460	6,8	1	78	1,4	6	103	6	120	13
Reis, halb poliert	350	1466	7,0	1	77	1,8	10	150	11	200	12
Reis, parboiled	351	1470	6,5	0	79	1,4	6	150	24	110	12
Reisstärke	348	1455	0,8	0	85	0,2	61	8	20	10	14
Reis, ungeschält	349	1463	7,2	2	74	2,2	10	150	23	325	13
Roggenflocken	295	1237	9,0	2	60	14,0	2	450	64	350	14
Roggenmehl (Type 1150)	318	1332	8,3	1	67	8,6	1	297	20	196	14
Roggenmehl (Type 1740)	305	1279	9,0	1	63	10,7	2	387	26	339	14
Roggenmehl (Type 650)	324	1355	6,4	1	71	6,5	1	170	22	126	14
Weizenflocken	313	1310	11,7	2	61	10,3	8	381	38	341	13
Weizengrieß	326	1363	9,6	1	69	7,1	1	112	17	87	13
Weizenkeimflocken	314	1313	26,6	9	31	17,6	5	837	69	1100	2
Weizen, Kleie	172	721	14,9	5	17	45,4	28	1390	76	1288	10
Weizenmehl (Type 1050)	334	1398	11,2	2	67	5,2	2	203	14	208	14
Weizenmehl (Type 1700)	321	1346	11,2	2	63	9,2	2	290	41	372	13
Weizenmehl (Type 405)	337	1409	9,8	1	71	4,0	2	108	15	74	14
Weizenstärke	351	1470	0,4	0	86	1,2	2	16	0	20	12
Hülsenfrüchte, Nüsse, Samen											
Bambussprossen, Konserve, abgetropft	14	60	2,1	0	1	2,3	268	224	17	48	93
Bohnen, weiß, gegart	112	468	9,1	1	17	7,5	1	473	48	181	62
Cashewnüsse, frisch	568	2377	17,5	42	30	2,9	14	552	31	375	4
Edelkastanien, geröstet	241	1011	2,3	11	33	7,8	4	557	33	74	45
Erdnüsse, frisch	561	2350	25,2	48	8	10,9	11	660	40	340	5
Erdnüsse, geröstet	579	2424	25,6	49	9	11,4	11	777	65	409	

In 100 g/ml Lebensmittel Essbarer Anteil:	kcal	kJ	E (g)	F (g)	KH (g)	Bst (g)	Na (mg)	K (mg)	Ca (mg)	P (mg)	Wasser (g)
Hülsenfrüchte, Nüsse, Samen (Fortsetzung)											
Erdnüsse, geröstet u. gesalzen	568	2377	25,1	48	9	11,1	773	762	69	404	2
Haselnüsse, frisch	636	2662	12,0	62	11	8,2	2	635	225	335	5
Kidney-Bohnen, Konserve	63	262	5,5	0	9	5,3	199	341	30	103	77
Kokosmilch	24	102	0,2	0	5	0,0	47	280	27	30	94
Kokosnuss, frisch	358	1498	3,9	36	5	9,0	35	380	20	95	45
Kokosnuss, Raspeln	610	2555	6,2	63	6	20,0	33	600	25	183	2
Kürbiskerne, frisch	560	2344	24,4	46	14	8,8	18	814	41	830	2
Leinsamen, entölt, entfettet	158	662	34,6	2	0	49,6	0	709	326	936	9
Linsen, reif , gegart	115	482	8,8	1	18	4,1	10	261	27	153	66
Linsen, reif, Konserve	77	322	5,8	0	12	2,6	203	209	23	103	77
Macadamianüsse, frisch	676	2829	7,5	73	0	15,4	5	300	51	200	2
Mandeln, süß, frisch	569	2383	18,7	54	4	15,2	5	835	250	455	6
Mohn, frisch	472	1976	20,2	42	4	20,5	21	705	1460	854	6
Oliven	143	600	1,4	14	2	2,4	2100	45	95	17	72
Oliven, schwarz	353	1478	2,2	36	5	3,8	3288	38	80	29	41
Paranüsse, frisch	660	2763	13,6	67	4	8,1	2	645	132	675	4
Pecannüsse, frisch	692	2898	9,3	72	4	9,5	3	500	55	290	3
Pinienkerne, frisch	575	2408	24,0	51	7	7,2	4	600	26	510	6
Pistazien, frisch	574	2405	17,6	52	12	10,6	6	1020	135	500	6
Pistazien, geröstet	627	2624	17,9	55	16	6,1	6	1005	90	448	2
Pistazien, geröstet u. gesalzen	615	2573	17,5	54	16	6,0	768	985	93	442	2
Sesam, frisch	559	2339	17,7	50	10	11,2	45	458	738	607	5
Sonnenblumenkerne, frisch	574	2405	22,5	49	12	6,3	2	710	100	618	6
Walnüsse, frisch	654	2738	14,4	62	11	6,1	2	544	87	410	4
Wasserkastanien	64	269	1,4	0	14	3,6	12	537	8	70	80

In 100 g/ml Lebensmittel Essbarer Anteil:	kcal	kJ	E (g)	F (g)	KH (g)	Bst (g)	Na (mg)	K (mg)	Ca (mg)	P (mg)	Wasser (g)
Kartoffeln, stärkereiche Lebensmittel, Pilze											
Batate (Süßkartoffel)	111	466	1,6	1	24	3,1	4	413	35	45	69
Birkenpilz, frisch	19	79	3,1	1	0	7,3	2	360	9	83	88
Butterpilz, frisch	11	46	1,7	0	0	5,9	3	190	25	70	91
Butterpilz, Konserve, abgetropft	11	44	1,6	0	0	5,8	305	136	29	61	91
Champignon, frisch	15	64	2,7	0	1	2,0	8	422	11	123	93
Champignon, gegart	15	63	2,7	0	0	2,1	7	305	11	123	93
Champignon, Konserve	9	36	1,6	0	0	1,2	209	205	10	64	96
Hallimasch, frisch	15	63	2,1	1	0	7,6	3	429	4	121	88
Kartoffelchips (verzehrsfertig)	535	2242	5,5	39	41	3,0	450	1000	52	147	8
Kartoffelflocken, Trockenprodukt	328	1375	8,6	1	71	14,9	160	1150	30	310	2
Kartoffelkloß, gekocht, Trockenprodukt	327	1367	7,1	1	70	6,2	1180	750	40	240	10
Kartoffeln, geschält, gegart	70	294	2,0	0	15	2,3	2	341	6	47	80
Kartoffelstärke, Mehl	341	1427	0,6	0	83	0,1	8	15	35	7	16
Kartoffelsticks (verzehrsfertig)	492	2060	6,5	32	46	2,0	720	1160	60	169	9
Morchel	11	47	1,7	0	0	7,0	2	390	11	162	89
Pellkartoffeln	71	298	2,0	0	15	2,2	42	411	6	50	79
Pfifferling, frisch	11	48	1,6	0	0	5,6	3	507	8	55	91
Pfifferling, getrocknet	120	503	16,4	5	2	58,3	31	4485	83	520	8
Pfifferling, Konserve, abgetropft	11	46	1,5	0	0	5,5	305	363	15	48	91
Pommes frites	117	491	1,9	6	14	2,1	205	461	7	48	74
Shiitakepilz, frisch	42	176	1,6	0	12	2,0	4	120	3	29	84
Steinpilz, frisch	20	83	3,6	0	1	6,9	6	341	23	85	88
Steinpilz, getrocknet	149	623	27,1	3	4	51,8	38	2177	165	578	8
Steinpilz, Konserve, abgetropft	19	78	3,4	0	0	6,8	306	245	28	76	87
Topinambur (Erdartischocke)	31	130	2,4	0	4	12,5	3	478	10	78	78
Trüffel, Konserve, abgetropft	46	191	5,4	1	7	16,6	365	386	28	55	68

In 100 g/ml Lebensmittel Essbarer Anteil:	kcal	kJ	E (g)	F (g)	KH (g)	Bst (g)	Na (mg)	K (mg)	Ca (mg)	P (mg)	Wasser (g)
Kuchen, Feinbackwaren											
Blätterteig	418	1748	4,0	32	28	1,5	451	48	15	38	32
Brandteig	201	843	6,4	13	16	0,8	52	96	46	98	64
Butterkeks	480	2008	10,0	21	62	2,7	266	257	136	245	2
Cremetorte	316	1323	4,1	19	31	1,2	120	132	63	140	43
Croissant aus Blätterteig	508	2126	7,5	33	45	2,3	368	171	51	131	10
Früchtebrot aus Rührmasse	350	1466	6,6	12	53	4,6	60	442	89	166	21
Hefeteig, leicht	296	1241	7,3	8	47	2,2	334	156	46	104	33
Käsekuchen aus Mürbeteig	276	1156	8,8	14	28	0,9	48	133	68	131	47
Käsesahnetorte	209	874	5,9	6	31	0,2	50	102	65	88	55
Kuchen aus Rührmasse	361	1510	6,3	16	47	2,5	168	197	49	184	26
Laugengebäck	340	1423	9,4	3	69	4,1	1184	129	65	427	12
Linzer Torte	417	1747	7,5	24	44	3,7	70	198	63	161	20
Mürbeteig	479	2007	5,1	28	53	2,0	41	59	12	44	12
Sachertorte	337	1413	5,8	14	46	1,8	101	155	30	127	31
Schwarzwälder Kirschtorte	247	1034	3,9	16	21	0,9	51	105	47	77	56
Vollkornkeks	471	1971	11,5	24	52	8,5	332	316	40	368	2
Waffel	554	2318	6,2	41	42	0,8	137	96	59	176	10
Zwieback	365	1529	9,2	4	71	5,2	263	160	42	132	9
Milch, Milcherzeugnisse, Käse											
Appenzeller, Rahmstufe	386	1617	25,4	32	0	0,0	600	100	800	500	37
Bel Paese, Rahmstufe	372	1556	25,4	30	0	0,0	1300	140	604	370	39
Bergkäse, Vollfettstufe	384	1607	28,9	30	0	0,0	300	100	1100	700	37
Blauschimmel, Rahmstufe	358	1500	21,6	30	1	0,0	1234	120	540	360	41
Brie, Doppelrahmstufe	362	1517	16,8	33	0	0,0	600	152	280	250	46
Brie, Vollfettstufe	284	1191	21,0	22	0	0,0	700	150	350	370	52
Butterkäse, Rahmstufe	322	1347	21,1	26	0	0,0	800	80	750	400	46
Buttermilch	36	150	3,2	0	4	0,0	60	150	110	90	91

In 100 g/ml Lebensmittel Essbarer Anteil:	kcal	kJ	E (g)	F (g)	KH (g)	Bst (g)	Na (mg)	K (mg)	Ca (mg)	P (mg)	Wasser (g)
Milch, Milcherzeugnisse, Käse (Fortsetzung)											
Camembert, Doppelrahmstufe	362	1517	16,8	33	0	0,0	700	120	400	310	46
Camembert, Vollfettstufe	288	1204	21,0	23	0	0,0	700	150	500	350	52
Cheddar, Rahmstufe	405	1695	24,7	34	0	0,0	620	100	840	490	36
Creme/Schmand, 40 % Fett	373	1560	2,1	40	2	0,0	20	80	70	50	55
Dickmilch, Vollfettstufe	64	266	3,4	4	4	0,0	50	150	120	100	88
Edamer, Vollfettstufe	354	1482	24,8	28	0	0,0	600	100	800	550	42
Edelpilzkäse, 65 %–85 % F.i.Tr.	456	1910	14,6	45	0	0,0	800	100	500	400	35
Esrom, Vollfettstufe	313	1312	22,5	25	0	0,0	800	100	700	400	47
Feta	236	990	17,0	19	0	0,0	1300	150	450	360	59
Frischkäse, Doppelrahmstufe	335	1403	11,0	32	2	0,0	350	90	90	150	53
Frischkäse mit Kräutern	249	1044	8,5	23	2	0,3	350	90	90	150	64
Frischkäse, Rahmstufe	281	1177	13,8	24	3	0,0	400	110	100	160	57
Frischkäsezubereitung, Doppelrahmstufe	339	1420	10,9	32	2	0,0	347	89	89	149	53
Gorgonzola, Magerstufe	356	1492	19,4	31	0	0,0	1400	260	612	356	44
Gouda, Vollfettstufe	365	1527	25,5	29	0	0,0	600	100	800	550	40
Greyerzer, Rahmstufe	406	1699	29,0	32	0	0,0	335	100	1000	600	34
Havarti, Vollfettstufe	322	1347	23,2	25	0	0,0	700	100	750	500	45
Hüttenkäse	102	428	12,6	4	3	0,0	380	80	80	140	78
Jerome, Vollfettstufe	318	1332	23,4	25	0	0,0	700	100	750	470	46
Joghurt, 10% Fett	118	496	3,1	10	4	0,0	50	140	120	90	82
Joghurt, Vollfett	66	275	3,3	4	4	0,0	50	160	130	100	87
Kaffeesahne, 10 % Fett	117	491	3,1	10	4	0,0	40	140	110	90	82
Kaffeeweißer	549	2298	4,0	35	55	0,0	200	812	20	306	4
Kefir, teilentrahmt	50	208	3,4	2	4	0,0	50	150	120	100	89
Kochkäse, Vollfettstufe	219	916	12,4	17	3	0,0	400	100	160	240	65
Kondensmilch, 10 % Fett	176	738	8,8	10	12	0,0	140	410	330	270	66
Kondensmilch, 4% Fett	111	463	7,5	4	11	0,0	110	330	260	220	76
Kondensmilch, 7,5 % Fett	133	557	6,5	8	10	0,0	100	320	240	200	74

In 100 g/ml Lebensmittel Essbarer Anteil:	kcal	kJ	E (g)	F (g)	KH (g)	Bst (g)	Na (mg)	K (mg)	Ca (mg)	P (mg)	Wasser (g)
Milch, Milcherzeugnisse, Käse (Fortsetzung)											
Kuhmilch, Trinkmilch, fettarm	48	203	3,4	2	5	0,0	50	150	120	95	89
Kuhmilch, Trinkmilch, vollfett	64	269	3,3	4	5	0,0	50	150	120	93	87
Limburger, Fettstufe	270	1130	23,2	20	0	0,0	800	100	350	256	52
Limburger, Halbfettstufe	188	788	26,4	9	0	0,0	800	100	510	300	60
Mozzarella	255	1066	19,0	20	0	0,0	500	150	403	300	58
Münster, Rahmstufe	313	1309	20,0	26	0	0,0	800	100	300	220	50
Parmesan	440	1842	32,3	35	0	0,0	1200	100	1200	750	27
Provolone, Vollfettstufe	340	1425	25,6	27	0	0,0	876	138	756	496	43
Quark, Fettstufe	143	598	9,0	10	3	0,0	40	120	110	180	76
Quark, Halbfettstufe	100	418	10,8	4	4	0,0	40	120	120	180	80
Quark, Magerstufe	75	315	13,5	0	4	0,0	40	140	120	190	81
Raclette, Rahmstufe	343	1435	22,7	28	0	0,0	600	100	750	500	44
Ricotta, Vollfettstufe	164	687	11,3	13	0	0,0	84	105	207	158	72
Romadur, Halbfettstufe	179	748	24,0	9	0	0,0	800	100	400	325	61
Romadur, Rahmstufe	313	1309	20,0	26	0	0,0	800	100	300	235	49
Roquefort	361	1512	21,0	31	0	0,0	1600	100	662	392	41
Sauermilchkäse, Magerstufe	131	549	30,0	1	0	0,0	800	100	180	270	64
Saure Sahne, 10 % Fett	117	488	3,1	10	3	0,0	40	140	110	90	82
Scheiblette	318	1332	23,4	25	0	0,0	700	100	750	470	46
Schichtkäse, Fettstufe	146	610	9,7	10	3	0,0	40	120	110	180	75
Schlagsahne, 30 % Fett	288	1207	2,5	30	3	0,0	30	100	80	60	64
Schmelzkäse, Doppelrahmstufe	327	1371	13,2	30	1	0,0	1100	130	600	800	51
Schmelzkäse, streichfähig, Halbfettstufe	189	793	17,0	10	8	0,0	1200	200	600	1100	60
Schmelzkäse, Vollfettstufe	299	1252	20,0	24	1	0,0	1300	150	600	800	50
Steppenkäse, Vollfettstufe	326	1363	24,1	25	0	0,0	600	100	750	500	45
Tilsiter, Vollfettstufe	354	1482	26,3	28	0	0,0	773	100	750	500	40
Weinkäse, Vollfettstufe	289	1211	20,8	23	0	0,0	1000	100	350	300	52
Weißlacker, Vollfettstufe	291	1218	20,8	23	0	0,0	1400	100	400	300	48

In 100 g/ml Lebensmittel Essbarer Anteil:	kcal	kJ	E (g)	F (g)	KH (g)	Bst (g)	Na (mg)	K (mg)	Ca (mg)	P (mg)	Wasser (g)
Nicht alkoholische Getränke											
Cola-Getränke (koffeinhaltig)	61	254	0,0	0	11	0,0	4	1	4	6	85
Früchtetee (Getränk)	1	3	0,0	0	0	0,0	1	9	2	0	100
Kaffee (Getränk)	2	9	0,2	0	0	0,0	1	66	2	2	99
Kräutertee (Getränk)	1	3	0,0	0	0	0,0	1	9	2	0	100
Limonaden	42	174	0,0	0	10	0,0	7	1	5	1	90
Limonaden, kalorienarm	3	11	0,0	0	0	0,0	5	1	21	3	99
Limonaden mit Fruchtgeschmack	42	174	0,0	0	10	0,0	7	1	5	1	90
Malzkaffee (Getränk)	2	9	0,0	0	0	0,0	4	24	3	7	99
Tee, schwarz, fermentiert	0	2	0,1	0	0	0,0	1	17	8	1	100
Öle, Fette, Butter, Schmalz											
Butter	741	3101	0,7	83	1	0,0	5	16	13	21	15
Butter, halbfett	382	1601	4,0	40	4	0,0	80	160	115	90	52
Butterschmalz	880	3686	0,2	100	0	0,0	2	3	6	1	0
Distelöl (Safloröl)	879	3682	0,0	100	0	0,0	0	1	0	0	0
Erdnussbutter/-mus	597	2501	26,1	50	12	7,6	235	760	55	362	1
Erdnussöl	879	3681	0,0	99	0	0,0	1	1	1	1	0
Kokosfett	878	3677	0,8	99	0	0,0	2	2	2	1	0
Kürbiskernöl	879	3682	0,0	100	0	0,0	0	1	0	0	0
Leinöl	879	3682	0,0	100	0	0,0	1	1	1	1	0
Maiskeimöl	883	3696	0,0	100	0	0,0	1	1	15	0	0
Margarine, gehärtet	709	2970	0,2	80	0	0,0	101	7	10	10	19
Margarine, halbfett, Linolsäure › 50%	362	1514	1,6	40	0	0,0	390	7	12	8	57
Margarine, Linolsäure › 50%	709	2967	0,2	80	0	0,0	39	38	10	20	19
Majonäse, 80 % Fett	743	3112	1,5	82	2	0,0	481	25	18	44	12
Olivenöl	881	3689	0,0	100	0	0,0	1	0	1	1	0
Schweineschmalz/-fett	882	3691	0,1	100	0	0,0	1	1	1	3	0
Sesamöl	880	3685	0,2	100	0	0,0	2	20	10	0	0

In 100 g/ml Lebensmittel Essbarer Anteil:	kcal	kJ	E (g)	F (g)	KH (g)	Bst (g)	Na (mg)	K (mg)	Ca (mg)	P (mg)	Wasser (g)
Öle, Fette, Butter, Schmalz (Fortsetzung)											
Sheabutter	877	3670	0,0	99	0	0,0	350	50	30	8	0
Sojaöl	871	3648	0,0	99	0	0,0	0	1	0	0	1
Sonnenblumenöl	882	3693	0,0	100	0	0,0	1	1	1	1	0
Traubenkernöl	879	3682	0,0	100	0	0,0	0	1	0	0	0
Walnussöl	879	3682	0,0	100	0	0,0	0	1	0	0	0
Weizenkeimöl	879	3682	0,0	100	0	0,0	1	1	1	1	0
Süßwaren, Zucker, Eis											
Blütenhonig-Mischungen	306	1283	0,4	0	75	0,0	7	47	5	18	24
Eiscreme	160	668	2,6	3	31	0,0	40	123	105	72	63
Fondant	357	1496	0,0	0	88	0,0	17	2	3	0	11
Fruchteis	132	551	1,3	1	28	0,6	20	101	50	37	68
Gummibonbon mit Fruchtessenz	188	789	1,0	0	45	0,0	60	360	360	4	51
Hartkaramellen, Drops, Bonbons	391	1635	0,5	0	95	0,0	25	9	4	12	4
Kakaogetränkepulver	391	1638	5,5	6	77	6,0	250	410	33	190	2
Kakaopulver, schwach entölt	342	1433	19,8	24	11	32,7	17	1920	114	656	5
Kaugummi	387	1620	0,1	0	95	0,0	0	8	10	4	4
Lakritze	375	1571	4,3	1	86	1,9	3	171	16	43	6
Marshmallows	333	1394	2,0	0	80	0,0	39	6	18	6	18
Marzipan	459	1920	6,1	18	69	4,9	2	273	82	148	2
Milchschokolade	536	2245	9,2	32	54	1,4	58	471	214	242	1
Milchspeiseeis	85	355	2,3	2	13	0,0	35	104	84	64	81
Nougat	474	1985	5,2	21	65	5,0	2	341	80	154	2
Nuss-Nougat-Creme, süß	417	1746	8,0	9	74	4,7	57	473	171	219	2
Pralinen	405	1695	1,4	6	85	2,2	58	182	14	49	5
Pralinen gefüllt mit Alkohol	387	1620	1,3	6	69	2,2	2	132	8	45	14
Schokolade gefüllt mit Milch/Joghurt	351	1468	2,0	7	69	2,2	12	163	34	64	19
Schokoladenwaren, milchfrei	478	2003	5,3	30	47	15,6	19	397	63	287	1

In 100 g/ml Lebensmittel Essbarer Anteil:	kcal	kJ	E (g)	F (g)	KH (g)	Bst (g)	Na (mg)	K (mg)	Ca (mg)	P (mg)	Wasser (g)
Süßwaren, Zucker, Eis (Fortsetzung)											
Schokolade, weiß	542	2268	5,1	30	62	0,0	74	241	185	144	1
Zucker, braun, Rohzucker	396	1656	0,0	0	97	0,0	2	90	55	24	2
Zucker weiß	405	1697	0,0	0	100	0,0	0	2	1	0	0
Vegetarische Lebensmittel											
Bäckerhefe, gepresst	64	267	12,0	1	1	0,0	20	630	25	500	77
Hefeflocken	361	1512	43,4	5	34	0,0	90	1600	200	1500	4
Miso	102	429	10,5	5	5	10,5	2950	334	68	309	57
Sojamehl, vollfett	366	1534	42,5	20	3	20,0	3	1870	200	650	9
Sojamilch, flüssig	34	144	3,4	2	1	2,0	660	170	20	49	90
Sojaschrot	390	1633	43,0	23	3	20,0	4	1870	200	650	6
Tofu, fest	92	387	10,6	5	1	0,6	7	375	159	109	81
Vegetarische Pasteten	212	888	11,6	11	16	2,1	209	450	74	400	55
Vegetarische Pasteten mit Gemüse	204	853	11,5	11	16	3,9	201	447	85	388	54
Vegetarische Pasteten mit Gemüse	204	853	11,5	11	16	3,9	201	447	85	388	54
Vegetarische Pasteten mit Pilzen	191	801	5,8	12	15	2,7	246	310	147	142	62
Wurst, Fleischwaren											
Bauernbratwurst	321	1343	19,4	27	0	0,0	1122	226	10	96	49
Bierschinken/Schinkenpastete	179	751	18,2	12	0	0,0	804	336	9	163	67
Bockwurst	295	1236	15,1	26	0	0,1	978	248	12	130	55
Bratwurst grob/Schweinsbratwurst	355	1485	16,9	32	0	0,1	849	181	8	74	48
Bremer Pinkel	327	1368	14,8	17	29	2,0	948	319	42	241	33
Cervelatwurst	358	1497	19,5	31	0	0,1	1452	347	16	180	44
Cornedbeef	141	591	21,7	6	0	0,0	833	131	33	128	69
Deutsche Salami	316	1323	17,2	28	0	0,1	1273	314	13	158	51
Fleischkäse, einfach	351	1468	4,1	38	0	0,1	1572	51	18	40	53
Fleischwurst, einfach/ Stadtwurst	275	1152	14,1	25	0	0,1	912	231	11	121	58

In 100 g/ml Lebensmittel Essbarer Anteil:	kcal	kJ	E (g)	F (g)	KH (g)	Bst (g)	Na (mg)	K (mg)	Ca (mg)	P (mg)	Wasser (g)
Wurst, Fleischwaren (Fortsetzung)											
Frankfurter Rindswurst/Rote	241	1008	16,7	19	0	0,1	1010	274	13	152	60
Frühstücksfleisch	304	1273	15,5	27	0	0,1	859	202	9	89	54
Gelbwurst	284	1189	11,2	27	0	0,0	854	147	9	70	59
Hausmacher, Leberwurst, Konserve	436	1827	11,4	44	1	0,0	727	156	9	142	42
Jagdwurst	229	960	16,5	18	0	0,1	850	281	10	136	62
Kalbsleberwurst	322	1348	17,0	28	2	0,1	828	241	15	210	50
Kasseler	141	591	21,7	6	0	0,0	833	131	33	128	69
Knackwurst/Servelat	295	1236	15,1	26	0	0,1	978	248	12	130	55
Landjäger	374	1566	13,7	36	0	0,0	1222	158	11	84	46
Leberpastete	266	1113	14,7	23	1	0,5	829	277	14	175	58
Leberpresssack, einfach	380	1590	17,9	34	1	0,1	818	175	15	154	44
Leberwurst, frisch	357	1494	15,9	32	2	0,1	814	215	14	191	47
Lyoner Wurst	252	1056	16,2	21	0	0,0	997	300	12	148	59
Mettwurst, grob	340	1422	18,4	30	0	0,1	1105	337	13	169	48
Mettwurst, luftgetrocknet	337	1410	18,4	30	0	0,1	1363	288	13	140	47
Mortadella, norddeutsch	289	1210	15,1	26	0	0,2	978	264	13	130	55
Pfälzer Saumagen	185	776	13,9	12	6	1,0	849	393	12	129	64
Plockwurst	304	1272	16,6	27	0	0,0	1245	287	14	154	53
Presswurst	304	1274	14,5	28	0	0,0	853	222	9	108	55
Rotwurst, Thüringer/Landrotwurst	241	1009	21,3	17	1	0,2	878	382	20	227	57
Salami, ungarische Art	316	1324	17,1	28	0	0,0	1273	313	12	158	51
Schinkensalami	316	1323	17,2	28	0	0,1	1273	314	13	158	51
Schinkenwurst	287	1203	15,1	25	0	0,1	983	260	12	128	56
Schwein, Bauchspeck roh geräuchert	796	3331	2,9	89	0	0,0	4	7	1	6	8
Schwein, Schinken, gekocht, ungeräuchert	125	525	20,9	5	0	0,0	37	164	1	122	74
Schwein, Schinken, roh, geräuchert	136	568	21,2	6	0	0,0	72	284	2	161	72
Schwein, Schinkenspeck	697	2918	4,7	77	0	0,0	18	39	4	36	18
Schwein, Speck, durchwachsen	697	2918	4,7	77	0	0,0	18	39	4	36	18

In 100 g/ml Lebensmittel Essbarer Anteil:	kcal	kJ	E (g)	F (g)	KH (g)	Bst (g)	Na (mg)	K (mg)	Ca (mg)	P (mg)	Wasser (g)
Wurst, Fleischwaren (Fortsetzung)											
Schweinefleisch in Aspik	157	658	17,6	10	0	0,2	291	346	10	162	71
Teewurst	366	1532	14,4	35	0	0,1	976	195	10	94	47
Weißer Presskopf	213	890	26,1	12	1	0,1	2727	411	28	243	53
Weißwurst, Münchener	289	1212	15,5	25	0	0,1	975	250	17	135	55
Würstchen/Bockwurst/Wiener Würstchen	295	1236	15,1	26	0	0,1	978	248	12	130	55
Zungenwurst/Filetwurst	363	1518	13,6	35	0	0,0	842	190	8	92	49
Würzmittel, Hilfstoffe											
Barbecue-Grillsouce	146	612	1,8	0	31	1,9	1240	467	40	52	57
Bratensauce (Trockenpulver)	149	624	17,0	4	11	0,0	25000	500	230	700	4
Brühwürfel	149	624	17,0	4	11	0,0	25000	500	230	700	4
Cocktail-Dressing, Fertigprodukt	577	2416	1,9	63	3	0,5	1187	125	38	69	27
Fleischbrühe (Würfel)	149	624	17,0	4	11	0,0	25000	500	230	700	4
French-Dressing Fertigprodukt	208	869	0,4	21	5	0,4	1947	47	30	16	68
Gelatine	343	1435	84,4	0	0	0,0	50	20	11	0	15
Jodiertes Salz	0	0	0,0	0	0	0,0	38850	4	250	150	1
Kräutersalz	21	90	1,2	0	4	1,7	35100	188	254	162	3
Maggi	224	939	25,0	7	15	0,0	20	500	230	700	51
Obstessig	20	82	0,4	0	1	0,0	1	100	6	9	94
Senf	86	361	6,0	4	6	1,0	1250	130	120	180	77
Sojasauce, Fertigprodukt	70	294	8,7	0	8	0,0	5720	360	19	210	66
Speisesalz	0	0	0,0	0	0	0,0	38850	4	250	150	1
Tomatenketschup	110	460	2,1	0	24	0,9	1120	590	25	43	68
Tomatenmark	74	309	4,5	0	13	2,8	240	1150	48	94	77
Tortengusspulver	351	1470	0,3	0	86	1,7	3	5	2	30	12
Trockenhefe	313	1311	36,0	4	32	0,0	50	2000	80	1290	12
Worcestersoße	153	639	3,6	2	26	4,2	2001	760	89	101	53

Literatur

Deutsche Gesellschaft für Ernährung (DGE): Empfehlungen für die Nährstoffzufuhr. Frankfurt: Umschau 1996

Huth, K., Kluthe, R. (Hrsg.): Ernährung bei Nierenkrankheiten. Kluthe, R. und Quirin, H. in: Lehrbuch der Ernährungstherapie. Stuttgart: Thieme 1993

PRODI (Computerprogramm) : Stuttgart: Wiss. Verlagsgesellschaft 1998

Quirin, H.: Ernährungsfibel für Dialysepatienten. Freiburg: Gry Foundation

Sarre, H., Gessler, U., Seybold, D.: Nierenkrankheiten. Stuttgart: Thieme 1988

Schmicker, R., Fröhling, P.: Konservative Therapie der chronischen Niereninsuffizienz. Jena: VEB Gustav Fischer 1987

Souci, S. W., Fachmann, W., Kraut, H.: Die Zusammensetzung der Lebensmittel – Nährwerttabellen 1986/87. Stuttgart: Wiss. Verlagsgesellschaft 1986

Wolfram, G., Husemeyer, I.: Grundlagen diätetisch konservativer Therapie bei Nierenkrankheiten. Kluthe, R., Kist, L. in: Nierenkrankheiten/Alternative Ernährung. München: Zuckschwerdt 1988

Register

Abwiegen *27*
Aminosäure, essenzielle *21*
Analgetikaniere *13*
Anurie *15*

Bauchfellspülung *15, 18*
Beckenniere *14*
Bewegung, körperliche *24*
Bluthochdruck *9, 11, 13, 14, 16*

Diabetes *9, 26*
Dialyse *15, 18*
Diätzutaten *27*
Diurese, erzwungene *23*

Eisen *24*
Eiweißzufuhr *20, 27*
Eklampsie *14*
Energiezufuhr *20, 27*
Ergänzungswertigkeit *21, 22*

Fett *28*
Flüssigkeitszufuhr 23

Gicht *13*
Gichtniere *14*
Glomerulonephritis *9*
–, akute *10*
–, chronische *10–11, 16*

Harnsäure *10*
Harnstoff *10*
Hufeisenniere *14*

Kalium *23, 29*
Kalzium *24*
Kochsalzbeschränkung *10*
Kohlenhydrate *28*
Krämpfe *14*
Kreatinin *10*
Kreatininspiegel *15, 17*

Leistungssport *24*

Markschwammniere *14*
Mineralstoffe *29*
Muskeltraining *24*

Natrium *22, 28*
Natriumbeschränkung *10*
Nephritiden, interstitielle *13–14*
Nephritis, interstitielle *9*
Nephropathie, diabetische *9, 13*
Nierenaplasie *14*
Nierenbeckenentzündung *9*
Nierenerkrankung, angeborene *14*
Nierenhypoplasie *14*
Niereninsuffizienz *14–15, 23*
–, akute *15–16*
–, chronische *16–18*
Nierenkörperchen, Entzündung *9*
Nierentransplantation *15, 18*
Nierenzwischengewebe, Entzündung von *9*

Ödem *9, 10, 14*
Oligurie *15*

Peritonealdialyse *15*
Phosphor *23*
Purinkörper *14*
Pyelonephritis *9, 14*
Pyelonephritis, chronische *16*

Schmerzmittel, Missbrauch von *16*
Schwangerschaftsnephropathie *14*
Syndrom, nephrotisches *11, 12, 13*

Urineiweißausscheidung *12, 13, 14*

Verlaufsform, nephrotische *11–12*
Verlaufsform, vaskuläre *11*
Verödung *13*
Vitamine *24, 29*

Wanderniere *14*
Wassereinlagerung *9, 10, 14*
Wertigkeit, biologische *21–22*

Zuckererkrankung *13, 16*
Zystenniere *9, 16*